Heinrich Benedikt · Damals im alten Österreich

HEINRICH BENEDIKT

*Damals im alten Österreich*
ERINNERUNGEN

AMALTHEA

*Meiner geliebten Frau*

© 1979 by Amalthea Verlag, Wien · München
Schutzumschlag: Doris Byer, Wien
unter Verwendung eines Fotos
»Das Armeeoberkommando 1915« (Heinrich von Benedikt 2. von rechts)
Vorsatz: Terragnolotal. Nachsatz: Piazza im Terragnolotal
Gezeichnet von Leutnant Iranyi, 1916
Satz: Druckerei Ludwig Auer, Donauwörth
Druck und Binden: Mohndruck Reinhard Mohn GmbH, Gütersloh
Printed in Germany 1979
ISBN 3-85002-109-2

# Inhalt

Die Familie . . . . . . . . . . . . . . . . . . . . . 7
Der Volksschüler . . . . . . . . . . . . . . . . . 114
Pörtschach . . . . . . . . . . . . . . . . . . . . . 121
Die Hinterbrühl . . . . . . . . . . . . . . . . . . 123
Waidhofen an der Ybbs . . . . . . . . . . . . 124
Czernawka . . . . . . . . . . . . . . . . . . . . . 126
Der Gymnasiast . . . . . . . . . . . . . . . . . . 131
Ernst Ph. Goldschmidt . . . . . . . . . . . . . 134
Mein Hauslehrer . . . . . . . . . . . . . . . . . 137
Zborowitz . . . . . . . . . . . . . . . . . . . . . 140
St. Gilgen . . . . . . . . . . . . . . . . . . . . . 144
Salzburg . . . . . . . . . . . . . . . . . . . . . . 148
Altaussee . . . . . . . . . . . . . . . . . . . . . . 155
In Kost und Quartier . . . . . . . . . . . . . . 158
Berlin . . . . . . . . . . . . . . . . . . . . . . . . 161
Der Übertritt . . . . . . . . . . . . . . . . . . . 169
Grottau . . . . . . . . . . . . . . . . . . . . . . . 172
Reichenberg . . . . . . . . . . . . . . . . . . . . 177
Student . . . . . . . . . . . . . . . . . . . . . . . 192
Die Kärntnerstraße . . . . . . . . . . . . . . . 198
Bergtouren . . . . . . . . . . . . . . . . . . . . . 203
Einjährig-Freiwilliger . . . . . . . . . . . . . 207
Die letzten Vorkriegsjahre . . . . . . . . . . 219
Lissa . . . . . . . . . . . . . . . . . . . . . . . . . 227
Industrieller und Landwirt . . . . . . . . . . 239
Schwager Max Benies . . . . . . . . . . . . . 247
Die erste Italienreise . . . . . . . . . . . . . . 253
Waffenübungen . . . . . . . . . . . . . . . . . 255
Der Krieg . . . . . . . . . . . . . . . . . . . . . 265

Beim Armeeoberkommando . . . . . . . . . . . 268
Przemysl . . . . . . . . . . . . . . . . . . . 273
Neu Sandec . . . . . . . . . . . . . . . . . . 281
Teschen . . . . . . . . . . . . . . . . . . . 294
Im Feld . . . . . . . . . . . . . . . . . . . 313
Olmütz . . . . . . . . . . . . . . . . . . . 340
Wien . . . . . . . . . . . . . . . . . . . . 350
Bildnachweis . . . . . . . . . . . . . . . . . 365

# Die Familie

*Die Schwindgasse*

> Alles, was vergangen ist, ist in dich hinein vergangen.
> *Egon Fenz, Die Uhr am Schottentor, 1968*

Ich wurde am 30. Dezember 1886 um drei Uhr morgens geboren. Geburtshelfer war Chrobak, damals noch nicht Professor, Hebamme Frau Chochola. Was sich alles damals ereignete, brachte die »Neue Freie Presse« in der Morgenausgabe dieses Tages: Der französische Kriegsminister Boulanger, »der intime Freund des mächtigen Clemenceau«, bisher das Haupt der Revanchepartei, hält eine Friedensrede mit der deutlichen Absicht, nach dem erwarteten Sturz der Regierung Goblet als Ministerpräsident ein neues Cabinet zu bilden. – Die Wiener Tramway-Gesellschaft beschließt die Emission von neuen Aktien im Nominalbetrag von fl. 6 000 000. Ihr Verwaltungsrat wird ermächtigt, ein Übereinkommen mit der Stadt Wien abzuschließen und in erster Linie sein Augenmerk auf die Verstaatlichung der Tramway zu richten. – General Roberts in Mandalay berichtet über befriedigende Fortschritte der Pacification Ober-Birma's. – Im Burgtheater wird die Tragödie des Sophokles »König Ödipus« aufgeführt mit Robert als Ödipus und Lewinsky als Teiresias. Das Blatt enthält auch kurze Nachrichten über Mitglieder meiner Familie: »In der Niederösterreichischen Handelskammer spricht Max Mauthner gegen eine Zollunion mit Deutschland, welche weniger vom wirtschaftlichen Standpunkte als vielmehr aus politischen und nationalen Gründen angestrebt wird.« Max Mauthner, Bruder meiner Großmutter Benedikt, war Präsident der Handelskammer, Präsident des Lloyd, Herrenhausmitglied und wurde in den Freiherrnstand erhoben. – In der Rubrik »Theater und Kunstnachrichten« wird das 6. Heft der von Karl Emil Franzos, meinem Onkel (Gatten der Schwester meines Vaters, Ottilie), in Stuttgart herausgegebenen »Deutsche Dichtung« angekündigt, das an Beiträgen die Novelle »Ein Doppelgänger« von Theodor Storm, ein Schauspiel in fünf Akten von Paul Heyse, Gedichte von Friedrich Bodenstedt, Friedrich Hebbel (aus dem Nachlaß) und Storm bringt.

Meine Wiege stand auf der Wieden, Schwindgasse 14, im vierten Stock. Das Haus bildete mit Nr. 12 eine Einheit mit gemeinsamer Einfahrt. Kurz nach meiner Geburt erfolgte die Übersiedlung nach Nr. 12, wieder in den 4. Stock. Die Schwindgasse war eine neue Straße, und Urgroßvater, Großvater, Großmutter, Großonkel Ludwig und die beiden jüngeren Schwestern meiner Mutter waren die ersten Bewohner von Nr. 12, das so zu einem Familienhaus wurde. Das Doppelhaus 12–14 ist an den Büsten von Lohengrin und Elsa über den Fenstern der Fassade zu erkennen. Zwischen diesen Gestalten der Heldensage und den Bewohnern des Hauses bestand sonst nicht der geringste Zusammenhang.

Stadt oder Dorf, wo man geboren, wirken auf die Persönlichkeit. In der Großstadt, die aus verschiedenen Teilen besteht, ist der Pfarrsprengel entscheidend. Ich habe meine Kindheit und die ersten 80 Jahre meines Lebens im Bereich der Karlskirche verbracht. Sie steht im Mittelpunkt meines Heimatgefühls.

Mein Kinderzimmer blickte auf den weiten offenen Hof, den nur eine niedrige, weinlaubbedeckte Mauer vom alten

herrlichen Garten der Kreuzherren vom roten Stern und von der Karlskirche trennte. Seither ist der Pfarrgarten mit seinen alten Bäumen der verlängerten Gußhausstraße und einem mächtigen Zinshaus gewichen. An den Bereich der Kreuzherren grenzte der Garten des Gasthauses »Zum Mondschein«. Herüber klang das Rollen der Kugeln und Fallen der Kegel von der Kegelbahn des Mondscheingartens. An manchen Abenden spielte eine Militärmusik. Es gab für mich nichts Köstlicheres, als die Märsche und Walzer zu hören. Da lag ich schon im Bett und kämpfte gegen das Einschlafen, um ja kein Stück zu versäumen.
Mein Vater hat in einer kolorierten Zeichnung die Ansicht des Kinderzimmers auf einem Blatt in dem für meine drei Jahre ältere Schwester angelegten Album festgehalten. In diesem Album befinden sich farbige Bildchen von seiner Hand, auf den ersten Blättern von Gegenständen zur leichteren Erfassung des Alphabets, beginnend mit einem rotbäckigen Apfel neben einem kalligraphischen A. Alice klebte auf viele Seiten des Albums die damals bei Kindern beliebten Abziehbilder, welche sie im alten Kärntnerbazar aussuchen durfte.

*Der Vater*

Alice und ich liebten unser Heim und wünschten uns kein anderes. Wir waren mit unsern Eltern durch das uns selbstverständlich scheinende Band der Liebe verbunden. Unser Abgott, auch der meiner Mutter, war der Vater, für uns der unfehlbare, allwissende, gütigste und weiseste aller Menschen.
Im Jahre meiner Geburt erschien bei Julius Springer,

Berlin, das Hauptwerk meines Vaters »Analyse der Fette und Wachsarten«. 1897 folgte die zweite, noch im selben Jahr ins Englische übersetzte, und 1902 die dritte erweiterte Auflage, diese kurz nach seinem Tod von Professor Ferdinand Ulzer herausgegeben.

Rudolf Benedikt wurde am 5. Juli 1852 in Dornbach, der Sommerfrische der Familie, geboren, besuchte vier Klassen im akademischen Gymnasium und im Anschluß die Oberrealschule auf der Wieden. Ich vermute, daß er im Gymnasium weit weniger glänzte als sein um ein Jahr älterer Bruder Edmund und dies der Grund war, ihn zur Realschule wechseln zu lassen. Aus dieser Zeit stammen seine ersten Gedichte. Im Nachlaß meines Vaters fand ich einen Gedichtband und darin das 256 Verse lange »Lob des Vaterlandes in Folge einer Preisausschreibung an der Wiedner Ober-Realschule verfaßt 1868: Arnold Winkelried«. Ich weiß nicht, ob der junge Poet für die Verherrlichung des gegen Habsburg kämpfenden Helden einen Preis bekommen hat.

Was ihm an humanistischer Bildung vorenthalten wurde, hat er reichlich nachgeholt. Noch als Professor lernte er zur Erholung von beruflicher Arbeit Griechisch. Französisch und Englisch hatte er mit seinen Geschwistern erlernt und später in gemeinsamen Stunden mit meiner Mutter und Bruder Edmund bei Professor Coglievina Italienisch. Von seinen Büchern besitze ich noch einen Dante und einen Ariost und dazu ein Vokabelbuch in seiner klaren Handschrift. Ein Aufenthalt in Schweden bewog ihn zuletzt, sich Schwedisch anzueignen.

Mit 16 Jahren begann er das Studium am Wiener Polytechnicum, studierte dann ein Semester an der Gewerbe-Akademie in Berlin unter Baeyer und Rose und wurde noch als Neunzehnjähriger in Heidelberg, wo er sein Studium beendete, von seinen Lehrern Bunsen und Kirchhoff zum Dr. phil. promoviert. In einem Brief aus der Heidelberger Zeit erzählt er die ergötzliche Geschichte von einem Wirtshausbesuch mit seinem Freund Walter Hempel, der kurz vorher aus dem französischen Krieg heimgekehrt war. Hempel legte unbedacht seinen Hut über die Mütze eines Burschenschafters, der ihn anstänkerte: »Wie können Sie Ihren Hut auf meine Mütze legen, geben Sie Satisfaktion!« Hempel: »Was sind das für Lächerlichkeiten?« Der Student: »Nehmen Sie diesen Ausdruck zurück!« Hempel: »Ich werde jedenfalls meinem Hut einen ernstlichen Verweis geben, wenn er Ihre Mütze beleidigt hat.«

In Wien wurde mein Vater Assistent bei Professor Dr. Johann Josef Pohl. Nach einem Jahr wandte sich Professor Hlasiwetz an seinen Kollegen Pohl mit dem Ersuchen, ihm den jungen Assistenten zu überlassen, zur Freude Benedikts, der sich nun ganz der organischen Chemie widmen konnte. 1874 unterzog er sich der Lehramtsprüfung für Chemie und Physik. 1876 starb Hlasiwetz. Die Lehrkanzel wurde geteilt: Bauer übernahm die Allgemeine, Wesselsky die Analytische Chemie. Benedikt, bereits Privatdozent, wurde Adjunkt bei Wesselsky. Eine Adjunktenstelle gehörte zu den festen Staatsanstellungen. Als Wesselsky in den Ruhestand trat, wurden beide Lehrkanzeln unter Bauer wieder vereinigt. Mein Vater mußte aber das ganze Fach, das Wesselsky als Ordinarius vertreten hatte, übernehmen, die Vorlesungen halten und das Laboratorium für analytische Chemie leiten. 1885 wurde er Mitglied der Staatsprüfungskommission für das chemisch-technische Fach und 1890 deren Vorsitzender, der er bis zu seinem Tode blieb.

1888 wurde er von der technischen Hochschule in Brünn

primo loco als Ordinarius für chemische Technologie vorgeschlagen. Der Unterrichtsminister aber ernannte zum Verdruß der Brünner einen anderen. Es lag an der Sparsamkeit des Ministeriums, daß Benedikt vier Jahre als Assistent und 14 Jahre als Adjunkt diente, erst im Februar 1890 a. o. Professor und endlich im Oktober 1893 Ordinarius für analytische Chemie wurde, nachdem er im April 1892 vom Professorenkollegium auf Antrag Franz Toula's vorgeschlagen war. Noch als Extraordinarius war er – ein wohl einzig dastehender Fall – zum Dekan der chemischen Fachschule gewählt worden. Er hat das Dekanat bis zu seinem Tod innegehabt. Jetzt konnte er mit den von der Regierung bewilligten Mitteln sein Laboratorium mit allen modernen Mitteln ausgestalten, wobei die Erhöhung der Technik um ein Stockwerk die Raumfrage in glücklicher Weise löste.
Nach jeder Ernennung mußte man sich beim Kaiser bedanken. Die Audienz nach der Verleihung des Extraordinariats fand am 20. März 1890 statt. Das war eine recht kostspielige Sache, denn zur Audienz benötigte der Staatsbeamte eine Uniform, Zweispitz und Degen. Als Vater sich im Oktober 1893 als frisch ernannter Ordinarius beim Kaiser bedanken mußte, durfte ich mit meinen sechs Jahren, ihn bei der Hand haltend, zum Einspänner begleiten, der ihn nach Schönbrunn bringen sollte. Es war der stolzeste Augenblick meines Lebens.
Mit 20 Jahren veröffentlichte Benedikt seine erste Abhandlung »Über die Destillationsprodukte des Zuckers mit Kalk«. Das Publikationsverzeichnis seiner Schriften umfaßt 67 Titel. »Die künstlichen Farbstoffe« (1883) erlebten zwei englische Auflagen. Die Schrift »Zur Kenntnis der Türkischroth-Öle« erhielt 1888 die silberne Medaille der Société industrielle de Mulhouse. In diesem Jahr nahm ihn

die kaiserliche deutsche Leopoldinisch-Carolinische Akademie der Naturforscher als Mitglied auf. 1892 wurde er zur Erstattung eines Gutachtens über Separatoren und Emulsoren von einer Fabrik nach Stockholm berufen. Er brachte mir von seiner Reise schwedische Zinnsoldaten mit, die nun gegen meine kaiserlichen tapfer kämpften.
Im Juli 1893 kam er als Sachverständiger im Corditprozeß Nobel gegen die englische Regierung nach London. Der Prozeß, der sich mehrere Monate hinzog, fand vor dem königlichen Gericht Chancery Court statt. »The Times« konnte in ihrem Bericht nicht unterlassen, einen Ausspruch meines Vaters anzuführen, der für seinen Humor bezeichnend ist: »To make a classification between collodion and gun cotton was like describing the English people as consisting on the one hand of men over 6 ft. high and on the other hand of people having brown eyes.« Die Monate in England benützte er zu einer Reise nach Manchester, Liverpool, Edinburg und über die schottischen Seen nach Glasgow. In Stevenson besuchte er die Nobel-Dynamitefabrik.
Waltham Abbey hatte er bereits besichtigt. »Mac Eck's sonderbare Reisen zwischen Konstantinopel und San Francisco« von Ludwig Hevesi (Stuttgart 1901) – hinter Mac Eck verbirgt sich Fritz Eckstein – beginnen auf Seite 1 mit dem Kapitel »Ein gefahrvoller Nachmittag«:

> Wenn man einmal diesen Globus in die Luft sprengen wollte, könnte dies vielleicht am zweckmäßigsten von Waltham Abbey aus geschehen... In Waltham Abbey fabriziert nämlich Großbritannien den größten Teil seines rauchlosen Schießpulvers, dem es den Namen Cordite gegeben hat, sowie seiner Schießbaumwolle und seines Nitroglycerins. Und es fabriziert ihn im tiefsten Geheimnis. Waltham Abbey ist

der Sitz der dunkelsten sprengtechnischen Mysterien. Es leben auch nicht viele Kontinentale, die je einen Fuß in diesen heiligen Bezirk gesetzt haben. Und, was die Wiener betrifft, seitdem Professor Benedikt, der als einer der Experten im internationalen Schiedsgericht für den Prozeß Englands gegen die Nobel Company wegen des Cordites fungierte, war kein Wiener in Waltham Abbey. Ich glaube, als Professor Benedikt starb, atmeten die Lenker von Waltham Abbey auf, weil wieder ein Mitwisser weniger auf Erden war.«
1887, noch als Adjunkt, war Benedikt alleiniger Schiedsrichter im Streit der großherzoglichen badischen Regierung gegen die Vereinigten Breslauer Ölfabriken.
Noch nach Jahrzehnten hatten die Werke meines Vaters sich nicht überlebt. Die 8. Klasse des Theresianum, in der mein jüngerer Sohn Michel saß, hatte in Chemie einen jungen Lehrer, der ihn in der ersten Stunde fragte, ob er mit dem berühmten Chemiker verwandt sei. Immer wieder rief er ihn zur Tafel, und Michel, der nie daran gedacht hatte, Chemie zu studieren, sah sich gezwungen, sich mit dem Fach zu beschäftigen und entschloß sich, aus diesem ein Thema für die Hausarbeit zur Matura zu wählen. Da er schon einmal dabei war, blieb er bei der Chemie, studierte mit Lust und Eifer an der Eidgenössischen Technischen Hochschule in Zürich und begann, nachdem er sein Diplom in der Tasche hatte, eine glückliche Laufbahn. So lag der Segen meines Vater noch auf seinem Enkel.
Rudolf Benedikt war Mitbegründer der unter dem Protektorate des Erzherzogs Leopold Salvator stehenden Vereines zur Verbreitung naturwissenschaftlicher Kenntnisse, in welchem er viele Vorträge hielt, die vom Verein im Druck veröffentlicht wurden.

Er unternahm größere Reisen, so schon 1883 im Auftrag des Ministeriums eine Studienreise nach der Schweiz, Baden, Frankreich und Holland. Die Sommerferien verbrachte er mit Frau und Kindern Jahre hindurch in Alt-Aussee.

Zum Erbgut meiner Familie gehörte die Lust am Fabulieren, und dieser entsprangen, wie es die Zeit liebte, romantisch-sentimentale Erzählungen meines Vaters. Einige wurden veröffentlicht, so die unter dem Pseudonym Rudolf Geber in der Novellen-Bibliothek der Leipziger Illustrierten erschienene Erzählung »Im Laboratorium«, »Die Kunst Gold zu machen« (Neue Illustrierte Zeitung), »Hausfrieden« (Münchner Stadtzeitung). Diese drei Erzählungen wurden im August 1889 in Alt-Aussee geschrieben. Da gab es kein Laboratorium, aber doch eine vergnügliche Beschäftigung an Regentagen. In diesem August muß es viel geregnet haben.

Von manchen dieser literarischen Miniaturen kenn ich nur die Titel (»Blaue Alpenrosen«, »Die merkwürdige Kur«, »Böswillig verlassen«).

In den Weihnachtsferien 1888 schrieb er die Erzählung »Ungenügend«. Sie war in 14 Tagen vollendet. In ihr wird das Unglück eines ungerechten Ungenügend geschildert. Ich habe es erfahren, als ich die erste Gymnasialklasse wiederholen mußte, und mein ganzes Leben habe ich das mir zugefügte Unrecht nicht verwunden. Wie gut hätte mein Vater mich verstanden, der die Novelle neun Jahre vor meiner unglücklichen Nachprüfung schrieb.

Für seine schriftstellerische Begabung spricht der von ihm gewonnene Preis – 300 Mark – der Berliner »Lustigen Blätter« (1888) für die Erzählung »Was würden Sie mit einer Million anfangen«. Preisrichter waren P. v. Schönthan, Moszkowski und Fritz Mauthner, der wohl über-

rascht war, daß der glückliche Gewinner sein Verwandter war.
Mein Vater konnte recht witzig sein. Zu seinen Freunden gehörte der Philosoph Franz Brentano, der zum Zeitvertreib Rätsel dichtete, welche gesammelt unter dem Titel Aenigmatias erschienen. Er erfand eine Gattung von Rätseln, in denen eine kleine Anzahl von Silben zu erraten ist, die in einem Worte vereinigt oder so oder anders zusammengefaßt, einen andern Sinn ergeben. Die zu erratenden Silben werden im Zusammenhang des Satzes durch das entsprechende, oft zu wiederholende Füllwort »dal« ersetzt. Ein Kollege des Philosophen übte eine geistreiche Rache, als er von der Verlobung des in reiferen Jahren stehenden Mannes hörte, indem er ihn fragte: Daldaldal daldaldal? (Brentano brennt – a – no)[1]. Der »Kollege des Philosophen« war mein Vater.
An schönen oder wenigstens regenlosen Tagen des Ausseer Sommers stieg Vater morgens zur Schutzhütte oder zur Spitze des Loser oder unternahm Tagesausflüge in der schönen Bergwelt, meistens in Begleitung in anregendem Gespräch. So trug er in sein Tagebuch am 30. August 1888 eine Wanderung mit Professor Georg Jellinek und Frau und Du Bois-Reymond ein. Georg Jellinek, der berühmte, 1889 nach Heidelberg berufene Lehrer des Staatsrechts, den ich selbst später kennenlernte, war der regelmäßige Begleiter zur Loserhütte. Professor Josef Redlich ersetzte ihn zuweilen. Als ich viele Jahre später Josef Redlich vorgestellt wurde, erzählte er mir, wie er nach einer solchen gemeinsamen Bergbesteigung, als er sich von meinem Vater verabschiedete, zu ihm sagte: »Es war für

---

[1] Sigmund Freud: Der Witz und seine Beziehung zum Unbewußten, GW VI, S. 31–32.

mich sehr interessant, einmal einen Chemiker über Politik zu hören.«

Regentage in Alt-Aussee dienten der Lektüre. Von der Leihbibliothek Last am Kohlmarkt langten die bestellten Bücher, deren Auswahl meiner Mutter oblag, in einem Kistchen ein, und in diesem wurden sie zurückgeschickt. 1885 findet sich im Tagebuch die Liste der im Sommer gelesenen Bücher:

Schindler: Äbtissin von Buchau
Amicis: Alle porte d'Italia
Dumas: La guerre des femmes
Conrad Meyer: Georg Jenatsch
Tscheng: China und die Chinesen
Briefwechsel der Alice von Hessen
d'Herrisson: Mémoires d'un officier d'ordonnance
Mügge: Afraya
Saint-Boeuf: Nouveau Lundi

Im Mai 1894 übersiedelten wir von der Schwindgasse in die Heugasse 18A, das mittlere der drei eine Einheit bildenden Schwarzenberghäuser.

Als Adjunkt bezog Rudolf Benedikt 1700 fl. jährlich, wozu eine Remuneration von 400 fl. kam. In einem Voranschlag für 1891 waren als Gehalt für den außerordentlichen Professor 2175 fl. angesetzt, das Gesamteinkommen (Prüfungstaxen, Honorare etc. einschließend) 3279 fl. Dazu kamen 600 fl., die Rente der 10 000 fl. betragenden Mitgift meiner Mutter. In den allerletzten Jahren erhöhte sich das Einkommen dank vieler Gutachten auf rund 5 000 fl. jährlich.

1895 fuhr Vater zu der für den 9. September anberaumten Internationalen Konferenz zur Vereinbarung einheitlicher Prüfungsmethoden von Bau- und Konstruktions-Materialien nach Zürich. Er schrieb uns heitere Ansichtskarten nach Waidhofen an der Ybbs, wo wir den Sommer verbrachten. Aber wie war ihm zumute? Er spürte eine kleine störende Geschwulst im Munde, suchte einen Arzt auf, und dieser sagte ihm unumwunden, er habe Zungenkrebs. Das Leiden war wohl eine Folge der unzähligen Versuche mit Teeren. Ob er sich von den Wiener Ärzten, die ihm einredeten, es handle sich bloß um eine harmlose Geschwulst, überzeugen ließ, ist nicht wahrscheinlich. Jedenfalls aber gab er sich alle Mühe, Frau und Verwandte über die wahre Natur der Krankheit zu täuschen. Am 19. September wurde er im Sanatorium Löw von Professor Hochenegg operiert. Am 30. September wieder zu Hause, nahm er am 22. Oktober wieder die Vorlesungen auf. Bald folgte eine zweite Operation.

In der Heugasse kam täglich, manchmal noch am späten Abend, ein junger Arzt, der im Parterre wohnte, zu ihm und gab ihm die Morphiumspritze. Vater freute sich über seine Besuche und heiteren Berichte aus der Welt, in der man sich nicht langweilt. Der Doktor, später Medizinal- und noch später Obermedizinalrat Ludwig Frey blieb auch nach Vaters Tod unser Hausarzt und Freund. Mit ihm lebte seine Mutter, an der er in zärtlicher Liebe hing. Er setzte sich in den Kopf, sie müsse hundert Jahre alt werden. Sie durfte, seit sie 70 Jahre alt war, nur in der warmen Jahreszeit die Wohnung verlassen und auch da nur in den Schwarzenberggarten gehen, wobei sie nur die Heugasse zu überqueren hatte, um zu der kleinen Tür in der Mauer, zu welcher sie den Schlüssel hatte, zu gelangen. Ich besuchte die alte Frau an ihrem 90. Geburtstag. Sie zog mich in eine stille Ecke, beugte sich zu mir und klagte: »Wenn der Ludwig mich doch endlich sterben ließe!«
Nach dem Tod von Ludwig Frey wurde sein Sohn Arzt meiner Mutter, so tüchtig und so um seine Patienten

besorgt wie sein Vater und zudem ein geschätzter Lyriker, dessen Gedichte Zeugnis von seiner Güte und seiner Weisheit legen. Als in Österreich die Hitlerzeit begann, begegnete ich ihm einmal auf einem Spaziergang in der Kärntnerstraße.. Wir sprachen über das welterschütternde Unwesen. Ich meinte, man müsse es historisch betrachten, aber Frey meinte, es sei ein biologischer Vorgang. Wie recht hatte er! Im Laufe der Jahre wurde ich immer mehr von der Weisheit, daß die Geschichte unserer Zeit in ihrem Wesen ein biologischer Vorgang sei, überzeugt.
Rudolf Benedikt ist am 6. Februar 1896 im 43. Lebensjahr gestorben. Meine Mutter hat ihr ganzes langes Leben lang um ihn getrauert, meine Schwester nie aufgehört, dem Vater ihr Gedenken zu weihen und, was immer für Entscheidungen ich zu treffen hatte, das Bild des Vaters stand vor mir.

### Die Mutter

Sie war eine sehr schöne Frau. Ihre Schlankheit ließ sie größer erscheinen, als sie war. Sie besaß die Natürlichkeit und Entspanntheit der Bewegung, wie sie meist nur bei Aristokraten zu finden ist. Frühzeitig wurde ihr kastanienbraunes Haar weiß, und dies gab ihrem jugendlichen Aussehen einen besonderen Reiz. Ihr langes Haar steckte sie zu einer »hohen« Frisur auf, die sie nie veränderte. Ich sehe sie vor mir, wie das Stubenmädchen ihr Haar bürstete und sie es dann selber richtete, ohne in den Spiegel zu sehen. Sie benützte weder Puder noch Rouge; das hatte ihr heller frischer Teint nicht nötig. In ihrem Gesicht fiel besonders die klassisch schöne Nase auf. Ihre blauen Augen verrieten Güte und eine naive Sentimentalität.

Wie ihre beiden Schwestern, Albertine und Therese, führte Henriette nach dem Beispiel ihrer Mutter ein gesundes Leben. Täglich, ob Sonne oder Regen, machte sie einen langen Spaziergang, sei es durch die Stadt, sei es über den Ring. Nach Tisch ruhte sie eine Stunde auf dem Kanapee und las, vor allem französische Bücher. Dumas Père dürfte ihr Lieblingsromancier, der Graf von Monte Cristo ihr Lieblingsroman gewesen sein. Mit besonderem Interesse las sie die Franzosen des 18. Jahrhunderts, Biographien und Briefe. Von den deutschen Lyrikern liebte sie am meisten Heine. Mit ihrer gleichmäßigen, klaren und sehr charakteristischen Schrift trug sie Zitate, auch längere Abschnitte in ein Büchlein ein. In ihrem Nachlaß fand ich auch ein vollgeschriebenes Heft Mathematik mit vielen gelösten Aufgaben. Sie dürfte sich meinem Vater zulieb damit geplagt haben. Sie verehrte Maria Stuart und Marie Antoinette. Die Königin in der Conciergerie, ein großer Stich, hing im Vorzimmer und Königin Louise von Preußen über ihrem Schreibtisch. In ihrem Tagebuch wechselt oft die französische mit der deutschen Sprache.
Sie hatte die in gutbürgerlichen Kreisen übliche Erziehung junger Mädchen genossen, die nicht in die Schule gingen, häuslichen Unterricht erhielten und privaten Lehrern oder Lehrerinnen eine bessere Bildung verdankten, als der öffentliche, dem Mittelmaß der Begabungen angepaßte Unterricht bot. Die jungen Damen sprachen und schrieben ein vollendetes Deutsch, beherrschten die Orthographie, sprachen und schrieben aber auch ein geläufiges Französisch und vermochten eine englische Konversation zu führen. Zur Not konnte meine Mutter sich auch auf italienisch verständigen. Wie es dem Bildungsideal der Zeit entsprach, pflegte sie vor allem Kunst- und Literaturgeschichte. Schätzte sie im Alter Hofmannsthal, so verehrte

sie in ihrer Jugend vor allem die Klassiker. Damals stritt man im Kränzchen der Backfische darüber, wer größer sei, Goethe oder Schiller.
Oft wurden die jungen Damen ins Burgtheater geführt und schwärmten vor der Jahrhundertwende für Sonnenthal wie nachher für Kainz. Aber um eine Operette anhören zu dürfen, mußte man verheiratet sein. Was Kunst und Dichtung betraf, waren die Frauen weit gebildeter als ihre Männer, aber nur wenige konnten einen Zug im Fahrplan ausfindig machen oder ein Steuerbekenntnis verfassen. Die Wertung, vielleicht Überbewertung humanistischer Bildung verdanke ich meiner Mutter.
Ihr Wesen zeigte sich in ihrer Kleidung. Solange mein Vater lebte, waren ihre Kostüme dunkelblau. Sie ließ sich im Jahre nie mehr als ein Winter- und ein Frühlingskleid sowie ein Abendkleid machen, aber immer in einem erstklassigen Salon. Als Witwe trug sie stets Schwarz, nur im Sommer eine weiße Bluse. Wie alle Frauen trug sie ein Fischbeinmieder. Noch im hohen Alter saß sie, als könnte sie nicht anders, kerzengerade, ohne die Rücklehne des Fauteuils zu berühren. Im Sommer trug sie keinen Hut, wohl aber einen Sonnenschirm und weiße Handschuhe. Durch mehr als sechzig Jahre trug sie immer die gleichen Schuhe, Knöpfelschuhe vom Hering, dem damals bestrenommierten Schuster, aus zartem Chevreau, innen mit Seide gefüttert. Um die einzelnen Paare zu unterscheiden, war der Rand des weißen Seidenfutters verschieden gefärbt. Als Witwe trug sie stets ein entzückendes Maria-Stuart-Hütchen. Erst mit 53 Jahren, zu meiner Hochzeit, ließ sie sich statt eines schwarzen ein taubengraues Kleid machen, von dem sie schon lange vorher träumte.
Das Horazsche Odi profanum vulgus et arceo lag ihr im Blut, aber zu dem Einzelnen aus dem »Volke« war sie

immer freundlich und hilfsbereit. Als sie einmal als Braut von einem Besuch nach Hause ging, sah sie neben sich einen Dienstmann, der schwer bepackt sich mühsam fortbewegte. Von den schweren Paketen nahm sie ihm trotz seines Sträubens eines ab und staunte, als sie die Haustüre des Elternhauses öffnete, daß der Dienstmann ihr folgte. Die Pakete waren ein Hochzeitsgeschenk für sie: 60 Bände Goethe. Köchinnen und Stubenmädchen liebten sie und schrieben, wenn sie heirateten, ihr immer wieder Briefe.
Mutter besaß eine eiserne Gesundheit. Sie war eine starke Esserin, aber wählerisch. Sie liebte Pralinés, aber rührte keine an, die nicht von Demel oder Kugler-Gerbeaud war. Obwohl im allgemeinen nur die Köchin in der Küche zu befehlen hatte, konnte meine Mutter kochen. Ich erfuhr dies zu meinem Erstaunen, als einmal in der Sommerfrische unsere Köchin einige Tage krank war.
Unser Mittagstisch war nicht sehr abwechslungsreich: Rindsuppe aus der Terrine, die mit dem Schöpflöffel mitten auf dem Tisch stand, Rindfleisch mit Kipflern, Spinat oder Fisolen und eine Mehlspeise (Kaiserschmarrn, böhmische Talken, kalter Reis mit Erdbeersauce, Schlosserbuben, Apfelstrudel und am Waschtag, wie die Wäscherinnen es verlangten, Buchteln). Nur Sonntag gab es einen Braten mit vorhergehender Paradeis- oder Erdäpfelsuppe, gelegentlich Kastanienreis mit Schlagobers. Die Kastanien wurden zu Hause geschält und passiert und schmeckten viel besser als das Naschwerk, das sich den alten Namen beigelegt hat. Und wo gibt es noch echte Schlosserbuben? Wein kam nur auf den Tisch, wenn Gäste da waren. Wir tranken Wasser, zum Frühstück und zur Jause Tee.
Mutter las mir die Sagen aus der griechischen und germanischen Mythologie vor, die Gustav Schwab nieder-

geschrieben hatte, erzählte mir aus dem Leben von Königen, Dichtern und Malern. Das erste Buch, das sie mir zu lesen gab und das meine Lust am Lesen erweckte, war »Heidi«, das weltverbreitete Kinderbuch der Johanna Spyri.
Sie führte mich zu Ausstellungen und ins Museum. Noch seh ich deutlich Bilder vor mir, die mich am meisten beeindruckt hatten und die längst nicht einmal in der Sekundärgalerie zu sehen sind.
Alice und ich hatten eine französische Gouvernante, wie es für Kinder aus gutem Hause selbstverständlich war. Im Stadtpark, Belvedere und Schwarzenberggarten sah man, während die Kinder spielten, die schwarzgekleideten Missionärinnen französischer Kultur auf den Bänken sitzen. Noch war Französisch die vorherrschende Weltsprache.
In der Theresianumgasse, wohin wir nach dem Tod meines Vaters übersiedelten, lud Mutter zwei- oder dreimal im Jahr eine Auswahl ihrer Bekannten zu einer »Jause«. Ich hab' nur noch einige Namen als Beispiele für ihren Bekanntenkreis, der sich um sie sammelte, in Erinnerung: Sektionschef Liharzik, Sektionschef und einmal Leiter des Ackerbauministeriums Popp, die Bildhauerin Feodorovna Ries, die Burgschauspielerin Kallina, die Gattin des Afrikaforschers Ludwig von Höhnel, Professor Joseph Schey mit Frau. Ein glänzender Unterhalter dieser Gäste war mein Onkel Edmund.
Bis in ihr hohes Alter war Mutter von prächtiger Gesundheit. Sie starb 1941 an Herzschwäche. Meiner Stieftochter Kira, die Mutter im Spital besuchte, rief sie beim Fortgehen noch nach: »Das nächste Mal mußt Du mir vom Theater erzählen!« Das waren ihre letzten Worte.
Ihre trauernde Liebe, ihre unwandelbare Treue galt

meinem Vater. Am letzten 6. Februar, seinem Todestag, den sie erlebte, schrieb sie in ihr Tagebuch: 45 Jahre sind verflossen seit dem traurigsten Tag meines Lebens. Ich habe nicht mehr mein Leben ohne Dich, Geliebter, gelebt.

### Die Schwester

Meine Schwester Alice war drei Jahre älter als ich. Sie besuchte ein Lyceum und dann eine Haushaltsschule im bayerischen Geiselgasteig. Sie hat nicht geheiratet. Ich war in der glücklichen Lage, ihr auch, nachdem die Inflation ihr kleines Vermögen verschlungen hatte, ein sorgloses Leben zu bieten. Sie hatte noch vor dem ersten Weltkrieg in Schladming ein Häuschen gemietet und nahm eine alte Frau, die jahrelang die Erzieherin der Kinder meiner Tante Therese war, zu sich, eine arme, völlig mittellose Frau, und sorgte für sie. Wenn ich sie besuchte, konnte ich mich davon überzeugen, wie ihre stete Hilfsbereitschaft, ihr freundliches Wesen sie in dem Städtchen allgemein beliebt machte. Gegen Ende der dreißiger Jahre übersiedelte sie mit ihrer alten Freundin nach Wien. Bald nach dem Tod unserer Mutter nahm ihr Leben ein leidvolles Ende. Sie wurde in der Hitlerära verschleppt und wir haben nie mehr etwas von ihr gehört. Die große Liebe Alicens galt unserem Vater, den sie mit 12 Jahren verlor. Mir ist sie immer die gute liebe Schwester gewesen.

## Großmutter Julie

Jeden Tag, solange wir in der Schwindgasse wohnten, mußte ich als kleiner Bub vom 4. zum 2. Stock hinunterlaufen und Großmama besuchen. Groß und schlank saß sie in ihrem Boudoir neben dem Schlafzimmer mit den schönen Mahagonimöbeln. Sie trug über ihrem schneeweißen Haar stets ein veilchengeziertes Häubchen, kleidete sich ihrem Alter gemäß und dies mit großer Sorgfalt. An silberner Kette hing der Schlüsselbund zu den Vorräten, aus denen sie täglich die Küche versorgte. Zu ihrem 80. Geburtstag wünschte sie sich von mir einen dreiteiligen Spiegel.

Zum sonntägigen Mittagessen bei meinem Urgroßvater, bei dem sich die Familie vereinigte, bereitete sie selbst als Vorspeise den Risotto oder die pasta asciutta. Das war sie aus der Zeit gewohnt, da ihr Gatte Sigismondo Goldschmiedt noch lebte. 1828 in Verona geboren, starb er wenige Monate nach meiner Geburt, 10 Tage nachdem er von Billroth unter Assistenz von Professor Frisch, Dr. Gersuny, Dr. Barbieri und Dr. Rosthorn operiert worden war. Ich kannte nur sein Portrait. Mit seinem brünetten Vollbart glich er einem venezianischen Patrizier. Die Goldschmiedt waren um 1700 aus Bayern nach Verona gezogen, wo sie es im Tuchhandel zu einem ansehnlichen Vermögen brachten. Sie besaßen den einzigen in Verona von Palladio erbauten Palazzo und ein großes Weingut im Val Policella. Meine Großmutter Julie Brandeis kam als 17jähriges Mädchen nach Verona, um ihren künftigen Schwiegereltern vorgestellt zu werden. Auf einem Garnisonsball fiel das Auge des greisen Radetzky auf die junge Wienerin. Sie mußte sich neben ihn setzen, und er unterhielt sich lange mit ihr.

Während meines Großvaters Bruder Leopoldo den Großhandel in Textilien in Venedig im Palazzo dell'Academia führte – die Familie übersiedelte in einen andern Palazzo am Canal Grande – zog Sigismondo nach seiner Heirat nach Wien und baute eine Tuchfabrik in Grottau in Böhmen, nahe der sächsischen Grenze. Die Fabrik ließ er seinen Direktor Rosenbach führen, die Wiener Niederlassung vertraute er Herrn von Halle an. Die Fabrik prosperierte, obwohl oder weil sich Sigismondo um das laufende Geschäft nur wenig kümmerte. Sein Sohn und Erbe, mein lieber Onkel Otto, arbeitete täglich bis in die späte Nacht, bis er nach schweren Verlusten die Fabrik verkaufte. Meine Großmutter wurde 1866, neun Jahre nach ihrer Heirat, Italienerin, im Herzen aber blieb sie kaisertreue Österreicherin. Ein guter Österreicher war auch Sigismondo. Wenn er für Italien optierte, lag wohl der Grund darin, daß sein Sohn Otto als Erstgeborener nach italienischem Gesetz vom Militärdienst befreit war. Otto hat später die österreichische Staatsbürgerschaft angenommen und seine beiden Söhne, als 1914 der Krieg ausbrach, assentieren lassen, die dann als Leutnants gegen Italien kämpften.

Großmama blieb noch im hohen Alter eine rüstige Frau. Mochte es regnen oder schneien, sie ließ sich nicht abhalten, täglich um den Ring zu gehen. Auch in der kältesten Nacht schlief sie bei offenem Fenster und verlangte dies auch von ihren Kindern und Enkeln. Nach dem Krieg übersiedelte sie nach Reichenberg zu ihrem Sohn und wurde auf dessen Drängen aus finanziellen Gründen tschechoslowakische Staatsbürgerin. Als sie den Untertaneneid leistete, rollten Tränen über die Wangen, als bräche sie Franz Joseph die Treue.

Sie starb mit 85 Jahren. Mein Urgroßvater wurde 88, seine

Mutter 84, sein Bruder Joe 86, Großmutters Schwester Clara 90, meine Mutter 84 und meine Tanten Therese und die immer kränkliche Albertine auch weit über 80. Gesundheit und Langlebigkeit erbte ich von der mütterlichen Familie.

## Tante Albertine und Therese

Im Hochparterre Schwindgasse 12 wohnte Mutters Schwester Albertine, von uns Kindern Tintschi, auch Tintschipintschi genannt, mit ihrem Mann, der während des Krieges nach langem Leiden starb. Von einem Direktor einer Großbank, der ihr mit seinem Rate diente, bewogen, legte sie das ererbte Vermögen in Kriegsanleihe an – und verlor damit alles. Ich war in der glücklichen Lage, für meine Tante, die ich sehr gern hatte, zu sorgen, und so konnte sie mit ihren bescheidenen Ansprüchen behaglich ihr gewohntes Leben in ihrer schönen Wohnung weiterführen, wie es damals selbstverständlich war, mit Köchin und Dienstmädchen.
Mit besonderem Geschmack war ihr Schlafzimmer eingerichtet, in dem sie, von kränklicher Natur, die meiste Zeit ihres Lebens verbrachte. Auf einer Kommode stand eine grüne Sèvres-Garnitur, in der Mitte ein ungeschlachter Elefant, in dessen Bauch eine Uhr eingebaut war, ein abscheuliches Stück, wie man es der berühmten Manufaktur nicht zutrauen möchte. Eines Tages meldete sich ein ihr Unbekannter an. Albertine hielt ihn für geistesgestört, als er als Zweck seines Besuches angab, er suche bei ihr einen Elefanten, von dem er gehört hätte. Es stellte sich heraus, daß er eine vollständige Sèvres-Sammlung besaß, welcher

nur der Elefant fehlte. Der noble Sammler zog die Brieftasche und Tante Tintschi verbot mir für mehr als ein Jahr, zu ihrem Haushalt beizutragen, da sie nun wieder »reich« sei. Als Großmutter nach Reichenberg zog, verließ auch Albertine die Schwindgasse und verbrachte ihre letzten Jahre bei ihrer Schwester Therese in Czernawka. Therese, die jüngste der Schwestern, heiratete, als ich vier Jahre alt war, einen Gutsbesitzer in der Bukowina. Ich hielt bei der Hochzeit die Schleppe. Das ist meine älteste Erinnerung. Alice und ich liebten die schöne blonde Tante, die in ihrer schlanken Gestalt meiner Mutter glich. Auf dem Gute Czernawka genoß ich als 9jähriger Knabe einen schönen Sommer, über den ich in einem späteren Kapitel berichten will.

### *Der Urgroßvater*

Mit inniger Liebe hing ich an meinem 1812 geborenen Urgroßvater Jacob Brandeis, der mit Großmama den 2. Stock bewohnte. Täglich, solange wir im selben Haus wohnten, besuchte ich ihn in der schönen Wohnung mit den edlen Empireräumen und den Ahnenbildern, deren schönstes J. B. Lampi malte, im Salon und den die Wände deckenden Kriehuber in seinem Schlafzimmer. Läutete ich an, öffnete Diener Ernst die Türe und zog mich in sein kleines Hofzimmer, wo er stets ein auserkorenes Geschenk für mich bereit hatte: eine Briefmarke, keine gewöhnliche, sondern eine im Briefmarkenalbum mit RR (große Rarität) bezeichnete. Bald besaß ich unter anderen die kostbarsten Seltenheiten der deutschen Kleinstaaten. Ernst brachte sie, wie ich erst später erkannte, mit der

Schere, mit der er sie aus einem kleinen billigen Album schnitt, und etwas Farbe zustande.

Mein Urgroßvater, im Aussehen einem milden Duodezfürsten gleichend, das weiße Haar und den Kaiserbart wohl gepflegt, stets sorgfältig gekleidet, erfreute sich einer eisernen Gesundheit. Ich sah ihn zuletzt als 88jährigen an einem sonnigen Frühlingsnachmittag. Er wartete auf den Fiaker, den er zur Praterfahrt bestellt hatte. Er saß in dem schönen Empiresalon, trug, wie es Mode war, ein schwarzes Jaquette, die schwere Uhrkette durch das Gilet gezogen und die damals beliebte Pepitahose und rauchte eine Trabuco.

Mit zunehmendem Alter ließ sein Namensgedächtnis nach. Großvater Sigismondo erhielt öfter den Besuch seines Fabrikdirektors in Grottau, Herrn Rosenbach, der nie versäumte, dem alten Herrn seine Aufwartung zu machen. Der alte Herr begrüßte ihn mit Herr Rosenzweig, ein andermal als Rosenbaum oder Rosenblüh, obwohl Sigismondo immer wieder, nachdem Rosenbach sich empfohlen hatte, ihn bat, sich doch den richtigen Namen zu merken. Der alte Herr schrieb ihn auf und begrüßte das nächste Mal den Direktor mit glückstrahlendem Lächeln: »Wie ich mich freue, Sie zu sehen, Herr Rosenbach«. Leider zu spät erfuhr er, daß Rosenbach bereits seinen Namen in Roßbach geändert hatte.

Seit den 70er Jahren spielte das Haus Brandeis-Weikersheim keine Rolle mehr in der Wiener Finanzwelt. Jakob Brandeis lebte zurückgezogen, nicht mehr als reicher, aber doch noch als wohlhabender Mann. Wie groß das Vermögen war, das ihm blieb, ist mir unbekannt. Am 28. Dezember 1878 starb seine Frau Regine, nachdem sie in ihrem Testament dem Gatten Nutznießung und Verwaltung des Erbes eingeräumt hatte, das den Kindern zufiel.

Nach den der Vormundschafts-Behörde vorgelegten jährlichen Ausweisen über das Verlassenschaftsvermögen von Regine Brandeis bestand dieses aus

| | | Nom | Kurs | |
|---|---|---|---|---|
| 49 Stück | Österr. Papier Rente | 49 000 | 61,80 | 30 613,56 |
| 140 Stück | Ung. Prämienlose à f. 100 | | 78,20 | 10 948,— |
| 2 Stück | Lose v. J. 1839 à f. 50 | 100 | 312,— | 312,— |
| 50 Stück | Türk. Prämien Anl. à frs 400 | | 21,— | 1 050,— |
| 152 Stück | Obligationen des Wr. Börsenbau-Anlehen | 15 200 | 74,75 | 11 472,20 |
| 87 Stück | Obligationen d. Pester Börsen- u. Kornhalle Gebäudes | 8 700 | 72,— | 6 296,63 |
| 14 Stück | Creditlose | | 163,— | 2 282,— |
| 24 Stück | Prioritäts Oblig. der Albrechtsbahn | 7 200 | 67,50 | 4 918,— |
| 16 Aktien | d. Elisabeth Westbahn 3. Emiss. | | 120,50 | 2 007,18 |
| 25 Aktien | d. ungar. Westbahn | | 106,25 | 2 779,85 |
| 102½ Aktien | d. Wr Giro & Cassen Vereins | | 207,— | 22 236,82 |
| 100 Aktien | Franco österr. Bank in Liquidation | | 8,25 | 825,— |
| 250 Aktien | Pressburger Sparcassa im 2. Bez. | | 30,— | 7 500,— |
| 50 Stück | d. unificirten Egyptischen | | 46,50 | 6 021,— |
| | Guthaben bei M. H. Weikersheim & Co. | | | 69 418,11 |
| | Guthaben bei J. R. Eaton in London £ 234.4.2 à 117,20 | | | 2 744,93 |
| | Vorrath 3 Wechsel auf London à £ 27 | | | 949,32 |
| | Baugründe auf der Landstraße | | | 20 208,33 |
| | Kleidungsstücke und Wäsche | | | 150,— |
| | | | | f. 202 733,62 |

Der Erbteil der 4 Söhne betrug je 37 955 fl., der beiden Töchter je 25 455 fl.
Der Gesamtbetrag der Erbsteuer, Gebühren und Advokatenspesen (Dr. Joly) belief sich auf fl. 6 852,73.
1882 wurden die Baugründe auf der Landstraße verkauft, wobei ein Gewinn von 14 000 fl. erzielt wurde. Das war aber nur ein Gewinn auf dem Papier, da der Wert der Baugründe am 30. April 1879 »nur willkürlich« angenommen wurde.
Durch den Rückgang der Kurse entstand 1882 ein Verlust von 1 361, im Jahre 1887 von 13 372 fl. Dieser Verlust wurde durch das Steigen der Kurse 1888 ausgeglichen. Auch 1889 brachte weitere Kursgewinne. »Über das Jahr 1890, welches heute schließt, habe ich nur meine Freude auszudrücken.« 1894 war das Vermögen auf 227 197,94 gestiegen. 1895 ließ es infolge ungünstiger Kurse auf 222 118,43 sinken, 1896 stieg das Vermögen mit den Kursen auf 233 767,75, sank 1897 auf 231 156,90 und stieg 1898 auf 232 826,90.
Nimmt man an, daß beim Verkauf der Baugründe kein Gewinn erzielt wurde, so erhöhte sich im Laufe von 20 Jahren das Vermögen um etwa 10%.
Im Lauf der Jahre wurden manche Papiere abgestoßen und durch andere ersetzt, so durch je ein Los der Fürst Windischgrätz-, der Graf Waldstein- und der Graf Saint Genois-Anleihe. Im Vermögensausweis 1881 stehen Prioritäten der I. ung. galiz. Eisenbahn und Aktien dieser Gesellschaft im Ausmaß von 25 812,50 fl. Den größten Posten nahm die Oesterr. Papierrente nach Zukauf von 97 Stück mit 118 345,50 ein. Ihr Kurs steig in diesem Jahr von 73 7/20 auf 77 7/20.

## Das Wunderland Poyais[1]

Von den zahlreichen Nachkommen meines Urgroßvaters mütterlicherseits bin ich der Einzige, der noch ein Stück seines Erbes besitzt: den Anspruch auf ein Landgut, zwar von kleinem Ausmaß, aber in einem Reich, wie es nicht herrlicher erträumt werden kann. Nach der Besitzergreifung wären pro Joch jährlich am 24. Dezember nur ein amerikanischer Cent zu entrichten, ein Nichts für ein Gut in einem zauberhaft schönen und reichen Land, einem Paradies von Plantagen, Zedern- und Mahagoniwäldern und ewigem Sommer. Goldkörner in den Flüssen weisen den Weg zu den Bergen, wo man mit dem Spaten Gold gräbt und im Geröll Edelsteine funkeln. Inmitten von Zuckerrohr-, Kaffee- und Indigoplantagen liegt die Hauptstadt des Königreichs mit breiten, baumbeschatteten Straßen, Kathedrale, Parlament, Oper und dem Handelshafen mit großen Warenhäusern. Fährt der König aus seinem Palast, begleiten ihn sein adeliges Gefolge und die berittene Leibgarde. Nicht nur Worte in den zu tausenden verbreiteten Prospekten, auch Abbildungen kündeten von der Pracht der Residenzstadt.

Die Urkunde über den Gutskauf in englischer und französischer Sprache, die mein Urgroßvater für kaum mehr als zwei Pfund erwarb, mißt 50 cm in der Länge, 40 cm in der Breite und ist von oben bis unten von einem fein gravierten Text bedeckt. In diesem Dokument verkündet His Excellency General Sir Gregor MacGregor der Welt, der König von Moskito habe ihm am 29. April 1820 in Cape Gracias á Dios das Fürstentum Black River Polayas, kurz Poyais genannt, überlassen. Es bildet einen Teil der

---
[1] Die Furche Nr. 2, 10. Jänner 1970, Seite 9

Nordmoskitoküste, seine Grenzen sind durch genau gemessene Längen- und Breitengrade bestimmt. Den Kopf der typographischen Glanzleistung bildet das fein gestochene, eine Krone tragende Wappen des Fürsten von Poyais, rechts und links von einem Einhorn flankiert. An einer Kette hängt das Grüne Kreuz des königlichen Ordens und man liest den Wahlspruch IN LIBERTATE DEFENDENDA SOCIORUM.

Um seine Souveränität zu dokumentieren, bestellte Gregor I., wie sich der Fürst von Poyais nannte, einen Major seines Gardereiterregiments und Kommandeur des Ordens vom Grünen Kreuz (den ein Londoner Juwelier verfertigte) zu seinem Geschäftsträger in Großbritannien. In London und Edinburgh wurden Bureaus eröffnet, wo man für 4 Shilling ein Joch kaufen konnte und einen Führer von der Moskitoküste erhielt. Bänkelsänger verkündeten in den Straßen die Herrlichkeiten des Fürstentums.

Leider lag das Fürstentum Poyais mit all seiner Pracht nur im Reiche der Phantasie, aber der Glaube an seine Wirklichkeit war so mächtig, daß das hochangesehene Bankhaus Perriny & Company, dessen Chef einmal Lord Mayor war, im Jahre 1823 eine Anleihe von 200 000 Pfund auf die Goldausbeute von Poyais emittierte, die so rasch vom Publikum gezeichnet wurde, daß bald darauf eine zweite Anleihe in der Höhe von 300 000 Pfund von Thomas Jenkins & Company begeben wurde.

Gregor I., Fürst von Poyais war ein unbestrittener König der Schwindler. Seinem Ruhm als Freiheitskämpfer und Held, nicht zuletzt seiner gewinnenden Persönlichkeit verdankte er seinen hohen Kredit. 1811 segelte der 25jährige schottische Offizier Gregor Mac Gregor nach Venezuela, um Simon Bolivar seine Dienste anzubieten.

Nach kurzer Zeit wurde er als Oberst dem Stab des Generals Francisco de Miranda zugeteilt und es dauerte nicht lange, bis er Divisionsgeneral der Armee von Venezuela und Neu-Granada wurde. Er nahm an den Schlachten von Onoto, Chaguaramas, Quebrado-Honde und Alacran teil, führte 1816 seine Truppen hunderte Meilen durch den Dschungel auf dem Rückzug von Ocumare und glänzte in dem entscheidenden Sieg über die Spanier bei Juncal. Mit dem Orden der Befreier geschmückt, heiratete er Bolivars Nichte.

Nach der Abrüstung führte er auf eigene Rechnung Raubzüge gegen die letzten Nester der Spanier, überfiel Porto Bello, den Schlüssel zum Isthmus von Panama, nahm den alten Silberhafen Rio Hacha in Neu-Granada und bezwang die Festung der Insel Amelia, welche die Schiffahrt nach Florida beherrschte. Im Frühjahr 1820 landete er mit wenigen Gefährten an der versumpften und verseuchten Moskitoküste von Nicaragua, die, einst Sitz einer englischen Kolonie, bereits 1788 völlig verlassen war, nur zuweilen von Moskitoindianern durchstreift. Er fand einen Häuptling und ließ sich von diesem ein größeres Gebiet abtreten. Auf der Rückfahrt nach London ernannte er sich zum Fürsten von Poyais und vertrieb die Langeweile der langen Seefahrt mit seinen Plänen, aus der Leichtgläubigkeit seiner Mitmenschen Kapital zu schlagen.

Die erste Gruppe von Kolonisten, 50 an Zahl, schiffte sich im schottischen Hafen Leith, versehen mit Geldscheinen der Bank von Poyais (die in Edinburgh gedruckt wurden) im September 1822 nach dem gelobten Land ein. Bald folgte ein zweites Schiff mit 150 Schotten. Zwei Drittel der Leute gingen am gelben Fieber zugrunde, der Rest wurde von der 500 Seemeilen entfernten englischen Kolonie Honduras, deren Gouverneur von der Katastrophe erfuhr, gerettet und die Überlebenden nach Belize gebracht. Fünf nachkommende Transporte, darunter ein französischer aus Le Havre, wurden unterwegs eingeholt und kehrten um.

1825 verlegte Gregor I. seine Tätigkeit nach Paris, wo er Gesellschaften zur Ausbeutung der Schätze von Poyais ins Leben rief, deren Aktien zum begehrten Spekulationspapier wurden. 1827 wieder in London, wurde er verhaftet, aber dank seiner guten persönlichen und geschäftlichen Beziehungen bald freigelassen. Er zog nach Paris, lernte das Gefängnis La Force kennen und lebte, bald im Wiederbesitz seiner Freiheit, zumeist in Frankreich von dem Ertrag seiner ununterbrochenen Fischzüge. Die Urkunde, die ich in Händen halte, trägt die Unterschriften von Gregor Mac Gregor und vier »trustees for the Exchange and Redemption of certain of the outstanding Securities of Poyaisian Territory« und wurde erst am 28. April 1834 ausgestellt.

1839 waren die Taschen Gregors I. leer. Dank der Freundschaft seines Waffengefährten auf dem Marsche von Ocumare, General Carlos Soublette, erhielt er von der Regierung Venezuelas einen seinem hohen militärischen Rang entsprechenden Ruhegehalt. Er starb 59 Jahre alt 1845 in Caracas, verehrt als einer der großen Helden des Befreiungskrieges und treu seinem Wahlspruch NESCIUS VINCI.

Die Plantagen von Poyais brachten mir nach 150 Jahren doch noch einen Ertrag: das Zeilenhonorar der »Furche«.

Das Bankhaus Weikersheim, dessen Inhaber mein Urgroßvater und sein älterer Bruder Salomon Brandeis-Weikersheim waren, erlitt nach dem »Krach« 1873 durch die Insolvenz größerer Kunden und noch mehr durch die

Übernahme von Bahnbauten in Rußland schwere Verluste. Die Bank wurde von ihrem Prokuristen Rudolf Bisteghi weitergeführt. Urgroßvater zog sich, nicht mehr reich, aber noch wohlhabend ins Privatleben zurück.

Als seine Gattin noch lebte, wohnte Urgroßvater in dem von Erzherzog Johann (Johann Orth) erbauten teils Palais, teils für Mieter bestimmten Wohnhaus, heute Karl-Lueger-Platz. Zu den Gemächern der kaiserlichen Hoheit im ersten Stock führte eine eigene Stiege. Ich bin sie oft hinaufgegangen, um in dem Saal, dem einstigen Salon, für junge Amerikaner im Institute of European Studies Vorlesungen zu halten. In diesem Raum, dessen Wände und das Deckengemälde noch Zeugnis legen, wie er aussah, hat Kronprinz Rudolf mit dem Hausherrn den damals weltberühmten Spiritisten Bastian entlarvt. Ein anderer Spiritist namens Hansen trat während seines Wiener Gastspiels als Kläger in einem Ehrenbeleidigungsprozeß gegen den Assistenten der Technischen Hochschule Heinrich Fischer auf. Der Prozeß fand im Landesgericht als Berufungsgericht am 28. März 1880 statt. Das Bezirksgericht hatte den Angeklagten freigesprochen, und dies geschah auch durch das Berufungsgericht, indem es den Wahrheitsbeweis für die Äußerung »Gemeiner Schwindler« für erbracht annahm. Der Prozeß gibt ein Bild von der damaligen Beurteilung von Hypnose und Magnetismus, indem man noch manches für einen Schwindel hielt, was beim heutigen Stand der Wissenschaft auf bewiesenen Tatsachen beruht. Verteidiger Fischers – er war Assistent meines Vaters an der Technischen Hochschule – war mein Onkel Edmund Benedikt[1].

---

[1] Neuer Pitaval, neue Serie, Band 16 – E. Benedikt: Zwölf Gerichtsreden aus den Jahren 1880–1911 (1912).

Alljährlich zu Neujahr besuchte Erzherzog Johann meinen Urgroßvater und die übrigen Mieter, um ihnen seine Glückwünsche zu überbringen.

Die Aussicht von diesem Haus ging auf die seither niedergerissene Franz-Joseph-Kaserne mit dem großen Exerzierplatz, und dies dürfte der Grund gewesen sein, daß Erzherzog Johann, der Militär mit ganzer Seele war, sich hier niederließ. Neben dem Tore sieht man noch heute die Spuren des Schilderhäuschens, vor dem die hin und her marschierende Schildwache sich bei Regen unterstellte.

Jedes Jahr fuhr mein Urgroßvater im Sommer nach Karlsbad, dann für einige Wochen nach Gmunden und zuletzt auf einige Tage nach Salzburg, wo er in dem damals hochmodernen Hotel Europe abstieg. In Karlsbad befiel im Sommer 1900 den Achtundachtzigjährigen eine schwere Lungenentzündung, die er zur Überraschung der Ärzte überstand. Er genoß noch die üblichen Gmundener Wochen und ein paar Tage in Salzburg, wohin ihn sein Sohn Ludwig begleitete. Heiter wie immer legte er sich zum Nachmittagsschläfchen nieder, aus dem er nicht mehr erwachte. Seine Mutter Therese Brandeis († 12. 1. 1866) war die Tochter des berühmten Rabbi in Fürth, Meschulam Salman Cohen. Die Rede, welche der Rabiner Jellinek an ihrem Sarge hielt, ist in seiner Sammlung »Reden bei verschiedenen Gelegenheiten« (I. Bd., S. 113–120. Wien 1874) abgedruckt.

Der alte Diener Ernst trat in den Ruhestand. Er überlebte nicht lange seinen Herrn. Erkundigte sich jemand nach dem Befinden meines Urgroßvaters, pflegte er zu antworten: Danke, es geht uns gut. Er kannte kein Ich, wenn es dem alten Herrn galt, nur ein Wir.

Jeden Abend hatte der alte Brandeis seine Tarockpartie. Ständige Partner waren Philipp Goldschmidt und Gotthilf

Mayer. Goldschmidt, Holländer von Geburt, war ein Vetter und Teilhaber des Bankiers Bischoffsheim in Paris. Er kam nach Wien, um eine geschäftliche Transaktion durchzuführen. Die Verhandlungen scheiterten. Der Aufenthalt, der für einige Wochen vorgesehen war, zog sich in die Länge. Er wollte nicht ohne Lorbeer nach Paris zurückkehren. Immer zur Abreise gerüstet, ließ er seine Kinder französisch erziehen. Zu Hause wurde nur französisch gesprochen. Philipp Goldschmidt starb in Wien. Geschäftliche Erfolge blieben aus. Das Schicksal entschädigte ihn mit einer Reihe von fetten Erbschaften. Er war mit einer Portheim aus angesehener Prager Familie vermählt. Einer ihrer Brüder, der Biologe Leopold von Portheim, gründete gemeinsam mit Professor Steinach das biologische Institut der Akademie der Wissenschaften im Prater, arbeitete noch im hohen Alter in der Emigration in Kew Gardens bei London als Botaniker. Ein andrer Bruder, der nicht wußte, was er mit seiner Zeit anfangen solle, legte auf den Rat von Professor Francis Pribram jenen Zettelkatalog an, der über alle greifbaren Personen, Ereignisse, Bergwerke, Manufakturen usw. der Zeit Josephs II. Auskunft gibt und zu den Schätzen der Wiener Stadtbibliothek gehört.
Gotthilf Mayers Mutter Therese gründete 1847 zur Unterstützung armer jüdischer Volksschüler die später zu Ehren ihres Namens »Theresien-Kreuzer-Verein« genannte Stiftung. Sie starb 1855. Gotthilfs Sohn Stefan Mayer verdankt meine Familie mütterlicherseits die Erforschung ihres Stammbaums.

## Der Stammbaum

> Quien no sabe de abuelo no sabe de bueno
> *Baltasar Gracián: El Criticon*
>
> Nicht darin liegt es, daß man einen solchen Stammbaum hat, sondern daß man ihn kennt, daß man Jahrhunderte zurück die Glieder desselben kennt und weiß, wie sie gewesen sind. Solche Vorfahren geben den Nachkommen einen moralischen Halt. *Peter K. Rosegger*

Der Verband, in dem die oberen Stände lebten, war die Familie. Das typische Beispiel bietet Galsworthys Forsyte Saga, der vielbändige Roman, in welchem nur geborene oder zugewachsene Forsytes vorkommen. In der bürgerlichen Welt war die drei Generationen umfassende Familie nicht minder nach außen verschlossen als die vielfach größere Adelsfamilie, die weniger aus Ahnenstolz und Standesbewußtsein so fest zusammenhielt, als durch das Familienband. Hier wie dort bildeten die durch die Tradition verbundenen Eltern, Großeltern, Onkel, Tanten, Geschwister und Vettern die gesellschaftliche Umwelt. Natürlich vergrößerte sich die Familie durch Einheirat. Als Jerôme Napoleon III. vorwarf: »Sie haben nichts mit der Familie gemeinsam«, gab dieser die richtige Antwort: »Doch, die Familie«. Meine weitverzweigte Familie kann wohl als Beispiel einer bürgerlichen Familie in der Franz-Joseph-Zeit herangezogen werden. Der ältere Sohn des mir als Tarockspieler vor Augen stehenden Gotthilf, Hans Mayer, Schüler und mehrjähriger Adjunkt meines Vaters in Wien, wurde Professor der organischen Chemie in Prag; der jüngere, Stefan Mayer, wurde zum Bahnbrecher auf dem Gebiete der Radioaktivität. Als junger Assistent von Boltzmann am Institut für Theoretische Physik führte er Lise Meitner (1878-1968) in die aufblühende Wissenschaft der entdeckten Strahlen ein. Stefan Mayer war der erste Vorstand des auf seine Anregung und dank einer Schenkung von Dr. Karl Kupelwieser an die Akademie der Wissenschaften 1908 gegründeten Instituts für Radiumforschung, das erste Institut der Welt, das der Erforschung der Radioaktivität gewidmet war. Bereits im ersten Jahrzehnt seines Bestandes arbeiteten hier mit Mayer die späteren Nobelpreisträger Hess, der Entdecker der kosmischen Strahlung Hevesy und Paneth, welche die Methode der radioaktiven Indikatoren entwickelten.

Mayer war Professor ad personam. Erst 1930 nach seiner Emeritierung wurde seine Lehrkanzel mit dem Institut verbunden und 1956 zum Ordinariat erhoben. 1899 entdeckten Stefan Mayer und Egon von Schweidler die Ablenkung der vom Radium ausgehenden Strahlen in einem magnetischen Feld und den Unterschied gegenüber dem Verhalten der Strahlung des Elements Polonium. Diese Entdeckung führte zur Charakterisierung der verschiedenen Strahlungsarten und zur Erkenntnis der Natur der einzelnen Strahlen. Bald darauf konnten die beiden Forscher nachweisen, daß Polonium kein stabiles Element ist, sondern von selbst zerfällt und in 140 Tagen auf die Häfte der ursprünglichen Menge zusammenschrumpft, indem es sich in Blei verwandelt. Stefan Mayer und Heinrich Mache untersuchten in der Folge Heilquellen auf ihren Gehalt an radioaktiven Substanzen und entwickelten dabei eine Meßmethode, die es erlaubte, unabhängig von speziellen Apparaturen vergleichbare Meßergebnisse zu erhalten. Auch Lise Meitner, später Mitarbeiterin des Nobelpreisträgers Otto Hahn und dann an der Technischen Hochschule in Stockholm wirkend, führte in diesem Rahmen ihre ersten Untersuchungen durch.

Die Okkupation Österreichs 1938 brachte schwerwiegende Umwälzungen auf dem Gebiete der Atomforschung mit sich. Bedeutende Wissenschaftler, wie Stefan Mayer und Karl Przibram, mußten ihre Forschungsstätte, das Institut für Radiumforschung, verlassen.

Vor Kriegsbeginn hatte das Radium-Institut in Wien dem Kollegen Rutherford 250 Milligramm der kostbaren Substanz geliehen, eine Geste, die den Österreichern vor 1914 leicht fiel, denn die einzigen ergiebigen Uranerzlager Europas im böhmischen Joachimstal gehörten damals noch zur Monarchie. Rutherford erkannte die Konfiskation dieses Radiums durch die englische Regierung nicht an. Es genügte ihm auch nicht, daß ihm die Regierung das wertvolle Material weiter zur vorübergehenden Verwendung überließ. Der für seine Unbeugsamkeit und Prinzipienstärke bekannte Gelehrte bestand darauf, die persönliche Leihgabe seines wissenschaftlichen Freundes an der Donau nach Ende der Feindseligkeiten selbst zurückzugeben oder aber käuflich zu erwerben. Rutherfords Festigkeit den Behörden gegenüber drang durch. Am 24. April 1921 konnte er seinem langjährigen Kollegen Stefan Mayer im inflationsgeplagten Wien schreiben:

> »Ich war sehr beunruhigt über Ihre Mitteilung, die Finanzen des Radium-Instituts in Wien betreffend und habe mich eifrig darum bemüht, Gelder zu beschaffen, mit denen ich um jeden Preis die kleine Radiummenge kaufen könnte, die mir von der Wiener Akademie so großmütig geliehen wurde. Sie ist mir bei meinen Forschungen von großer Hilfe gewesen.«

Mayer teilte Rutherford mit, der Weltmarktpreis sei

monströs hoch, aber das schrecke den Engländer nicht ab. Er trieb viele hundert Pfund auf, mit deren Hilfe das Wiener Radium-Institut über die schlimmsten Jahre der Geldentwertung hinwegkam[1].
Der alte, bereits völlig taube Gelehrte starb in Ischl, wohin er sich zurückgezogen hatte, in der Villa seiner mit einem Norweger namens Rosenquist verheirateten Tochter.
Anläßlich eines Kongresses in Saarbrücken wurde ich auf einen Professor der Nationalökonomie an einer englischen Universität aufmerksam gemacht, der gleich mir ein Wiener wäre. Wir waren in demselben Hotel untergebracht und er erzählte mir, nachdem wir unsere Familienverbindung festgestellt hatten, sein Vater Stefan Mayer hätte aus Rücksicht auf seine wegen ihrer Abstammung in der Hitlerzeit gefährdeten Verwandten den Stammbaum mit den vielen näheren Angaben über unsere Ahnen enthaltenden Heften verbrannt. Er hatte unter Aufwand vieler Mühe und jahrelanger Nachforschungen unseren Stammbaum aufgestellt, der bis ins 13. Jahrhundert hinabreichte. Immer wieder, bis es zu spät war, verschob ich, eine Abschrift vorzunehmen. Fritzi Frey, die Gattin des Wiener Professors der Ohrenheilkunde, eine geborene Weikersheim, hat wenigstens den unsere gemeinsamen Vorfahren seit Mitte des 18. Jahrhunderts betreffenden Teil abgeschrieben und mir zur Verfügung gestellt.

---

[1] Robert Jungk: Die Zukunft hat schon begonnen (1963).

## Rabbi Löw

Stefan Mayer, an dessen wissenschaftlicher Genauigkeit wohl nicht gezweifelt werden darf, gelang der Nachweis, daß ein Vorfahre der Brandeis der sagenhafte Rabbi Löw war, was bisher der Familie nur aus mündlicher Überlieferung bekannt war. Vom Rabbi Löw hab' ich die Eigenschaft geerbt, mich gern bedienen zu lassen. Der gelehrte Rabbi schuf dazu den Golem. Als er aber diesen auch am Sabbath arbeiten lassen wollte, zerfiel der Roboter in Staub.
Die Verbindung meiner mütterlichen Familie mit Rabbi Löw wurde durch die Brandeis hergestellt. Sie führten ihren Namen von der kaiserlichen Herrschaft Brandeis an der Elbe, die mir durch Morgenritte und Kahnfahrten so vertraut war. Die Brandeis übersiedelten vermutlich zur Zeit Maria Theresias nach Fürth, wo sie zu den angesehensten Familien gehörten, und schließlich zur Zeit der napoleonischen Kriege nach Wien.
Die erste Beziehung meiner Ahnen zum Kaiserhaus stellte Rabbi Löw her, ihm wurde die Ehre zuteil, von Rudolph II. zur Audienz berufen zu werden, worüber eine Aufzeichnung vorliegt[1].
In der hebräischen Zeitschrift Hamagid (Jg. 1872, Nr. 14) wird ein schriftlicher Bericht des Schwiegersohnes des Rabbi Löw abgedruckt:
*Nachricht über die Audienz des Rabbi Löw beim Kaiser Rudolph am 23. Feber 1592.*
Heute am Sonntag den 10. Adar 5352 nach Erschaffung der Welt erging durch den Fürsten Bertier ein

---

[1] Gottlieb Bondy: Zur Geschichte der Juden in Böhmen, Mähren und Schlesien von 906–1620. II. 1577–1620. Prag 1906.

Befehl des Kaisers an Mordechai Meisel und Isaak Weisl, daß mein Schwiegervater Rabbi Löw in die Burg und zwar in die Wohnung des genannten Fürsten sich einzufinden habe. Diesem Befehle gemäß begab er sich dahin, von seinem Bruder Rabbi Sinai und mir begleitet. Daselbst angelangt, führte uns sofort ein Diener des Fürsten in den Saal, welcher mit vielen andern Sälen in Verbindung stand; von des Kaisers Wohnung sind auch mehrere Zugänge zu der Wohnung des Fürsten. Der Fürst erschien bald nach unserer Ankunft, er begrüßte uns mit aller Freundlichkeit, reichte jedem von uns die Hand, geleitete uns sodann in einen andern Saal, woselbst er uns zum Sitzen einlud und es nicht zuließ, daß wir unsere Kopfbedeckung ablegten. Hierauf führte er meinen Schwiegervater in ein anderes Gemach, wo er ihm einen Ehrensitz anwies, während er selbst ihm gegenüber Platz nahm. Der Fürst unterredete sich mit ihm über geheimnisvolle Dinge, sprach aber so laut, daß wir alles hören konnten. Das laute Sprechen hatte einen guten Grund, es geschah deswegen, damit der Kaiser, der hinter einem Vorhang stand, die ganze Unterredung hören könne. Der Vorhang öffnete sich plötzlich und der Kaiser trat hervor, richtete an meinen Schwiegervater einige auf die Unterredung sich beziehende Fragen und zog sich dann wieder hinter den Vorhang zurück. Der Fürst geleitete dann meinen Schwiegervater in das Zimmer, wo wir uns befanden, verabschiedete sich von uns unter freundlichen Verbeugungen, reichte wieder jedem von uns die Hand und begleitete uns bis in den Hof. Den Gegenstand der Unterredung müssen wir aber, wie es bei königlichen Angelegenheiten üblich ist, geheim halten, hoffen jedoch zur gelegenen Zeit alles mitteilen zu können.

Daß der Kaiser sich sehen ließ, bedeutete einen Verstoß gegen das Zeremoniell. Ludwig August Frankl berichtet, daß sein Vorfahre Israel Hönig der Kaiserin Maria Theresia Vorschläge über die von ihm betriebene Generalpacht des Tabakgefälles erstattete: »Die Kaiserin stand hinter einer Blende und hörte, ungesehen, den Vortrag an. Mit einem Juden von Angesicht zu Angesicht zu sprechen, schien ihr unstatthaft. Als er geendet hatte, sprach die Kaiserin nur das Wort ›gut‹ und reichte aber zum Zeichen der Befriedigung ihre Hand aus der Blende hervor, die Israel Hönig küssen durfte.«[1]

Von meiner Abstammung vom Rabbi Löw hab' ich zuweilen gesprochen, aber den dunklen Punkt meiner Abstammung von Kaiser Franz stets verschwiegen. In meinen »Erinnerungen« soll aber ein Hinweis auf dieses in meiner Familie streng gehütete Geheimnis nicht fehlen. Wäre es nicht so streng gehütet worden, hätte einer meiner Freunde vielleicht feststellen können, meine äußere Erscheinung erinnere an Rabbi Löw, mein Geist mehr an Kaiser Franz. Für die Verbindung mit diesem verantwortlich ist die Familie

### Joseph Magnus Oesterreicher

Dr. Joseph Magnus Oesterreicher, Großvater meiner Urgroßmutter, 1756 zu Alt-Ofen geboren, studierte Medizin, veröffentlichte 1781 eine lateinische Abhandlung über

---

[1] Sigilla Veri. Ph. Hauff's Semi-Kürschner, 2. Aufl. 3. Bd. S. 59

die Bäder von Ofen, wurde 1785 Brunnenphysikus in Füred am Plattensee, dem Bad, das ihm Entdeckung und Aufblühen verdankt. Er übersiedelte spätestens 1802 nach Wien, wo er als Arzt sehr geschätzt wurde. »Daselbst verfertigte er im Jahre 1810 einen Apparat, welcher zur Entdeckung von Verfälschungen von Lebensmitteln dienen sollte. Auch wurde ihm gestattet, Versuche mit demselben vor Sr. Majestät Kaiser Franz anzustellen, der ihn bei diesem Anlaß mit einer goldenen Tabatière beschenkte. Im Jahre 1818 unterbreitete Oesterreicher der Regierung einen Plan zur fabrikmäßigen Erzeugung der Soda mittelst des von ihm in Ungarn als häufiges Nebenprodukt entdeckten Glaubersalzes.«[1]
Die Einführung seines Verfahrens fällt in die Jahre, in welchen Napoleon, als England die Ausfuhr von aus Tangasche hergestelltem Soda aus Ägypten, Venezuela und California nach Europa unterband, einen Preis für die Gewinnung von Soda auf chemischem Wege ausschrieb, den Leblanc gewann. Das Verfahren meines Ahnherrn wurde erst 1863 durch das neue Verfahren der Belgier Ernest und Alfred Solvay verdrängt.
»In Wien, wo Oesterreicher noch viele Jahre lebte, übte er auch die ärztliche Praxis aus und bekleidete, wie es in seiner Biographie heißt, die Stelle eines k. k. Kammerphysikus. Für seine Verdienste als Arzt wurde er mit der großen goldenen Civil-Ehrenmedaille in Band und Oehr ausgezeichnet, auch wurde ihm das medicinisch-technische Institut zum Betriebe der Sodafabrikation überlassen und ihm gestattet, das Vorrecht der Sodabereitung einer seiner Töchter testamentarisch zu übertragen. Seine Ab-

---

[1] Constant von Wurzbach: Biographisches Lexikon des Kaiserthums Oesterreich. 21. Theil (1870) S. 26 f.

sicht, in Füred am Plattensee ein Haus zur unentgeltlichen Unterbringung des k. k. Militärs zu erbauen, scheiterte, sonderbar genug, an unerwartet erhobenen Hindernissen, er stiftete nun statt dessen in einer letztwilligen Verfügung vom 31. August 1823 einen Betrag von 2 400 fl., von dessen Interessen für immerwährende Zeiten der zur Trink- und Badecur nach Füred kommenden Mannschaft eine Zulage verabreicht werden sollte. Oesterreicher war seit 1797 Mitglied der Leipziger ökonomischen Gesellschaft und der physikalischen Societät zu Jena. Er starb in Wien am 14. Dezember 1831 im Alter von 76 Jahren.«
Die Sodafabrik wurde noch von ihm in ein neugebautes Haus in der Heugasse (Prinz Eugen-Straße) verlegt. Das Vorderhaus diente als Sommerwohnung der Familie. Das zwischen Plössl- und Theresianumgasse liegende Haus wurde um die Jahrhundertwende niedergerissen. Es lag noch viele Jahrzehnte nach seiner Erbauung inmitten von Gärten und blickte in den Schwarzenberggarten. Im April oder Mai, wenn die Schwarzenberg vom Neuen Markt in ihr Sommerpalais jenseits des Glacis und der Wien übersiedelten, verließen noch die Enkelkinder Oesterreichers die Stadtwohnung in der Habsburgergasse und zogen in die Villegiatur in der Heugasse.
Dr. Joseph Oesterreicher hatte einen Sohn und drei Töchter. Die älteste, Eleonore (1788–1858), wurde die Gattin des Dr. Josef Wolff. Aus dieser Ehe stammten 12 Kinder, darunter der Klaviervirtuose und Professor am Pariser Conservatorium Eduard Wolff (1814–1890). Eleonores Enkelin Regine Wolff (1833–1884) war die Gattin des Dr. Tadeusz Wieniawski (1816–1887) und die Mutter des Violinvirtuosen Heinrich Wieniawski (1835–1880), der in Brüssel lebte und in Moskau starb, und des zwei Jahre jüngeren Pianisten und seit 1876 Professors am

Brüsseler Konservatorium Josef Wieniawski (1837–1912). Die Wieniawski bildeten mit ihrem Onkel Eduard Wolff den einzigen musikalischen Zweig der ausgedehnten Nachkommenschaft des alten Oesterreicher. Zwar spielte meine Urgroßmutter einmal mit Liszt vierhändig, aber das besagt bloß, daß sie wie viele junge Damen Klavier spielte, bis sie, von Mutter- und Hausfrauenpflichten abgezogen, es aufgaben. Daß Liszt sie einmal auf dem Klavier begleitete, scheint darauf hinzuweisen, daß er bei einer Abendgesellschaft ihr Gast war.

Zur Zeit Heines lebten mehrere Mitglieder der Familie Wolff in Berlin. Der Dichter erwähnt sie (Die Stadt Lucca, Kapitel XIII): »Die Wölfe sind dort (in Berlin) ebenfalls häufig, und da sie der Kälte wegen Warschauer Pelze tragen, sind sie nicht leicht zu erkennen.«

Der einzige Sohn von Joseph Oesterreicher bildete den Stolz der Familie. Dr. Leopold Wladimir Ritter von Oesterreicher (1789–1854) war Leibarzt des Zaren Alexanders I. Sein Porträt zeigte ihn als schlanken, gut aussehenden Mann in russischer Uniform mit dem Kriegskreuz und anderen Auszeichnungen auf dem grünen Waffenrock. Das Bild, das im Salon meines Urgroßvaters hing, bewunderte ich stets mit Ehrfurcht. Der Zar berief ihn an die deutsche Universität Dorpat, welche 1802 als kaiserliche, von der Ritterschaft unterhaltene und verwaltete baltische Landesuniversität eröffnet worden war. Damals war der Frankfurter Friedrich Maximilian von Klinger, dessen Drama »Sturm und Drang« einer literarischen Richtung den Namen gab, Kurator der Universität in Dorpat, wo er 1831 starb. Leopold Wladimir, der vom Zaren zum Staatsrat ernannt wurde, starb in Minsk in Litauen.

Joseph Oesterreicher gab die Hand seiner Tochter Juliane (1790–1833) am 15. Dezember 1810 dem Markus Weikers-

heim (1790–1863). Ihr lebensgroßes Portrait, ein Meisterwerk Johann Baptist Lampi's, war das Glanzstück unter den Ahnenbildern in der Wohnung meines Urgroßvaters in der Schwindgasse und zeigte die junge, etwas füllige, blauäugige Blondine, decolletiert und mit bloßen Armen, den Isabey-Schleier ums Haupt, die Taille in pupurrotem goldverschnürtem Samt, vor dem hellblauen Himmel, geradezu eine Idealgestalt der Kongreßzeit.
Die Oesterreicher sollen von Kaiser Franz, als dieser noch Thronfolger war, abstammen. Die 1790 geborene Juliane sei seine Tochter.
Es war ein streng gehütetes Geheimnis, von dem ich erst sehr spät erfuhr. Der starke »Ahnenschwund« des Hauses Österreich zeigt sich auch bei fast allen Nachkommen der Oesterreicher in den blauen Augen und dem lichten Haar. Oft fiel fremden Leuten, die nichts von meinem verborgenen Stammbaum wissen konnten, meine Ähnlichkeit mit Kaiser Franz im Gesichtsschnitt, dem Haaranwuchs und dem Blick auf.
Seit wann die Familie, die früher Pinchas hieß, sich Oesterreicher nennen durfte, ist nicht festzustellen.
Die Weikersheim hießen ursprünglich Wolf. Zwei Brüder standen als Hoffaktoren im Dienste der Fürsten Hohenlohe-Langenburg, der eine in dem des in Bischoffsheim, der andere in dem des in Weikersheim residierenden Fürsten. Als ich noch in der Reisnerstraße lebte und einen Diener hatte, wurde dieser, wenn er im Wirtshaus mit den Domestiken der Nachbarschaft saß, mit Benedikt angeredet, wie der jeweilige Kammerdiener des Fürsten Windischgraetz mit Windischgraetz. Der Diener erhielt den Namen des Herrn, und das war auch bei den Hofjuden der Fall, wenn sie zu Frankfurt Geldgeschäfte für ihre Herren tätigten. Täglich ging der Faktor Wolf durch den mächti-

gen Torbogen über den großen Hof zum Schloß Weikersheim, hinter dem sich der gepflegte Park mit der Orangerie dehnte. Hier erhielt er seine Aufträge, Gelder nutzbringend anzulegen, zu beschaffen oder Juwelen und Pariser Toiletten für die Fürstin zu besorgen.

Ein Neffe des Weikersheimer Wolf, Ludwig Raphael Bischoffsheim, gründete 1820 eine Firma zu Antwerpen. Er war mit Amalie Goldschmidt, Schwester des Frankfurter Bankiers, verheiratet und übersiedelte 1848 nach Paris. Sein Neffe Ludwig Bamberger wurde Mitbegründer der Deutschen Bank und der Reichsbank. Bischoffsheims zweiter Sohn Jonathan war der finanzielle Berater Leopold I. und Leopold II. und arbeitete den Plan zur Gründung der Banque Nationale de Belgique (1850) aus. Jonathans Tochter Klara heiratete 1855 den »Türkenhirsch«, den Freund des Kronprinzen Rudolf, Baron Moritz Hirsch.

Markus Hirsch Weikersheim, Vater meiner Urgroßmutter Regine Brandeis, führte in dem schönen großen Barockhaus in der Habsburgergasse die 1822 in Triest gegründete k. k. priv. Azienda Assicuratrice, die ihre Tätigkeit über den weiten Bereich der Monarchie ausdehnte. Er war auch Agent des Österreichischen Lloyd und erreichte durch Verhandlungen mit Rothschild im März 1836, daß dieser 600 Aktien dieser Schiffahrtsgesellschaft übernahm, wodurch die ins Auge gefaßte Beteiligung der Regierung nicht mehr nötig war und der Ankauf von zwei Dampfern in England ermöglicht wurde[1].

1850 wurde Weikersheim Bürger von Wien. Er starb am 6. Jänner 1863.

---

[1] Ronald Edward Coons: Steamships and Statesmen, Austria and the Austrian Lloyd 1836–1848. Harvard University, Cambridge, Massachusetts 1966. Manuskript.

## Salomon Brandeis-Weikersheim

Sein Schwiegersohn und Kompagnon Salomon Brandeis-Weikersheim nimmt in der Frühgeschichte der Wiener Großbanken eine hervorragende Stellung ein. Der Industriekredit war von der 1816 gegründeten Nationalbank abhängig, welche die von den Großhändlern eingereichten Wechsel eskomptierte. Die Beschränkung des Eskomptes veranlaßte 1853 eine Gruppe von Proponenten, der Salomon angehörte, unter dem Namen »Niederösterreichische Escomptegesellschaft« einen Kreditverein mit wechselseitiger Haftung nach dem Muster des Comptoir d'Escompte in Paris und der 1851 von Hansemann gegründeten Berliner Disconto-Gesellschaft ins Leben zu rufen.

Das Grundkapital des Finanzinstituts, welches später eine europäische Großbank wurde, betrug 10 Millionen Gulden, wovon bei der Gründung die Hälfte zur Einzahlung aufgerufen wurde.

Sigmund Mayer schreibt: »Nur ein einziger, M. H. Weikersheim & Co., ist vorwiegend nach dem englischen Ausdruck banker, d. h. Bankier der Kaufleute und Industriellen.« Der Autor fährt fort: »Haus, Familie und Geschäft hatten auch einen jüdisch-patriarchalischen, etwas altmodischen Charakter. Der Gründer Marcus Hirsch Weikersheim aus Süddeutschland, ein alter Herr von freundlichem, heiteren Wesen, hatte, als ich ihn kennenlernte, schon längst die Führung seinen beiden Schwiegersöhnen, zwei Brüdern Brandeis überlassen.«[1]

---

[1] Die Wiener Juden. Kommerz, Kultur, Politik 1700–1900. 2. Aufl. 1918, S. 221, 236, 296, 350.

Im Jahre 1860 wurde eine österreichische Anleihe aufgelegt. Die Höhe der Zeichnungen läßt einen Vergleich der großen Vermögen zu[1]. Es zeichneten:

| | |
|---|---|
| Creditanstalt | 7 500 000 |
| Rothschild | 3 500 000 |
| Sina | 1 000 000 |
| I. H. Stametz & Co | 1 000 000 |
| Leop. Lämel, Prag | 500 000 |
| Kaiserl. Familienfond | 500 000 |
| M. Schnapper | 500 000 |
| Todesco | 500 000 |
| M. Wodianer | 500 000 |
| Epstein | 500 000 |
| Königswarter | 400 000 |
| M. L. Biedermann | 300 000 |
| Reyer & Schlick, Triest | 250 000 |
| Henikstein & Co. | 200 000 |
| F. Schey | 200 000 |
| L. G. Schuller & Co. | 200 000 |
| M. H. Weikersheim & Co. | 200 000 |
| Fürst Auersperg | 100 000 |
| Fürst Schwarzenberg | 100 000 |

Das Bankhaus Weikersheim nahm in hervorragender Weise an der Finanzierung der ungarischen Bahnen teil, gemeinsam mit dem Bankier des Erzherzogs Albrecht, Friedrich Freiherr von Schey-Koromla.
Als Pionier des russischen Bahnbaus verfügte Salomon über gute Beziehungen zu einflußreichen Kreisen Peters-

---
[1] Georg Franz: Liberalismus. Die deutschliberale Bewegung in der Habsburger Monarchie. München 1955, S. 158 f.

burgs. Im Auftrag der Versicherungsgesellschaft »Der Anker« bemühte er sich um das Zustandekommen einer russischen Gesellschaft, wofür aber die Vorbedingungen noch nicht gegeben waren[1].

## *Salomons Nachkommen*

Salomon Brandeis-Weikersheim war nacheinander mit zwei Schwestern Weikersheim verheiratet. Die erste Ehe blieb kinderlos, aus der zweiten mit Auguste stammten ein Sohn und vier Töchter.
Hermann Brandeis-Weikersheim heiratete 1881 eine Engländerin, Eveline Josel-Ellis (1858–1940), eine sehr schöne und ungewöhnlich reizvolle Frau. Als ich neun Jahre alt war und sie, bei meinen Eltern zu Besuch, ins Kinderzimmer kam und meinem Soldatenspiel zusah, spürte ich bei ihrem Anblick und ihrem Parfum den ersten Hauch des Eros. Bei Erwachsenen war dieses Gefühl begreiflicherweise viel stärker, wie man in den Erinnerungen von Arthur Schnitzler nachlesen kann[2]. Sie bildete die Perle in der Corona um Olga Waissnix, der Wirtin vom Thalhof am Fuße des Schneebergs. Zum Geburtstag von Eveline 1884 schrieb Schnitzler das »Thalhof-Festspiel«. Neun Jahre später sandte ihr der Dichter die Niederschrift mit den begleitenden Versen[3]:
Ein Manuscript aus tiefster Schreibtischlade
Man träumt – man sieht zurück – es ist doch schade!

---
[1] Gert Engelmann, Der Anker (1958)
[2] Arthur Schnitzler, Jugend in Wien (1968)
[3] Olga Waissnix im Briefwechsel (1970)

Von all den neu heraufbeschwornen Geistern
Wer könnte heut noch seine Rolle meistern?
Die eine mußte sterben vor der Zeit
Die andre ward uns fremd
Die dritt' ist weit
Vom vierten weiß man nichts beinah zu sagen
Warum? Was war er selbst vor langen Tagen!
Lebendige Schrift ward Druck der Schreibmaschine
Nur eine blieb im Lauf der Welt die gleiche
Der dieses Spiel einst galt – der heut ichs überreiche.

Die Namen der Männer und Frauen, welche den Kreis um Olga Waissnix bildeten, sind in ihrem Briefwechsel mit Schnitzler erwähnt, und darunter fand ich zu meiner Überraschung viele, wenn auch nur entfernt mit mir Verwandte und Verschwägerte. Mütterlicherseits Hermann und Eveline Brandeis-Weikersheim, Gustav, Rudi und Alfred Pick, Heinrich und Jenny Fries, Baron Philipp (Pips) Schey; väterlicherseits Hans von Mauthner, Professor Ludwig Mauthner, Excellenz Paul Schulz, damals Ministerialsekretär, dann den Bruder meiner Tante Mitzi, der Frau des späteren Sektionschef Isidor Mauthner, Richard Engländer, der sich Peter Altenberg nannte, und das in ihn verliebte junge Mädchen Anni Holitscher »eine hübsche Brünette aus gleichen, nur wenig begüterten Kreisen, freier, aufgeweckter und von humorhaftem Wesen.« Anni war die Nichte der Witwe meines Großonkels Josef Mauthner und eine Großkusine meiner ersten Frau. Sie hat nie geheiratet. Im Laufe der Jahre wetteiferten Peter Altenberg und der jüngste Bruder meines Vaters um Annis Gunst.

Hermann Brandeis-Weikersheim war, was man in England eine »bore« nennt. Olga Waissnix schreibt aus Meran: »Wenn die Sonne warm scheint, ich Hermann Weikersheim nicht begegne und mich meine Schmerzen nicht zu arg quälen, so bin ich schließlich zufrieden.« Hermann ging seinem Beruf als Nichtstuer mit Würde nach.

Mitten in einer Tarockpartie in seinem Stammcafé traf ihn der Schlag. Vielleicht nach der Ansage Pagat ultimo. Jedenfalls ein schöner Tod.

Seine Schwester Julie Brandeis-Weikersheim vermählte sich mit Baron Stephan Schey-Koromla, einem Mann von außergewöhnlicher Schönheit. Wie überhaupt die Angehörigen seines Hauses, ob männlich oder weiblich, an edler Wohlgestalt kaum ihresgleichen hatten. Die Schey stammten aus Eisenstadt und standen in den besten Beziehungen zum Fürsten Esterhazy. Baron Friedrich Schey, der Erbauer des schönsten Ringstraßenhauses – Ecke Opernring–Goethegasse mit der dem Burggarten zugekehrten Front – war der Bankier des Erzherzogs Albrecht, und nach diesem wurde Stephans und Julies Erstgeborener benannt, der als letzter seiner Linie 1938 nach Paris emigrierte, wo er starb und auf seinen Wunsch in seiner Uniform als k. u. k. Husarenrittmeister d. R. begraben wurde.

Seine Nichte wurde die Frau von Alphons Thorsch, dem Alleininhaber eines Bankhauses, dessen Kunde zu sein schon einen unbegrenzten Kredit bedeutete. Thorsch und Söhne beteiligten sich im In- und Ausland an großen Unternehmungen und finanzierten unter anderem die Londoner Untergrundbahn.

Im Silberhandel nahm die Firma eine hervorragende Stelle ein, sie führte die Silberwährung in Rumänien ein und wußte in den 70er Jahren die Schwankungen des Silberpreises in Österreich auszunutzen. Als 1873 die Vereinigten Staaten und auch Deutschland zur Goldwährung übergingen und die Relation Gold–Silber, die sich lange

auf 1 : 15 gehalten hatte, sich bis auf 1 : 19 erweiterte, importierte die Arbitrage Silber, um es ausprägen zu lassen. Die ö. u. Bank war statutenmäßig verpflichtet, Silber mit 45 fl. für das Pfund einzulösen. Diese Möglichkeit reichen und sicheren Gewinnes endete, als das Münzamt die Silberprägung für Private einstellte.
Die Ablehnung des Kaisers, sich mit England zu verbünden, wie es Edward VII. bei seinem Besuch in Ischl im Jahre 1907 zu erreichen hoffte, bewog Alphons Thorsch, der einen Krieg voraussah, einen großen Teil seines Vermögens im Ausland anzulegen. Zu seinen inländischen Unternehmen gehörte eine Mineralölraffinerie in der Nähe von Mährisch-Ostrau. Die Deutschen beschlagnahmten das Werk, und das dort gewonnene Benzin bot ihnen im Feldzug gegen Polen eine höchst erwünschte Hilfe, wozu noch viele Eisenbahnwaggons kamen. Da war die Familie bereits in London, nur eine der Töchter war in Wien geblieben und als zur Erpressung dienende Geisel drei Wochen bis zur Auslösung gefangen gehalten.
Alphons und Maria Thorsch hatten fünf Töchter. Die jüngste, Dorothea, heiratete in das Hamburger Bankhaus Warburg.
Zwischen dem Haus Warburg und Österreich gab es eine in das Jahr 1857 zurückreichende historisch interessante Verbindung. Damals gerieten die Hamburger Banken in eine schwere Krise. Der Senat wandte sich vergeblich nach Berlin, Paris und London um Hilfe. Sie kam aus Wien. Paul Schiff, Direktor der 1855 gegründeten Creditanstalt, der Gatte der Warburgtochter Rosa, bewog Finanzminister Bruck, ihn nach Hamburg zu entsenden, um dort die Lage zu studieren. Der Hamburger Senat erreichte dank der Bemühungen Schiffs, daß der Kaiser seine Zustimmung zu einem Darlehen mit 6%iger Verzinsung gab. Im

Dezember kam der berühmte Silberzug in Hamburg an, und im Juni kehrten die zehn Waggons in der ursprünglichen Verpackung der Barren zuzüglich der Zinsen nach Wien zurück[1].

Eine andere Tochter Salomon Weikersheims, Ida, war mit Oskar Huldschinsky, dem Herrn der Eisenwerke Gleiwitz und Sosnowicw, vermählt. Er war der größte Steuerzahler Berlins – mehr Steuern im Deutschen Reich zahlte nur noch Weinberg in Frankfurt – stand in besonderer Gunst bei Wilhelm II., besaß den prächtigen Sommersitz am Wannsee und das Stadtpalais in der Matthäikirchgasse, wo ich als 17jähriger Jüngling eine Woche idealer Gastfreundschaft genoß und seine berühmte Gemäldegalerie bewunderte.

## Gustav Pick

Eine der Weikersheim-Töchter heiratete Gustav Pick. Von allen Männern, die mit mir, wenn auch noch so weit verwandt oder verschwägert waren, ist er der einzige, nach dem eine Wiener Gasse benannt wurde: die Gustav Pick-Gasse in Unter-Sievering.

Graf Wilczek berichtet: »Die für die Wiener Rettungsgesellschaft einträglichste musikalische Schöpfung, das Fiakerlied meines alten Freundes Gustav Pick, hat in Seebarn das Licht der Welt erblickt.«[2, 3] »Pick hat lange daran gearbeitet und verbessert, die Generalprobe fand in der

---
[1] E. Rosenbaum – A. J. Sherman, Das Bankhaus M. M. Warburg & Co 1798–1938. Hamburg 1976, S. 55 f.
[2] Harry Graf Kessler, Aus den Tagebüchern 1918–1937. Berlin 13. Februar 1926
[3] Hans Wilczek erzählt seinen Enkeln Erinnerungen aus seinem Leben (1933)

damaligen Wohnung in der Krugerstraße vor den Fiakern Hirschmann und Bratfisch, dem Leibfiaker des Kronprinzen, sowie dem berühmten Brady in Anwesenheit von Girardi, Baron Mundy, Graf Rudolf Kinsky und dem Maler Canon statt. Girardi prognoszierte dem Lied keine besondere Lebensdauer. Als er dies sagte, kniete Mundy vor allen Leuten hin und betete ganz ernst, daß Gott Girardi erleuchten möge, denn das Lied sei großartig. Am 24. Mai 1885 sang es Girardi zum erstenmal in einem Seitentrakt der Rotunde, begleitet vom Hausorchester des Baron Nathaniel Rothschild unter der Leitung des Kapellmeisters Rab. Es wurde in der Rotunde ein großes Wohltätigkeitsfest für die Rettungsgesellschaft abgehalten, und dies fiel zusammen mit dem hundertjährigen Bestehen der Fiaker in Wien.«[1]

Gustav Pick (1832–1921) begleitete Hans Wilczek (1837–1922) auch auf seiner zweiten Polarexpedition.

Gustav Pick wurde in Rechnitz, damals im Ödenburger Komitat, also als Ungar geboren. Sein Vater hatte einen großen Grundbesitz des Fürsten Batthyany gepachtet. Wie in Böhmen und Mähren, so überließen auch in Ungarn die Fideikommißherren ihre Güter kapitalskräftigen Pächtern, die rationeller als die eigenen Beamten wirtschafteten, den Boden verbesserten, Meierhöfe mit soliden Stallungen bauten und einen hohen Pachtzins entrichteten. Die verpachteten Güter brachten dem Grundherrn ein Vielfaches von dem ein, was sie in Eigenregie hätten erzielen können. Die hohen Pachtzinse erklären sich daraus, daß die Pächter ihre Bodenprodukte in ihren auf ihrem eigenen Grund erbauten Zucker- oder Spiritusfabriken oder Brauereien verwerteten.

---

[1] Alfred Pick, Ich von mir. Als Manuskript gedruckt (1916)

Schon der Vater Picks führte ein senorales Leben, in welchem die Pferde eine große Rolle spielten. Einer seiner Aussprüche war: »Zwei Sorten von Menschen hasse ich: einen, der lügt, und einen, der ohne Handschuhe kutschiert.«
Gustav Pick wechselte mehrmals seine Wiener Wohnung. Am prächtigsten dürfte die Kantgasse 2 gewesen sein, »Mein Vater«, berichtet Alfred Pick, »bewohnte einen riesigen Marmorsaal; es gab ein grünes, ein rosafarbenes, ein türkisches Zimmer etc. Im Marmorsaal ging viel vor. Er studierte damals chinesische Literatur (u. a. kaufte er ein chinesisches-englisches Wörterbuch in vier Bänden, das er aus Sumatra bezog) und ließ einmal eine ganze Truppe chinesischer Jongleure und Tänzer sich bei uns produzieren. Dann wieder spielten die damals berühmten Harner (die Vorgänger der Schrammel) und die Ausseer Pfeiferbuben dort; und auch der ausgezeichnete Chor des Kantors Goldstein sang hier in Gegenwart von allen aristokratischen Bekannten, denen er dann (wegen Goldstein) ein streng rituelles Souper von Tonello vorsetzte.«
In der Kantgasse wurde der Pianist Alfred Grünfeld von Gustav Pick und dessen gutem Freund, dem Grafen Hugo Seilern, entdeckt. »Eines Abends«, schreibt Alfred, »schleppten sie ihn vom ›Sperl‹ in die Kantgasse, wo er bis acht Uhr früh spielte. Das wiederholte sich dann immer wieder und oft, wenn ich in der Früh in die Schule ging, schlief er auf dem enormen braunsamtenen Divan. Er lernte damals bei meinem Vater eine Menge einflußreicher Menschen kennen, darunter den damaligen Obersthofmeister Fürsten Konstantin Hohenlohe, und wurde so berühmt. Aber so Walzerspielen hat ihn niemand gehört außer uns zwischen 5 und 8 Uhr früh.«
Von Gustav kursierten viele Anekdoten, von denen ich

mehrere dem Grafen Hans Gregor Wilczek verdanke. Einmal lud dieser seinen Freund Gustav ein, in seinen schlesischen Wäldern einen Bären zu schießen. Pick wurde am Bahnhof vom Jagdmeister abgeholt und es kam zu folgender Konversation:

Sind Euer Durchlaucht gut gereist?
Ich bin keine Durchlaucht.
Verzeihen, Euer Erlaucht!
Ich bin kein Graf, ich bin ein Jud.
Oh, entschuldigen Sie, Herr Baron.

Hans Gregor erzählte mir, Pick hätte als Gast seines Großvaters in Seebarn an einem Gottesdienst in der Dorfkirche teilgenommen. Nach der Messe fragte ihn eine Dame, ob seine Religion ihm erlaube, an einem katholischen Gottesdienst teilzunehmen. »Glauben Sie nicht«, antwortete er auf den Himmel weisend, »daß der da oben für Sie und mich derselbe ist?«

Einmal fand Gustav seine Schwiegermutter, meine »Tante Gusti«, ganz in Schwarz gekleidet. »Gibt's einen Trauerfall in der Familie?« »Lieber Gustl, weißt du nicht, heute wäre der 24. Geburtstag deines kleinen Sohnes, den uns so früh der Tod entrissen hat.« »Und heute wäre er großjährig geworden und ich müßte ihn unter Kuratel stellen lassen.«

Rudi und Alfred Pick erbten ihren Witz vom Vater. Rudi zeichnete und malte köstliche Karikaturen, besonders Pferderennen und Jagdszenen, die zu Tausenden in Reproduktionen verbreitet waren. Er war mit einem Fürsten Liechtenstein befreundet, der ihn einlud, mit ihm nach Afrika zu fahren, um Löwen zu jagen. Als sie aus dem Suezkanal ins Rote Meer kamen, brach ein gewaltiger Sturm aus, der zwei Tage ununterbrochen wütete. Als sich am dritten Tag das Meer noch immer nicht beruhigte, fragte Liechtenstein Rudi, ob er sich noch immer gar nicht fürchte. »Nicht im mindesten, durchs Meer sind schon meine Vorfahren trockenen Fußes gelangt.«

Von der Löwenjagd, und nachdem er noch am Berg Sinai drei Steinböcke geschossen hatte, nach Wien zurückgekehrt, erhielt er einen Vorhalt vom Steueramt, wie es komme, daß er kein Einkommen bekenne, aber im Sacher wohne, einen eigenen (unnumerierten) Fiaker halte und vor kurzem eine gewiß recht kostspielige Jagdexpedition in Afrika mitgemacht habe. Rudi setzte auf den Vorhalt nur wenige Worte als Antwort: »Ich lebe halt über meine Verhältnisse, das bin ich meinen Freunden schuldig.«

Oft half Alphons Thorsch mit Geld. Einmal aber nahm die Geduld des sonst großmütigen Spenders ein Ende. Rudi bediente sich im Stadtverkehr nicht der Post, auch nicht der »Pneumatischen«, sondern eines Dienstmannes. Geld spielte keine Rolle. Der Dienstmann trug zu Thorsch einen Brief mit Rudis Bitte, ihm mit 500 fl. aus einer Verlegenheit zu helfen. Thorsch händigte dem Dienstmann die Antwort ein, er wolle nicht immer wieder seinen Ansprüchen nachkommen, werde aber Diskretion wahren. Rudi schickte den Dienstmann gleich wieder zu seinem angeheirateten Vetter mit folgenden Zeilen: »Lieber Alphons, auch meiner Verschwiegenheit kannst Du sicher sein.«

Rudi gehörte zu dem lustigen Kreis, der sich um den Schloßherrn von Vöslau, Moriz von Gutmann, bildete. Für diese Runde schrieb er eine köstliche Posse in Form eines Ritterstücks: »Die Nelkenburg«, die viele Jahre nach seinem Tod in einem Kabaret von Grünbaum und Farkas mit großem Erfolg aufgeführt wurde. Schnitzler beschreibt Gustav Pick als »großen stattlichen Mann in der Mitte der fünfzig mit edlem grauen Bart, noch immer schön, der im ganzen sehr aristokratisch aussah und dazu ein ganz klein wenig wie ein jüdischer Patriarch. Er verkehrt mit Wilczek auf vertraulichem Fuß. Nach ihrem Aussehen hätte man sie beinahe für Stiefbrüder halten können. Er ist das Urbild des alten Eissler in meinem Roman ›Der Weg ins Freie‹.« Über Rudi Pick schreibt Schnitzler: »Er wurde auf Magnatenschlösser geladen, reiste mit einem Fürsten nach Afrika zur Löwenjagd und machte sich in witzigen feschen Aquarellen über Fürsten, Löwen, Pferde, Jockeys, die ganze Welt und auch ein wenig über sich selbst lustig.« Schnitzler fand ihn »amüsant, bezwingend, blond, schlank und der witzigste Kopf. Und wie er Frauen gefiel!«

Von Alfred spricht Schnitzler als dem »stets gemütlichen Gerichtspraktikanten«. Auf Alfred brauchte er nicht eifersüchtig zu sein. »Alfred Pick ist schon seit April da, er studiert angeblich, und daß es auf der ganzen Welt kein Wesen von solch unglaublicher Ungefährlichkeit gibt, wie er, bedarf nicht erst der Erörterung« (Olga Waissnix an Schnitzler). Ein witziger Freund meinte: »Bei einem so musikalischen Vater ist es kein Wunder, daß ein Sohn Maler und einer Richter wurde.«

Alfred besaß eine weitumfassende Bildung, las immer wieder seine im Gymnasium liebgewordenen alten Autoren Homer, Tacitus und Cicero, lernte Italienisch, Spanisch und Türkisch. Französisch und Englisch beherrschte er vollkommen. Seine Leidenschaft war die Jagd, welcher er auf dem Schey'schen Gut Kövecses und in Reichenau fröhnte. Seit seiner Kindheit verging kein Jahr, das er nicht mehrere Wochen und viele Wochenenden in Reichenau im Thalhof verbrachte. Dorthin kam ja schon sein Vater, der einmal mit seiner Familie 13 Zimmer belegte und Klavier und Harmonium, auf einem Pferdefuhrwerk verladen, mitbrachte. Bei ihm sangen die Holzknechte, er spielte dazu Klavier und seine Schwägerin Dora Zither. Oft kam

Alfred Grünfeld zu Besuch und setzte sich an den Flügel. Alfred hat über seine Tätigkeit als Richter in seinen Erinnerungen Rechenschaft gelegt. Nachdem er sich als Untersuchungsrichter bewährt hatte, blieb er als Oberlandesgerichtsrat Bezirksrichter in der Leopoldstadt. Er war ein milder Richter. Als er ein Mädchen zu einer unerwartet niedrigen Strafe verurteilt hatte, bat ihn ihre Mutter, ihr Vormund zu sein.

Er war der populärste Richter Wiens. Die Gerichtssaalreporter drängten sich zu den Verhandlungen beim Bezirksgericht Leopoldstadt und berichteten über die köstlichen Aussprüche des ebenso witzigen wie gütigen Richters. Ganz Wien lachte über die von ihm geleiteten Verhandlungen mit urwüchsigen Galizianern, mit denen er wie kein anderer den richtigen Ton anzuschlagen wußte.

Alfred hatte eine sonderbare Sammelleidenschaft. Er sammelte Hüte bedeutender Persönlichkeiten. Einmal besuchte er die Witwe Alfred Grünfelds, um einen Hut des großen Pianisten seiner Sammlung einzuverleiben. Das Stubenmädchen meldete die Bitte ihrer Gnädigen, ohne den Namen des Besuchers, der ein Schnorrer zu sein schien, zu nennen und brachte ihm den schäbigsten Hut, dessen Abgegriffenheit aber den Wert des Museumsstücks nicht schmälerte.

Zu seinen sonderbaren Eigenschaften gehörte, daß unter seinem, ihm gar nicht anzusehenden Gewicht mancher Sessel zusammenbrach. Wir trafen uns einmal bei einer größeren Abendgesellschaft. Als man bei Tisch saß, krachte der Sessel Alfreds zusammen, und der Oberlandesgerichtsrat verschwand unter dem Tisch. Aus der Tiefe drang der Ruf: »Ich komme gleich wieder.« Alles lachte, nur nicht der Hausherr. Der machte ein saures Gesicht, nicht wegen des zerbrochenen Sessels, sondern weil er die mit einem seiner Gäste abgeschlossene Wette verlor. Er hatte um eine Flasche Champagner gewettet, diesmal werde Alfred nichts zertrümmern. Auf seiner Sitzfläche war, wenn man ihm, dem besten Kenner des Biedermeiers glauben darf, der »Bienenkorb« des Augarten-Porzellans schon bei der Geburt aufgedruckt worden. Alfred hat nicht geheiratet. »Warum bin ich Junggeselle? Weil ich Glück bei Frauen habe. Mich nimmt keine.« Das Titelblatt seiner Memoiren »Ich von mir« trägt das Motto »Schad' um mich«. Schad' um ihn und um die vergangene Generation einer Gesellschaft, für deren Nachfahren heute kein Platz mehr ist.

### *Onkel Joe*

Da gab es noch einen jüngeren Bruder meines Urgroßvaters, Onkel Joe. Ich sah den großen hageren Mann, wenn er zu Besuch nach Wien kam. Er lebte seit Jahrzehnten in Paris. Als er noch in Wien lebte, finanzierte er den Bau eines ersten Automobils. Vielleicht war es der von Markus konstruierte Wagen. Bei der Probefahrt blieb er bei der Steigung von der Babenberger zur Mariahilfer Straße stehen. Onkel Joe sprach ein Gemisch von Deutsch, Englisch und Französisch. Mit 60 Jahren heiratete er eine um 30 Jahre jüngere Frankfurterin, eine ausnehmend schöne Frau, die früh starb. Der Witwer suchte nach einer zweiten Frau. Die Wahl fiel auf eine rüstige Vierzigerin. Kurz bevor die Hochzeit stattfinden sollte, meldete der Diener, daß das Silber und manches andere nach und nach verschwinde. Die Braut erhielt den Abschied.
Onkel Joe besaß ein hübsches Vermögen, und so schickte

Jeanette, die Frau seines Neffen Albert Brandeis, ihren Sohn Ernst als Erbschleicher nach Paris. Tante Jeanette war eine patschierliche Frau mit sehr entwickelten Formen. Als Ernst es wagte, dem Kranken den Vorschlag zu unterbreiten, seine Mutter kommen zu lassen, richtet sich der alte Herr mit einem Ruck auf: »Jeanette? Nein, ich kann dicke Weiber nicht leiden.« Mit diesen seinen letzten Worten hauchte er seine 84 Jahre alte Seele aus.

*Des Urgroßvaters Söhne*

Die verwandtschaftlichen Beziehungen von Weikersheim und Brandeis zu Bischoffsheim erstreckten sich auf die Goldschmidt in Frankfurt. So kam die Ehe von Paula Goldschmidt mit Friedrich Brandeis, dem ältesten der vier Söhne meines Urgroßvaters zustand. Er wurde Mitglied des großen Londoner Kupferhandelshauses Brandeis, Goldschmidt & Co, einer Weltfirma. Seine Söhne waren bereits geborene Engländer. Der älteste, Charles, hatte verkümmerte Ohrmuscheln, ein schwaches Gehör und stotterte. Aber er besaß einen eisernen Willen und den Ehrgeiz, auf sich selbst gestellt zu sein. Er wurde ein tüchtiger Ingenieur in Südafrika und später in Canada. Der zweitgeborene Willy vertrat in Wien die Londoner Firma. Er richtete sich als Untermieter bei Frau Konrad in der Walfischgasse mit antiken Möbeln geschmackvoll ein, arbeitete täglich eine volle halbe Stunde an seinem Rokoko-Schreibtisch, telefonierte seinen wenigen Großkunden, gab ihnen die Londoner Kupferkurse bekannt und notierte die Abschlüsse. Er war ein liebenswürdiger Junggeselle, zehn Jahre älter als ich. Wir waren gute Freunde, spielten oft Schach, bei ihm oder im Café Kremser.

Friedrichs Bruder Heinrich Brandeis, ein auffallend schöner Mann, Liebling der Frauen, heiratete ein Fräulein Stich, eine klassische Schönheit – Lenbach hat sie gemalt – und eröffnete ein Bankhaus in Paris. Aus der Ehe stammten drei Söhne, Fritz, Ernst und Hans, und drei Töchter, Albertine, Françoise und Henriette.
Seine Witwe Marguerite war eine Mutter, die keinen Widerspruch ihrer sechs Kinder und unbedingten Gehorsam verlangte. Ihr Schwiegersohn Berthold Frischauer pflegte zu ihrer Charakterisierung folgende, seiner Phantasie eingegebene Geschichte zu erzählen: Marguerite fuhr einmal im Frühling nach Corsica. Auf einem Spaziergang wurde sie von Räubern überfallen und verschleppt. Unter den Banditen erspähte sie einen Knaben, rief ihn zu sich, griff in die Tasche, wie solche in den üblichen langen Kleidern hinten eingenäht waren, zog einen Crayon und Papier hervor, schrieb ein paar Worte darauf und befahl ihm, das Telegramm zur Post zu bringen. Sie gab ihm aus ihrem Portemonnaie einen Franc und versprach ihm einen zweiten, sobald er den Aufgabeschein bringe.
Die Brüder Brandeis saßen beisammen, als das Telegramm eintraf: »Verbiete Lösegeld zahlen«. Am nächsten Tag kam ein Brief, in welchem der Räuberhauptmann höflich mitteilte, daß sich die alte Dame wohl befände, und ersuchte, sofort 100 000 Francs als Lösegeld zu übersenden, widrigenfalls er für ihr Leben nicht bürgen könnte. Den Söhnen wäre kein Opfer für Mama zu groß gewesen, aber sie trauten sich nicht, gegen ihren Befehl zu handeln. Der Räuberhauptmann wurde ungeduldig und sandte noch zwei Mahnschreiben, die trotz ihrer blutigen Drohungen nicht erwidert wurden. Nach einiger Zeit stürzte der Bureaudiener kreidebleich ins Chefzimmer und meldete, ein wilder Mann mit Dolch und Pistole im Gürtel sei

im Vorzimmer und drohe, alle Brüder umzubringen. Da stürzte schon der wilde Korse herein und ehe sich die Brüder von dem Schrecken erholt hatten, warf er einen Beutel auf den Tisch: »Da habt Ihr die 100 000 Francs, aber holt endlich Eure Mama ab.«

Ein anderer Sohn meines Urgroßvaters, Albert Brandeis, der Mann der Tante Jeanette, ein liebenswürdiger Herr, hatte keinen Beruf, aber einen unternehmungslustigen Geist, der ihn beinahe ruiniert hätte. So beteiligte er sich, ein Opfer von Schwindlern, an einer englischen Gesellschaft zur Ausbeutung des Smaragdvorkommens im Habachtal. Smaragde erfreuen sich keines bergrechtlichen Schutzes, und jedermann kann, wenn er sie im Geröll findet, sie sich aneignen. Die Engländer begnügten sich damit, sich ein Stück des albertinischen Vermögens anzueignen.

Der jüngste der Brüder Brandeis war Onkel Ludwig, in jungen Jahren schneidiger Burschenschafter in Leipzig und bester Reiter seiner Wiener Dragonerschwadron. Er wollte sich aktivieren lassen, aber die Familie riet ihm ab. Offiziersberuf sei nicht mit ihrer Tradition vereinbar. Er war bereits ein Fünfziger, als er mit seiner Freundin ein Wochenende im Hotel auf dem Schneeberg verbrachte. Da kam unerwartet Erzherzog Franz Ferdinand Este. Die Hotelgäste versammelten sich in der Halle. Onkel Ludwig stand bescheiden im Hintergrund. Ein Brandeis drängt sich nicht vor. Aber das Auge des Thronfolgers, dessen Personengedächtnis unübertrefflich war, fiel auf ihn und die beiden unterhielten sich längere Zeit über die gemeinsame Dienstzeit im selben Regiment.

Ludwig hatte mehrere Duelle hinter sich, stets Sieger, er war ein glänzender Säbelfechter. Aber einmal erwischte sein Gegner seine Nasenspitze. Sie wurde wieder angenäht. Die Nase behielt die alte Form, doch blieb die zwirndünne Sehne, mit der sie an die Wange gebunden war, sichtbar. Er erfreute sich bei Ehrenhändel großen Zuspruchs als Sekundant. Darüber geben die Zeitungen in ihren Berichten über den Duellprozeß Schlayer-Bolgar, dessen Schlußverhandlung am 28. Juni 1883 stattfand, Nachricht.

In der Militärzeitung erschien am 15. Mai 1883 ein Artikel, in welchem die Ernennung des Oberstleutnants im Generalstab und Lehrers an der Kriegsschule Hugo von Schlayer zum Kommandanten des neu aufgestellten Eisenbahn- und Telegrafenregiments scharf kritisiert wurde, da dieser nicht die nötigen technischen Kenntnisse besitze. Schlayer forderte durch zwei an der Kriegsschule wirkende Stabsoffiziere vom Redakteur der Militärzeitung Franz von Bolgar Genugtuung. Dieser erklärte, den Artikel nicht geschrieben zu haben, aber daß er mit dessen Inhalt Wort für Wort übereinstimme.

Am 24. Mai fand in der Josefstädter Kaserne das Duell statt. Kugelwechsel auf 35 Schritt. Sekundanten Schlayers waren die Generalstäbler Baron Spiegelfeld und Ritter von Guttenberg, für Bolgar als erster Sekundant Ludwig Brandeis, tätig »im Bureau des Großhandlungshauses Weikersheim«, Leutnant der Reserve des Dragoner-Regiments Erzherzog Albrecht Nr. 4, 29 Jahre alt«, als zweiter der Redakteur der Wehrzeitung Heinrich Briller.

Schlayer, der in Verletzung der Anstandsregeln des Zweikampfes unmittelbar vor dem Kugelwechsel noch seinen Gegner provozierte, hatte den ersten Schuß und fehlte. Bolgar, Oberleutnant im Ruhestand, der infolge seiner Kurzsichtigkeit den Abschied genommen hatte und nur ganz ungenau zielen konnte, tötete seinen Gegner durch einen Kopfschuß.

Der Prozeß fand vor den Geschworenen statt. Alle Angeklagten, Bolgar und die vier Sekundanten, wurden wegen unwiderstehlichen Zwanges freigesprochen. Der ausführliche Prozeßbericht[1] gibt in anschaulicher Weise ein Bild von dem damaligen Duellwesen.

Ludwigs Rechtsbeistand war mein Onkel Edmund Benedikt, der darauf hinwies, daß der bereits 10 Jahre alte, noch immer unerledigte Entwurf eines neuen Strafrechts Bestimmungen enthalte, welche im vorliegenden Fall die Strafbarkeit ausschließen.

Ludwig huldigte dem aufkommenden Radfahrsport. Er trug das Rad – die Räder waren damals viel schwerer als heute – die Stiege herauf und hinunter, putzte und ölte es und beteiligte sich am üblichen Nachmittagskorso auf dem Radfahrweg im Prater, der bis zum »Spitz« führte. Einmal unternahm er eine Parforcetour, indem er bis zu seiner Schwester Clara in Dürnkrut das Pedal trat. Seine Kräfte zog er aus dem stattlichen Tafelspitz, der täglich auf den Mittagstisch vor ihn gestellt wurde. Gemüse, Obst, Mehlspeisen rührte er nicht an. Er war Kettenraucher. Mein Hauslehrer durfte sich nach Herzenslust aus der offenen Schachtel »Ägyptische« bedienen.

### Tante Clara und die von Boschan

Tante Clara war die jüngere Schwester meiner Großmutter Julie, groß, schlank und, wie ihr Jugendbildnis zeigt, eine schöne Frau. Sie erreichte in körperlicher und geistiger Frische die Schwelle des neunzigsten Lebensjahres. Als

---
[1] Neue Freie Presse, Abendblatt 28. 6. 1883 S. 2 und Morgenblatt 29. 6. Seite 6

Bub begehrte ich auf, wenn meine Mutter mich zwang, mit ihr Tante Clara zu besuchen. Mir und meiner Schwester gab sie, was wir nicht leiden konnten, gute Ratschläge und Lebensregeln, auch mußten wir, während die Großen sich unterhielten, das fade Familienalbum ansehen. Als Tante Clara und ich älter wurden, gewann ich sie sehr lieb.
Sie war mit Albert von Boschan verheiratet, Zuckerfabrikant in Dürnkrut, den sie um viele Jahre überlebte.
Ihre Tochter Fanny heiratete den Advokaten Rudolf Fenz, einen leidenschaftlichen Gentzforscher. Als sein Neffe, der Dichter-Arzt Egon Fenz, Baronin Rita Gianella ehelichte, fragte ich sie, wie Fenz zu Gentz käme. Sie sagte: »Des Reimes wegen.«

*Die Familie des Vaters*

### Der uralte Mauthner

Meine Großmutter Benedikt war eine geborene Mauthner. Ihre Vorfahren kann ich an Hand der »Erinnerungen« von Fritz Mauthner[1] bis zu ihren beiden gemeinsamen Großvätern zurückverfolgen. Der eine Großvater »hatte gegen die Gesetze seiner Zeit und durch besondere kaiserliche Erlaubnis so etwas wie ein Rittergut mit einem Schloß erworben, nicht gar weit von Königgrätz an der Elbe; dort imitierte er mit seiner viel jüngeren Frau das Leben eines vornehmen Landjunkers, verkehrte mit Juden nur geschäftlich und hauste so adelig, daß nach seinem Tode das

---
[1] 1. Aufl. 1918, Neuausgabe Frankfurt 1969

Gut versteigert werden mußte und seine beiden Söhne als arme Teufel zurückblieben.«

Der Vater meiner Urgroßmutter, gleichfalls ein Mauthner, »der steinalte Mann, der wohl einer Lebensbeschreibung wert wäre, war schon als Jüngling, gegen Ende des 18. Jahrhunderts, der Sekte der Frankisten[1] beigetreten, die ihre Anhänger aus kabalistischen oder abtrünnigen Juden rekrutierte und irgend einen neuen Messias als Vollender von Jesus Christus erwartete. Mein Großvater soll in dieser militärisch organisierten Sekte auf dem Schlosse Franks in Offenbach am Rhein Offizier gewesen sein und nach dem Ende der Bewegung die Dokumente und auch das Bild der »Königin« in Verwahrung gehabt haben. Die Sekte wurde dann öfters hart verfolgt, in Rußland wie in Österreich; mein Großvater kehrte in seine Heimat zurück und lebte von da ab als Religionsspötter, wenn er es auch für schicklich hielt, an hohen Feiertagen die Synagoge zu besuchen. In der kleinen Judengemeinde in Horzitz galt er für einen Gelehrten, für einen Freigeist, für einen Ketzer. Als er 1876 im Patriarchenalter starb, folgten seiner Leiche ein Rabbiner, ein katholischer und ein protestantischer Geistlicher.«

Als das Städtchen Horzitz unmittelbar nach der Schlacht von Königgrätz von preußischen Heermassen überflutet und in seinem Haus eine Ambulanz eingerichtet war, und solche Dinge liebte er nicht, flüchtete er. Er gelangte fast ohne Abenteuer nach Prag und zu uns. Ich war ihm als Schlafgenosse zugeteilt und er erzählte mir viel aus seinen zivilistischen Kriegserinnerungen, wobei es dem alten Herrn, der beim Plaudern oft für einige Minuten einnickte, einmal passierte, daß er den Einmarsch der Preußen in

---

[1] Lit. über Frank: August Becker, Des Rabbi Vermächtnis

Horzitz schilderte und dann plötzlich – nach einem kurzen Einnicken oder »Knappen« (wie er's nannte) – von einer Truppenrevue Napoleons bei Dresden oder Leipzig weitersprach.

Als nun König Wilhelm und Bismarck in Prag angekommen waren, wollte mein Großvater die beiden Männer sehen. Ich begleitete ihn vor den Gasthof zum Blauen Stern, wir faßten Posto neben dem alten Pulverturm, und da harrte der steinalte Mann an die zwei Stunden. Endlich kam ein Wagen, König Wilhelm und Bismarck fuhren an uns vorüber. Mein Großvater, für den es nicht leicht einen alten Mann gab, versetzte mir einen Puff zwischen die Rippen, wies auf den König und sagte mit Überzeugung: »Ein prächtiger junger Mann!« Der König stand in seinem siebzigsten Jahre. Etwa zwanzig Jahre später ließ sich Kaiser Wilhelm in Ems die kleine Geschichte von einem Herrn seiner Umgebung, der sie von mir erfahren hatte, erzählen und freute sich des impulsiven Kompliments; freute sich noch mehr zu hören, daß ein Mann in voller Rüstigkeit über hundert Jahre alt werden konnte. Am nächsten Morgen, als ich mir ein Glas Kränchen-brunnen holte, trat der General-Adjutant an mich heran. Die erste Frage des Kaisers wäre gewesen, wie alt dieser Mann geworden sei. Ich mußte antworten, wir wüßten das selbst nicht bestimmt; nach meiner bescheidenen Rechnung 104 Jahre, nach einer anderen, die übrigens meine Mutter als richtig annahm, 111 Jahre. Und ob es wahr wäre, daß dieser Mann noch eine halbe Stunde vor seinem Tode Karten gespielt hätte. Das konnte ich bestätigen. »Ich werde also sagen, daß er 111 Jahre alt geworden ist und noch eine halbe Stunde vor seinem Tode einen Grand mit Vieren gemacht habe. Da freut sich Majestät.«
Fritz Mauthner (1849-1923) war der Schriftsteller und

Philosoph der Familie. Seine Wiege stand in Horzitz, Kindheit und Jugend verbrachte er in Prag, wohin seine Eltern übersiedelten. Bald nach Beendigung seiner Studien zog er nach Berlin, wo er als Theaterkritiker des »Berliner Tagblatt« wirkte und zur Verbesserung seines Unterhalts Unterhaltungsromane schrieb: »Xanthippe«, »Hypathia« und »Der letzte Deutsche in Blatna«, welcher das Nationalitätenproblem in Böhmen behandelt. 1879 erschienen seine köstlichen Parodien zeitgenössischer Dichter »Nach berühmten Mustern«, bis heute das Muster für seine Nachahmer. Im Stillen aber arbeitete er, ohne daß selbst seine Freunde es wußten, an seinem Lebenswerk: »Beiträge zu einer Kritik der Sprache« (3 Bände 1901/02), denen das zweibändige »Wörterbuch der Philosophie« (1910/11) folgte und schließlich in vier Bänden »Der Atheismus und seine Geschichte im Abendlande« (1920-22). 1913 erschien »Der letzte Tod des Gautamo Buddha«. Sein Spinoza-Büchlein, das er dem dänischen Dichter Martin Andersen Nexö widmete, erreichte bereits nach einem Jahr die 11. bis 16. Auflage. Den Kritiker Mauthner erkennt man am besten aus den »Gesprächen im Himmel und anderen Ketzereien (München 1914)«. Sechs Bände »Ausgewählte Schriften« wurden 1919 veröffentlicht.
Der auf der Höhe seines Ruhms stehende Philosoph zog sich nach Meersburg am Bodensee zurück, wo er 1923 starb. Als Fritz Mauthner den 70. Geburtstag feierte, interviewte Egon Erwin Kisch seine Schwester, eine hochbetagte Arztesgattin, über seine Jugendzeit. »Ja, ja«, sagte die alte Dame, »der Fritz, der war ein begabter Junge«, aber plötzlich wurden die Züge ganz streng: »Der hätte ganz gut sein Doktorat machen können.«

## Großmama Betty

Betty und ihre Geschwister genossen im behaglichen Elternhaus in Prag glückliche Jahre. Es muß recht lebhaft zugegangen sein mit den 12 Kindern.
Zur Tanzstunde wurden die Kinder befreundeter Familien eingeladen, und als Betty 16 Jahre zählte, bildete sich um sie herum ein literarischer Kreis. Da las man 1842 unter anderem Marmontel's »Contes Nouveaux«, Klopstocks »Messias« und Goethe. Wie sehr Betty »Die Wahlverwandtschaften« liebte, geht daraus hervor, daß sie einer ihrer Töchter den Namen Ottilie gab. Auch die Namen andrer ihrer Kinder, Alfred, Edmund, Rudolf, Hedwig und Lucie dürften literarischen Gestalten entnommen worden sein. Dramen wurden von der Prager Runde der jugendlichen Schwärmer mit verteilten Rollen gelesen. Die Gouvernante, Fräulein Auguste Auerbach aus Leipzig, hatte bei Felix Mendelssohn Musikstunden genommen. Aber keines der Kinder hatte nur eine Spur musikalischer Begabung, und Fräulein Auerbach dürfte ihre Hauptaufgabe in französischer Konversation und englischem Unterricht gesehen haben.

Hauslehrer war Moritz Hartmann.
Er unterrichtete vor allem in Geschichte und Literatur. Nach dem Erscheinen seiner »Neueren Gedichte« (Leipzig 1846) – ein Jahr vorher waren die »Gesänge vornehmlich zur Verherrlichung des Hussitenthums«, »Kelch und Schwert« erschienen – hielt er es für ratsam, da seine liberalen Anschauungen ihn den Behörden verdächtig machen mußten, Prag zu verlassen. 1847 fand er sich wieder im Hause Mauthner ein. In diesem Jahr heiratete Betty. Aus diesem Anlaß schenkte ihr Hartmann eine

Miniaturausgabe von Shelley's Dichtungen.[1] Noch winziger als der Druck ist die handgeschriebene Widmung:
*An Betty Mauthner*
»Den Elfengeist in einem Menschenleibe«
Den Percy Bysshe Shelley sand' ich Dir –
Er war ja stets geliebt vom edlen Weibe.
Doch send' ich Dir ihn nicht zum Zeitvertreibe –
Er sei ein edler Bothe nur von mir
Dir sagend, daß ich Dein gedenkend bleibe.
Die Eine Kunst sollst Du mir zugedenken,
Wenn mir Dein Herz nicht andre Ehr erweist:
Mein Lehrer Moritz Hartmann weiß zu schenken!
Denn meine Sonn' ist Shelley, daß sich lenken
Sehr würdig mag nach ihm Dein Herz, Dein Geist
Für . . . . . . .[2] drin man mit Lust sich mag versenken.
*Zum 26. December 47*
Heine sagt von Hartmann: »Ei nun, Moritz Hartmann ist ein schöner junger Mann und ich bin überzeugt, daß sich alle Frauen der Welt in ihn verlieben, die neun Musen ausgenommen, die möge ihn nicht, das haben seine Gedichte bewiesen.«
Im Oktober 1848 stand er als vom Wahlbezirk Leitmeritz gewähltes Mitglied der Frankfurter Nationalversammlung Robert Blum und Julius Fröbel ständig zur Seite, als diese von der Linken des Paulsparlaments zur Ermutigung der Revolution nach Wien entsandt wurden, während Erzherzog Johann Welcker und Mosle als Reichskommissare bestimmte, um zwischen Wien und der Regierung zu vermitteln. Während Blum und Fröbel Kommandos übernahmen, wollte Hartmann als einfacher Freiheits-

---

[1] Shelley's Poetical Works. London Charles Daly 1839
[2] unleserlich

kämpfer dienen. Rechtzeitige Flucht bewahrte ihn vor dem Schicksal Blums und gestattete ihm, die »Reimchronik des Pfaffen Mauritius« zu schreiben.
In Deutschland steckbrieflich gesucht, fand er in London und dann in Frankreich ein Asyl, 1868, schon ein kranker Mann, übernahm er das Feuilleton der Neuen Freien Presse.

Ich habe Großmama Benedikt als sehr alte und noch immer sehr schöne Frau in Erinnerung. Sie bewohnte mit ihrem Sohn Edmund (meinem Onkel), seinen Kindern Elli und Kärrie und ihrer Tochter Hedwig (meiner Tante) den vielräumigen ersten Stock eines inzwischen längst abgerissenen Hauses in der Renngasse. Anschließend an die Wohnung lag die Advokaturskanzlei meines Onkels. Ich sehe noch Großmama, wie sie, fast erblindet, durch die Räume geht und frische Wäsche sorgfältig betastend in die Laden legt. Während des Winters ging sie nur am Weihnachtsabend aus, um noch in den letzten Stunden auf dem Christkindlmarkt am Hof den hohen Baum und den Schmuck zu kaufen. Die Folge war, daß die Weihnachtsfeier, an der ich nach dem Tod meines Vaters mit Mutter und Schwester regelmäßig teilnahm, sehr spät begann, das opulente Nachtmahl und die Bescherung erst gegen Mitternacht. Von Onkel Edmund, meinem Vormund, bekam ich stets einen Dukaten, in dessen Besitz ich mich reich fühlte. Unter den andern Geschenken lag einmal ein auch den Ansprüchen eines vollendeten Aquarellisten entsprechender Malkasten, dem ich die Anregung und die Liebe zu den Wasserfarben verdanke.
Im Sommer zog die Renngasse nach Alt-Aussee. Als ich fünf Jahre zählte, mietete mein Vater eine Villa, die durch einen großen Garten mit dem Hause verbunden war,

welches Onkel Edmund für Großmama, Hedwig und die Kinder gemietet hatte. Elli, die fünf, und Kärrie, die drei Jahre älter als ich waren, hatten zum Spielkameraden einen Ziegenbock, der wohl dem bäurischen Hausbesitzer gehörte. Der Bock stieß mich einmal um, worüber ich zwar nicht erschrak, aber das Erlebnis mir merkte, vielleicht deshalb, weil mich die erschreckten Mädchen zur Belohnung dafür, daß ich weder schrie noch weinte, zum Mittagessen behielten, was mir sehr gut schmeckte. Im Elternhaus wurde erst eine Stunde später gegessen. Niemand fragte mich, ob ich bereits gegessen hätte und so aß ich ein zweitesmal zu Mittag, auch diesmal reichlich. Essen war meine Lieblingsbeschäftigung.
Elli und Kärri standen unter der Obhut von Tante Hedwig, einer sehr gebildeten, geistvollen Frau, die sich für eine feinfühlende Kinderpsychologin hielt, was zur Folge hatte, daß die Mädeln wohl die ungezogensten Kinder waren, die man sich denken konnte.
Helene von Flesch, die geschiedene Frau Onkel Edmunds, habe ich nie gesehen. Noch vor meiner Geburt brannte sie in Begleitung eines jungen Ministerialbeamten namens Pausinger durch. Sie entführte ihn nach England, wo sie ihn ohne weiteres verabschiedete. Die Folge seiner platonischen Kavalierstat war, daß der Beamte strafweise nach Agram versetzt wurde. Nach einiger Zeit durfte er ins Ministerium zurückkehren. Ich habe ihn als Ministerialrat kennengelernt. Er war das Vorbild des eleganten, stets korrekten und sehr unterhaltsamen Weltmannes, wie damals seinesgleichen im kaiserlichen Dienst anzutreffen war und im besonderen das Vorbild für den Hofrat in Kamare's »Leinen aus Irland«, den Waldau in der Josefstadt spielte.
Ex-Tante Helene, eine rötlichblonde Schönheit, heiratete

Mr. Knatchbull Hughes. Der neue Gatte beglückte Helene mit dem Tod seines Onkels, von dem er Landbesitz und Titel erbte. So wurde sie Lady Brabourne. Alle Jahre besuchte sie, ohne ihren Mann, ihre Wiener Verwandtschaft und bei dieser Gelegenheit sah sie, vermutlich mit Hilfe ihrer Schwester Baronin Szilvinyi, ihre Töchter. Sie muß es gut verstanden haben, mit ihnen zu sprechen, denn Elli und Kärrie hingen mit Liebe an der fernen Mutter.

## Joseph Mauthner

Der älteste Bruder meiner Großmutter Betty war Joseph (1830-1890). Er mußte sein Universitätsstudium abbrechen, als sein Vater erkrankte und er das Geschäft übernahm, wozu er wenig Lust und noch weniger Eignung hatte. Er führte, nachdem er oder sein Vater das Geschäft aufgegeben hatte, in Wien mit seiner Frau Helene, geb. Hildburghausen, die bis in ihr hohes Alter die Spuren ihrer Schönheit und Grazie bewahrte, am Graben und später in der luxuriösen Wohnung am Schwarzenbergplatz ein gastliches Haus. Das Wohlleben verdankte er dem Spiel an der Börse, bis ihn das Glück verließ und er sich 1890 das Leben nahm.

Er war, wie man von einem Schüler von Moritz Hartmann erwarten durfte, ein Dichter zum Privatgebrauch. Eine Auswahl seiner Gedichte[1] wurde in einem Bändchen gedruckt und an Freunde verteilt. Mit dem in der Literaturgeschichte begrabenen Eduard Mautner ist Joseph nicht verwandt. Joseph wird als Dichter nur von Helfert im »Wiener Parnass im Jahre 1848« erwähnt. Die Reime aus dem Sturmjahre sind für die Haltung eines

Kaufmannssohnes bezeichnend. Er marschierte in den
Reihen der akademischen Legion.

*Aus dem »Barrikadenlied 1848«*
Nur Fässer her und Steine drein,
Und fest zusammengemauert!
Soll eine Barrikade sein
Daß jedem Schurken schauert.

*Am 13. März 1848*
(aus »48er Sonette«)
Heil dir, mein Wien! der Gaukler der Congresse,
Der Völkerknechtung unerreichter Meister,
Er ward gelähmt im Frühlingssturm der Geister,
Durchs freie Wort, durch die befreite Presse,
Das Nachtgevögel duckt sich in den Zweigen
Heil dir, mein Wien! die ersten Lerchen steigen!

*Pfingsten in Prag*
. . . . . . .
Die Svornostmützen wackeln her und hin,
Der Pöbel stiehlt die eignen Barrikaden,
Und als der junge Tag »Sankt Veit« beschien,
Da gab es Helden mit durchschossenen Waden.

*Abschied*
Geliebter Doppelstutzen, lebe wohl!
Ich will dich selbst zur letzten Ruhe tragen,
Als Antwort gelte dir für alle Fragen
Auch Cincinatus baute seinen Kohl.

---

[1] Gedichte von Joseph Mauthner. Berlin 1891 bei A. Haack. Eine erweiterte
Ausgabe erschien bei der Concordia Deutsche Verlags-Anstalt Berlin 1896

Mein Benjamin, mein kleines Terzerol,
Sei auch gegrüßt. Dich darf kein Skrupel plagen
Wir haben Beide keinen Mann erschlagen
Drum blicke nicht so traurig und so hohl.

Wir waren Freunde, waren Kameraden!
Drum brauchte ich dich förmlich nicht zu laden
Wenn Trommelwirbel mich zum Kampf geweckt.
Nun werdet ihr im Arsenale rosten
Und mit der Zeit den gleichen Schimmel kosten
Der glorreich jetzt den Türkensäbel fleckt.

Josephs einziger Sohn, Sektionschef Isidor Mauthner, welcher die Rechtsabteilung im Eisenbahnministerium geleitet hatte, bis er in den Ruhestand trat, war ein gescheiter und witziger Mann. Als er ins Gymnasium ging, hatte er den Historiker Adolf Beer[1] zum Hauslehrer. Isidor beriet sich nach seiner Promotion mit ihm, ob er in den Staatsdienst treten oder die Advokatur oder die Laufbahn in einer Großbank anstreben solle. Sein alter Mentor meinte: »Über ein kurzes wird es sich gleichgeblieben sein.« Eine sonderbare Ermunterung!
Isidor war mit der sehr schönen und lieben Mizzi Engländer verheiratet, der Schwester von Peter Altenberg. Ihre Mitgift war für einen Staatsbeamten recht ansehnlich, wie ja auch ihr Bruder genug Geld hatte, was ihn aber nicht abhielt, von seinen Freunden und Verehrern zu leben.

---

[1] Der Historiker und Politiker Adolf Beer, Verfasser einer fünfbändigen Geschichte des Welthandels (1850) und zahlreicher anderer Werke, darunter »Studien zur Geschichte der österreichischen Volkswirtschaft unter Maria Theresia (1894), verfaßte als Ministerialrat im Unterrichtsministerium den Entwurf zum Reichsvolksschulgesetz und wurde nach einer 25jährigen Tätigkeit als Reichsratsabgeordneter 1897 ins Herrenhaus berufen.

1. Julie Oesterreicher

2. Urgroßvater Jacques Brandeis

Isidors einziger Sohn Josef wurde Advokat und Rechtsfreund von Louis Rothschild. Als sein vornehmer Klient von der Gestapo verhaftet und im Hotel Metropol eingeliefert wurde, wurde Josef dort vernommen. Bevor er das Zimmer des zuständigen Peinigers betrat, zog er seinen Überzieher aus und gab ihn mit dem Hut dem die Türe bewachenden SS-Mann, als wäre dieser ein Bureaudiener. Der verblüffte Mann nahm dienesteifrig den Überzieher und den Hut entgegen im Glauben, eine hohe Nazi-Persönlichkeit vor sich zu haben. Der arme Josef machte dem neuen Regime keine Konzessionen. Obwohl ihm die Pariser Rothschild ein Auslands-Visum verschafft hatten, wollte er seinen kranken Vater nicht verlassen und blieb in Wien. Nachdem der Vater noch im eigenen Bett gestorben war, endete Josef als Opfer des Massenmordes.

### Philipp Ritter von Mauthner und seine Söhne

Ein anderer Bruder meiner Großmutter war der 1836 geborene Philipp, Vicepräsident der Advokatenkammer, Verwaltungsrat der Nordbahn, Comthur des Franz-Josephs-Ordens, Ritter der Eisernen Krone. Zu seinen Klienten zählten Rothschild und die Nordbahn. Seine Einkünfte legte er in Nordbahnaktien an, dem begehrtesten Papier seiner Zeit. Ich hab' ihn nicht mehr gekannt, wohl aber die drei Söhne Hans, Stephan und Rudi.
Hans folgte seinem Vater in die Advokatur. Mit Alphons und Louis Rothschild befreundet, war er ihr Vertrauensmann in der Kreditanstalt. Er war von kleiner Statur, ein hübsches Männchen mit Spitzbart, von Frauen verfolgt und von den erwählten heiß geliebt. Als er beim Zusam-

menbruch der Amstelbank über einen größeren Vermögensverlust klagte, suchte ihn mein Onkel Edmund zu trösten, daß er dafür so reichliches Glück in der Liebe hätte. Hans replizierte: »Du wirfst mir die Frauen vor, die ich gehabt habe, aber an die vielen, die ich nicht gehabt habe, denkst Du nicht.«

Auch sein Bruder Stephan erfreute sich eines köstlichen Witzes und der Gunst der Frauen. Im Dienst ein guter Beamter im Unterrichtsministerium, war er außer Dienst ein Spieler. Geriet er in Schulden, half ihm der gut verdienende Hans, bis es diesem zuviel wurde. Er erwirkte, daß Stephan vom Jockeyclub zur Seebehörde in Triest versetzt wurde. Dort befreundete Stephan sich mit dem Statthalter Prinz Konrad Hohenlohe-Schillingsfürst und brachte dessen Töchtern Lebensweisheit und die Gabe der Unterhaltung bei. Einmal fragte ihn Hohenlohe, ob er nun vom Spieltrieb befreit sei. »Wie kann ich das? Ich wohne in der Via della Borsa neben der Cassa di Risparmio und muß immer dem Spiel der Wellen zusehen.«

Stephan spekulierte in Schiffahrtsaktien. Als diese hoch gestiegen waren, glaubte er, nun für sein Leben gesorgt zu haben und dem Spiel entsagen zu dürfen. Die Aktien fielen nach dem Ersten Weltkrieg bis zur Wertlosigkeit, und Stephan jagte sich eine Kugel durch den Kopf.

Auch der jüngste der Brüder, Rudi, war ein leidenschaftlicher Spieler, und auch er erfreute sich seines Witzes und seiner Liebenswürdigkeit wegen allgemeiner Beliebtheit. Das Kleeblatt der drei Brüder grünte in der heiteren Gesellschaft Wiens, gehörte zu den populären Erscheinungen. Es scheint, daß sie es für eine Lebensaufgabe hielten, mit niemals verletzendem Witz und leiser Ironie Menschen zu erfreuen und ihnen ein Lächeln abzugewinnen.

## Baron Max Mauthner

Onkel Max, ein um mehrere Jahre jüngerer Bruder meiner Großmutter, war Präsident der Wiener Handelskammer, Obmann (Präsident) des Wiener Komitees des Österreichischen Lloyd und Mitglied des Herrenhauses. Er war mittelgroß, durch das von seinem dunklen Teint abstechende schneeweiße, etwas gelockte dichte Haar eine auffallende Erscheinung, die gut zu seiner Frau Laura paßte, einer blonden Schönheit aus Sachsen, urwüchsig, humorvoll und gesellig.

Ehe er ins Herrenhaus berufen wurde, gehörte er durch viele Jahre als Abgeordneter dem Reichsrat an. Er war die dominierende Persönlichkeit der Freien Deutschen Vereinigung, die sich von der Deutschen Fortschrittspartei abspaltete und 15 Abgeordnete zählte. Sie repräsentierte vor allem industrielle Interessen. Onkel Max war der eigentliche Leiter dieser Fraktion, die einfach »Mauthner-Gruppe« genannt wurde.[1]

Zu besonderem Dank bin ich ihm verpflichtet, denn er ist der einzige, der mich je in einem Testamente bedachte, zugleich mit allen seinen Neffen, Nichten und deren Kindern. Mit dem Legat konnte ich mein Einjährigen-Jahr sehr angenehm gestalten.

---

[1] Diethild Harrington-Müller, Der Fortschrittsklub im Abgeordnetenhaus (1972)

## Professor Ludwig Mauthner

Er war, 1840 geboren, der jüngste Bruder meiner Großmutter, das zehnte von zwölf Kindern. Hyrtl erklärte, als Mauthner in seiner Gegenwart vor seinen Studenten über das Gehirn dozierte, er sei zum Professor geboren, und Eduard von Jaeger äußerte sich im Habilitationsakt (1864): »Er ist ein Genie.«[1] Als die Innsbrucker Universität die medizinische Fakultät erhielt, wünschte der Kaiser, daß sie mit hervorragenden Ordinarien glänze. Mauthner, bisher a. o. Professor in Wien, wurde als Ordinarius der Augenheilkunde nach Innsbruck berufen. Seine Frau erklärte schon nach wenigen Tagen, nicht in Innsbruck zu bleiben, und Onkel Ludwig kehrte als einfacher a. o. Professor nach Wien zurück. Der Kaiser war ungehalten und erklärte, so lange er lebe, werde Mauthner nicht mehr Ordinarius. Aber die Mediziner drängten sich weiter zu seinen Vorlesungen und er galt weiter als unbestrittene Kapazität. So entschloß sich schließlich Franz Joseph doch, ihn zum Ordinarius zu ernennen. Die Ernennung wurde am 19. Oktober 1894 in der Wiener Zeitung verlautbart. Am nächsten Tage starb Mauthner. Seine Büste von Tilgner steht im Arkadenhof der Universität. Die Inschrift besagt nicht, wie alle anderen Denkmäler des Arkadenhofes, wie lange er als Ordinarius wirkte. Das hat seinen guten Grund. Denn sein Ordinariat dauerte nur einen einzigen Tag. Er war und blieb der einzige Eintagsordinarius.

Von seiner ersten Frau geschieden, ging er nach Jahren des Junggesellenlebens eine zweite Ehe ein, mit einer älteren Witwe, einer der reichsten Frauen Rußlands.

---

[1] Erna Lesky, Die Wiener medizinische Schule im 19. Jahrhundert (1965) S. 479-82

## Die Millionentante

Die Witwe Rebekka Brodski verbrachte jährlich ein paar Monate in Paris. Die Reise von Rußland unterbrach sie regelmäßig in Wien. Hier fiel ihr bei einer Ausfahrt ein Rußkörnchen ins Auge. Sie erkundigte sich nach dem besten Augenarzt und ließ ihn kommen. Onkel Ludwig sah ihr ins Auge und sie in die seinen und sie wurden ein Paar.
An Onkel Ludwig, der starb, als ich noch nicht acht Jahre alt war, erinnere ich mich nicht mehr, wohl aber an Rebekka, die ich oft mit meiner Mutter besuchte. Mein Vater lebte nicht mehr, meine Mutter mußte sich einschränken, und unsere behaglich bürgerliche Bescheidenheit stach von dem Luxus der Großtante beträchtlich ab. Ein Mittagessen bei ihr und anschließend die Praterfahrt mit den Orlowtrabern, dem gallonierten Kutscher und neben ihm auf dem Bock der, wie ein »Leibjäger«, livrierte Diener, war für mich ein goldenes Fest. Die Wohnung am Kolowratring (Schubertring), welche die lange Flucht des ersten Stocks einnahm, war luxuriös eingerichtet. Noch sehe ich »Die beiden Freundinnen« – eine liest der anderen einen Brief vor – eines der besten Bilder Makarts (1871), auf einer Staffelei in einem der Salons. Zu den Hausfreunden von Tante Rebekka gehörte der große Burgschauspieler Lewinski und seine Frau, die unter ihrem Mädchennamen Brecheisen auf derselben Bühne auftrat. Die markanten Züge des geistvollen Gesichts Lewinskis prägten sich fest in meinem Gedächtnis ein.
An ihrem Geburtstag, den ich im Kreise der Familie mitfeiern durfte, genoß ich ein besonders köstliches Mahl. Als Vorspeise gab es Krebse. Ich konnte das Krebsbesteck nicht handhaben und wurde sehr verlegen, aber einer der

Diener nahm auf Rebekkas Wink den Teller weg und brachte ihn wieder mit den ausgelösten Krebsen. Und wie genoß ich den Champagner! Nach Tisch saßen wir im Rauchzimmer bei Kaffee und Likören. Der lieben guten Tante fiel ein, der ungewohnte Luxus könnte auf den neunjährigen Sohn der Professors-Witwe eine unerwünschte Wirkung haben. Sie setzte mich, den kleinen Knaben, auf ihren Schoß, streichelte mich und sagte: »Nicht wahr, es ist schön bei mir. Aber die Steuern –« Der höchste Satz der Einkommensteuer war damals 5%!
Tante Rebekka hatte aus ihrer ersten Ehe einen Sohn, der von seinem Stiefvater adoptiert wurde. Bob Mauthner war ein gutaussehender Lebejüngling, ein unterhaltender Gesellschafter, Pionier des Automobils und Meister in der kulinarischen Kunst. Als Reserveoffizier bei den Husaren erfreute er sich großer Beliebtheit bei seinen Regimentskameraden. Einige Jahre später gab es in der Freiwilligenschule der Kavallerie wieder einen Mauthner. Als Bob gefragt wurde, ob er mit diesem verwandt sei, antwortete er »Nein, der ist von der Taborlinie.« Bob wohnte im eigenen Haus, Wohlebengasse 7. Hier gab er unvergeßliche Dejeuners mit zuweilen von ihm erfundenen Rezepten, deren Genuß aber durch geistreich-witziges Gespräch noch übertroffen wurde. Im Automobilclub führte er die Oberaufsicht über die Küche. Zu seinen Pariser Freunden gehörte Sacha Guitry.

## Die Kurandas

Meine Großmutter Elisabeth Benedikt, geborene Mauthner, hatte außer den genannten Brüdern Josef, Philipp, Max und Ludwig neun Schwestern, darunter Amalia, die einen Kuranda heiratete, vermutlich dank einer Einführung durch Moritz Hartmann. Der Stolz seiner Familie war Ignaz Kuranda[1] (1811-84). Vater und Großvater betrieben in Prag ein Antiquariat – mein Onkel Edmund spottete, seine Bücher wären »gebunden in Spagat«. Den jungen Ignaz zog es zur Literatur, Politik und in die Ferne. 1841 gab er in Brüssel, später in Leipzig das Wochenblatt die »Grenzboten« heraus und errang damit den ersten Platz in der Publizistik. In diesem Blatte finden sich Beiträge von Moritz Hartmann. Die Stadt Teplitz entsandte Kuranda zur Nationalversammlung in Frankfurt, wo er die »Ostdeutsche Post« herausgab. 1861 wurde er von der Inneren Stadt Wien in den n. ö. Landtag und von diesem in den Reichsrath gewählt. Dort und im Gemeinderat zählte er zu den Besten der Großdeutsch-Liberalen.

Welches Mitglied der Familie Kuranda meine Großtante Amalia heiratete, müßte erst durch Einsicht in die Prager Matrikel festgestellt werden. Ich erinnere mich mit Vergnügen an Emil Kuranda, der mit meinem Onkel befreundet war. Er imponierte mir durch seine köstliche Unterhaltungsgabe, seinen Humor und Witz, und ich denke dabei besonders an die Karlsbader Wochen, in denen ich als 20jähriger beim gemeinsamen Frühstück im Kaisergarten und gemeinsamen Wagenfahrten den ergötzlichen Gesprächen lauschte. Emil Kuranda war der Generaldirektor der ungarischen Schiffahrtsgesellschaft »Adria« in Fiume, während sein Schwager Albert Frankfurter, der Bruder seiner Frau, Generaldirektor des Österreichischen Lloyds war. Kronprinz Rudolf hatte ein besonderes Interesse an einer ungarischen Handelsflotte und brachte die Verbindung Kurandas mit dem Finanzier Baron Hirsch, einem Freund des hohen Herrn, zustande. Der Kronprinz verkehrte im Hause Kurandas, dessen Gattin, eine ungewöhnliche Schönheit und dabei eine Frau von Geist, von ihm verehrt wurde.

Emils Neffe Peter Kuranda, ein vielseitig und gründlich gebildeter Mann, unter anderm ein guter Graezist und seinem viel älteren Freund Eckstein an Gelehrsamkeit gewachsen – Karl Kraus sagte, wenn der Brockhaus etwas nicht wisse, schlage er im Eckstein nach – studierte Geschichte und gewann mit seiner Schrift »Großdeutschland und Großösterreich bei der deutsch-österreichischen Literatur 1830-1848« (1928) ein Preisausschreiben der Universität Breslau. Er bewarb sich dort um die Dozentur, welcher aber die Erstarkung der Hitlerbewegung entgegenstand. Hermann Aubin, damals Ordinarius in Breslau, auf den Peter einen sehr guten Eindruck machte, schrieb mir darüber. Als Hitler in Wien einzog, bestand für Peter die vage Hoffnung einer Berufung nach Genf. Aber er gab den Kampf auf und flüchtete zusammen mit seiner Mutter in den Freitod.


## Gustav von Mauthner

Man darf es wohl als einmalig betrachten, daß drei Mitglieder einer Familie in derselben Generation und jeder für seine eigenen Verdienste nobilitiert wurden: Max, Philipp und Gustav Mauthner. Gustav, ein Vetter meines Vaters, war Erster Direktor der Creditanstalt. Als man

1892 zur Goldwährung überging, gelang ihm die Goldbeschaffung ohne Inanspruchnahme der Bank von England. 1895 war dank seiner Umsicht der Notenumlauf mit 53% in Gold gedeckt. Zu seinen Leistungen gehörte auch die Organisation des Bankwesens in den Balkanstaaten.

## Die Familie Benedikt

### Mein Großvater

Die Benedikt stammen aus Lichtenstadt bei Karlsbad. Dort wurde mein Großvater Heinrich am 4. Mai 1822 geboren. In den 40er Jahren zog er nach Wien und betrieb eine Baumwollwarenfabrik in Himberg. Noch in den besten Jahren zog er sich von den Geschäften zurück und lebte mit Frau und vielen Kindern in bürgerlicher Wohlhabenheit. Er starb am 28. März 1883, ein Jahr nach der Heirat seines Sohnes Rudolf, meines Vaters. Von seinen Aussprüchen sind mir nur zwei bekannt. Am Tag nach einem Ball wurde er auf der Straße von einem ihm unbekannten Herrn, der auch an dem Ball teilgenommen hatte, angesprochen: »Nicht wahr, unsere Frauen waren gestern sehr schön.« Großvater antwortete: »Meine ist es noch heute«.

Sein Bruder Jonathan besaß ein stattliches Vermögen in Nordbahnaktien, weshalb er der Nordbahnbenedikt genannt wurde. Er liebte es, seine Sparsamkeit zur Schau zu stellen. Während eines Spazierganges überraschte ein Regenschauer die beiden Brüder. »Laufen wir zu einem Einspänner«, rief der Nordbahnbenedikt, worauf Großva-

ter bemerkte »Ein Fiaker wird's auch tun«. Des reichen Benedikts Witwe, Tante Mali, legte mir ein Türkenlos in die Wiege. Das Los wurde bald wertlos. Das war mein Beitrag zu den Orientbahnen.
Von den Töchtern vermählte sich Leontine mit Dr. Schulz, Emma mit dem Apotheker Ignaz Pserhofer, Barbara mit Adolf Ernst, Gusti mit dem Textilfabrikanten Siegfried Löwenfeld und Hermine wurde die Gattin Philipps von Mauthner.
Aus der Ehe Leontines mit dem Burgtheaterarzt Dr. Schulz stammt

## Paul Schulz

Präsident des Patentamtes, zuletzt des Obersten Rechnungshofes und mit der Würde eines Geheimen Rates bekleidet, gehörte Paul Schulz zu den eigenartigsten Persönlichkeiten der Kaiserstadt. Durch seinen Vater wurde er mit Burgschauspielern und Schauspielerinnen bekannt, darunter mit Katharina Schratt. Als diese zur Hofschauspielerin ernannt wurde, besuchte sie ihn im Patentamt und bat ihn, ihr zu sagen, wie sie sich beim Kaiser, bei dem sie sich bedanken mußte, zu benehmen habe. Sie setzte sich in einen Fauteuil und sprach die Worte nach »Euer Majestät geruhten . . .« Schulz unterbrach sie: »Die Beine darfst nicht wie jetzt kreuzen, du darfst dich überhaupt nicht setzen, sondern mußt stehen und nach dem Hofknicks dein Sprüchlein sagen.« Es kam zur Audienz.
Katharina: Euer Majestät geruhten . . .
Der Kaiser: Gnädige Frau, wollen Sie sich nicht setzen.

Katharina: Danke Majestät. Euer Majestät geruhten ...
Der Kaiser: Ja, warum wollen Sie sich nicht setzen?
Katharina: Der Paul Schulz hat mir's verboten.
Bis in den Vorraum hörte man das Lachen des Kaisers, die Adjutanten und die auf ihre Audienz Wartenden trauten nicht ihren Ohren. Die Schratt sah, als sie die Freundin des Kaisers geworden war, täglich ihren Berater. Er erzählte ihr lustige Geschichten aus der Gesellschaft, mit denen sie den alten Herrn unterhalten könne, aber erwähnte nie die Politik. Er stand in hoher Gunst des Monarchen, der ihn wiederholt mit Missionen, welche strenge Verschwiegenheit erforderten, betraute. So fand bei ihm auf Wunsch des Kaisers die Unterredung zwischen Moltke und Conrad statt.
Als Paul Schulz, dessen witzige Aussprüche von Mund zu Mund gingen, Geheimer Rat wurde, ließ er sich, um den vorgeschriebenen Eid leisten zu können, taufen. Als er sich beim Kaiser für die hohe Würde bedankte, hielt ihn der Monarch in einem ungewöhnlich langen Gespräch fest. Journalisten bestürmten die neue Excellenz mit der Frage, was der Kaiser gesagt habe. «Was er mir sagte, wollen Sie wissen? Lieber Schulz, ich freu mich, daß Sie noch immer so jüdisch aussehen.» Schulz durfte sich diesen Scherz leisten, denn er sah keineswegs jüdisch aus, er glich mit dem glattrasierten Gesicht und der bartlosen Oberlippe dem Schauspieler Girardi.
Zu seinen intimen Freunden gehörte Conrad, mit dem er während des Krieges regelmäßig korrespondierte. Die Briefe wurden durch Frau Schratt dem Kaiser vermittelt.[1]
Nach dem Zusammenbruch der Monarchie erhängte sich Schulz in einem Schweizer Sanatorium.

---

[1] Christopher Führ, Das k. u. k. Armeeoberkommando und die Innenpolitik in Österreich (1968)

Noch zwei kleine Aussprüche Seiner Excellenz: Als er in einer Gesellschaft einer vor kurzem rotblond gefärbten Dame begegnete und einen überraschten Blick auf ihr Haar warf, erklärte sie, sie hätte beim Kopfwaschen zu viel Soda verwendet. »Ich versteh, Soda mit Himbeer«. Als eine tief dekolletierte Dame klagte, sie spüre eine kommende Influenza, gab er ihr den Rat: »Fahren Sie rasch nach Haus, ziehen Sie sich an und legen Sie sich ins Bett.« Schulz gehörte zur berühmten Tafelrunde des Glasindustriellen Lobmayer. Am Geburtstag des Gastgebers hielt er die Festrede und endete mit dem Trinkspruch: »Ich erhebe *sein* Glas.«

Zu meinen Freunden zählte ich Dr. Paul Schulz, der einzige Sohn des mir auch noch bekannt gewesenen Burgtheaterarztes Schulz. Im gastlichen Vaterhaus trat der junge Mann in enge Berührung mit Kunst und Künstlern, während seine Anstellung im Handelsministerium und seine große Brauchbarkeit ihm in der hohen Bürokratie bald einflußreiche Gönner verschaffte.

Die deutsche Botschaft hatte eigentlich in allen Wiener Zentralämtern Vertrauensmänner, die in uneigennütziger Weise Rat und Auskunft erteilten und unsere vielen, oft dringenden Anliegen mit Umgehung des zeitraubenden regulären Geschäftsganges durch mündliche Intervention schleuniger Erledigung zuführten. So waren im Ministerium des Innern der spätere Ministerpräsident Graf Kielmannsegg, im Kultusministerium Graf Latour, später selbst Kultusminister, uns wohlgeneigte Freunde. Im Handelsministerium half oft und gern der oben genannte Ministerialsekretär Schulz. Aus der geschäftlichen Verbindung zwischen ihm und mir, dem Botschaftsrat, wurde bald eine freundschaftliche, die bis zu seinem im Winter 1918 erfolgten Tode währte. Mit Leib und Seele an seinem

Österreich hängend, konnte und wollte er den Zusammenbruch des geliebten Vaterlandes nicht überleben.

Schulz war bei aller kaustischen Schärfe ein treuer Freund seiner Freunde, unermüdlich im Erweisen von Diensten und Gefälligkeiten und vor allem ein herzensguter Mensch. Seine Fähigkeiten ließen ihn schnell von Stufe zu Stufe steigen; obgleich von Haus aus Israelit, erlangte er die Geheimratswürde und die Berufung ins Herrenhaus. Seine Spezialität waren legislatorische Arbeiten, wozu ihm die Anstellung als Präsident des Obersten Rechnungshofes auch die nötige Muße gewährte. Bei seinen ausgedehnten geselligen Beziehungen vereinte Schulz an seinem gastlichen Tische die heterogensten Elemente, Minister, Großindustrielle, Künstler, Botschafter, Hochtories, Hofleute, Generäle, ja selbst Geistliche trafen sich dort mit schönen Frauen der Aristokratie, der Diplomatie, der Haute Finance und der Theaterwelt. Ich lernte dort bei gelegentlichen Besuchen in Wien eigentlich alle Staatsmänner und Parlamentarier en vue des Ausgangs der Francisco-Josephinischen Zeit kennen, daneben Schriftsteller, Schauspieler, Geldleute, selbst den Kardinal-Erzbischof von Wien, Dr. Piffl. Sowie ich in Wien, wenn auch nur für kurze Tage auftauchte, vermittelte Schulz interessante Bekanntschaften, ein jeder folgte gern seinem Ruf, und der Hausherr verstand es stets, die oft höchst buntscheckige Gesellschaft anzuregen und in guter Stimmung zu halten. So war Schulz eine gesellige Institution und eine höchst populäre Persönlichkeit im alten Wien geworden. Er war auf dem laufenden aller gesellschaftlichen und politischen Vorgänge, zumal er auch viel nach auswärts korrespondierte. Zu seinen Korrespondenten gehörte unter anderen Ferdinand von Bulgarien, während ihn Frau Schratt, die Freundin des Kaisers, manchen Einblick in dessen Tätigkeit und Entschlüsse tun ließ. Sehr befreundet war Schulz mit dem späteren Feldmarschall Baron Conrad.

Im Februar 1914 lud mich Schulz zu einem kleinen Frühstück ein, an dem außer dem Generalstabschef auch der damalige Reichsfinanzminister Bilinski und der Reichskriegsminister Krobatin teilnahmen. Nach Tisch setzten sich Conrad, Krobatin und Bilinski mit mir in die Ecke, um sofort das Gespräch auf die fortdauernden Stänkereien Serbiens zu bringen, sowie die verschiedenen Probemobilisierungen und sonstigen drohenden Maßregeln der Russen. Conrad betonte, daß dem von Osten immer näher rückenden Ungewitter gegenüber die Rüstung der Monarchie viel zu gering sei. Herr von Bilinski als Pole gab dies bereitwillig zu, an sich sei die k. u. k. Armee gewiß zu schwach, aber schon ihr heutiger Stand übersteige die Kräfte der Steuerzahler der beiden Reichshälften. So könne es nicht lange weitergehen, besser sei ein Ende mit Schrecken als ein Schrecken ohne Ende. Ich fragte darauf den General, wie viele Korps er Serbien gegenüber brauche und wie viele gegenüber Italien. Conrad meinte, zur Besiegung der Serben gehörten fünf volle Korps. Italien, das Conrad ebenso wie ich zu unseren Feinden rechnete, könnte bei der vorzüglichen Befestigung Tirols und der guten Isonzolinie mit zwei bis drei Korps vom Einmarsch in die Erblande abgehalten werden. Meine Kalkulation, daß also nur acht Korps für die lange galizische Grenze zur Verfügung ständen, bei supponierter Neutralität der Bulgaren und Rumänen, bestätigte der General als richtig. Damit würde auf uns Deutsche neben der gesamten französischen Armee noch dreiviertel der Russen entfallen, und was wäre mit England? Wenn wir den Kampf auch nur mit einiger Aussicht auf Sieg aufnehmen wollten, müßten wir der Neutralität Englands, ja wenn irgend möglich seiner wohlwollenden Haltung sicher sein. Daher müsse jeder Konflikt, es koste was es wolle, so lange vermieden werden, bis wir mit England im reinen sind. Baron Conrad sagte darauf zu Bilinski gewandt: »Aha, da krebsen die Deutschen schon wieder.« Worauf ich sehr ernst erwiderte, von krebsen sei keine Rede. Einen Existenzkampf aber könnten Deutschland und Österreich nur dann wagen, wenn die Chancen nicht von vornherein wie 2 : 1 stünden.

## Edmund Benedikt[1]

Edmund Benedikt wurde 1851 in Wien geboren. Nach der k. k. Normalschule St. Anna trat er ins Akademische Gymnasium. An der Universität studierte er die Rechtswissenschaften unter Jhering, Arndt, Unger, dem Nationalökonomen Lorenz von Stein, und gleichzeitig Geschichte, vor allem unter Ottokar Lorenz. Im Institut für Österreichische Geschichtsforschung widmete er sich unter Sickel der Geschichte des Mittelalters, der Paläographie und dem Urkundenwesen. Lange schwankte er zwischen Rechtswissenschaft und Geschichte. 1872-74 absolvierte er die Gerichtspraxis, um dann als Advokaturskonzipient bei Carl Kienböck einzutreten. 1888-97 war er Prüfungskommissär für Advokaten, seit 1893 Mitglied der judiziellen Staatsprüfungskommission und seit 1890 wirkte er im Ausschuß der n. ö. Advokatenkammer, die ihn zum Vizepräsidenten wählte. Als liberaler Abgeordne-

---

[1] Friedrich Wilhelm Feilchenfeld, »Edmund Benedikt«, in: Neue österreichische Biographie, VII. Band., S. 57-83

ter war er 1896-1902 Mitglied des Wiener Gemeinderates und des n. ö. Landtages.

Den Hauptteil seiner Tätigkeit als Advokat bildete die zivilrechtliche Praxis. Er vertrat unter andern industriellen Großunternehmungen die Prager Eisen- und die Alpine Montangesellschaft. Die allerletzten Jahre vor dem Zusammenbruch der Monarchie gehörte er dem Verwaltungsrat dieser beiden Gesellschaften an. Die Tantiemen, die er aus diesen bezog, einschließlich jener der Regie Ottomane des tabacs turques reichten bis zu K 200 000. Nach dem Krieg versickerten diese Quellen, doch sicherte ihm in seinen letzten Lebensjahren seine Tätigkeit, vor allem die Verwaltung des Dreher'schen Nachlasses die gewohnte Lebenshaltung.

1905 vertrat er in einem viel Aufsehen erregenden Prozeß gegen die Zeitung »Die Zeit« den Kohlenmagnaten Bergrat Max von Gutmann. Es war ein politischer Prozeß, gerichtet gegen den Ministerpräsidenten Ernest von Koerber, der von der »Zeit« wegen Berufung Gutmanns ins Herrenhaus angegriffen wurde. Nach dem glücklichen Ausgang des Prozesses besuchte Gutmann seinen Rechtsfreund in dessen Kanzlei, um die Honorarwünsche zu erfahren. Mein Onkel überließ, wie es seine Gewohnheit war, die Bestimmung des Honorars dem Klienten. Gutmann schlug vor, den Speisezimmertisch das Honorar bestimmen zu lassen. Er zog ein dickes Bündel Banknoten aus der Tasche, mit denen er solange die Platte bedeckte, bis nichts mehr vom Holz zu sehen war. Es waren 30 000 Kronen. Sie veranlaßten meinen Onkel zu einer Vergnügungsreise nach England und mich mitzunehmen.

Edmund Benedikt ist durch einige große Prozesse populär geworden, so durch den Friedjung-Prozeß (1909), in welchem er über Wunsch Ährenthals die Verteidigung

3. *Großmama Julie Benedikt*

4. Urgroßvater Brandeis mit Heinrich und Alice

Friedjungs übernahm und in welchem es zu dem beachtenswerten Wortwechsel mit Masaryk, den er der Lüge bezichtigte, kam.
Im Kranzprozeß (1917) gelang ihm der einstimmige Freispruch seines Klienten.
Das Kriegsministerium hatte Kranz die Versorgung der Südfront mit Bier übertragen. Er wurde beschuldigt, Bier, das an die Heeresverwaltung abgeliefert werden sollte, anderwärtig zu Überpreisen verkauft zu haben. Der Untersuchungsrichter wollte die Untersuchung nicht weiterführen, da Kriegsminister Freiherr von Krobatin, um Auskunft über den Vertrag mit Kranz gebeten, ihm eine Note zukommen ließ, die sich wie eine Verteidigungsschrift las. Auf Wunsch des Kaisers veranlaßte Justizminister Baron Schenk den Kriegsminister, die Note aus den Gerichtsakten zurückzuziehen und sie durch eine nur sachliche Erörterung der Tatsachen zu ersetzen. Edmund Benedikt gelang es, hinter das Amtsgeheimnis zu kommen und als Verteidiger des Angeklagten den vorgenommenen Eingriff in die Rechtsprechung zu brandmarken. Der Justizminister demissionierte, ein Opfer des jungen Kaisers, dessen ungenügende Erziehung ihm den Begriff des Rechtstaates nicht beigebracht hatte. Die Verfolgung von Josef Kranz war auf den Beschluß Seiner Majestät erfolgt. Kaiser Karl war ein eifriger Leser des »Abend«, eines von Colbert herausgegebenen Sensations- und Hetzblattes, das man, wenn der Monarch seinen Generalsmantel ablegte, aus der Tasche des roten Futters ragen sah.
Plädoyers Benedikts sind als »Zwölf Gerichtsreden aus den Jahren 1880-1911« (1912) veröffentlicht worden. Sie behandeln u. a. den Streit zwischen der Internationalen Elektrizitätsgesellschaft gegen die Gemeinde Wien, Kartellprobleme, den Jahrhunderte lang schwebenden Streit

zwischen Galizien und Ungarn um das Meerauge in der Hohen Tatra, wobei Benedikt den Fürsten zu Hohenlohe-Oehringen gegen den Grafen Zamoyski vertrat. Es war der seltene Fall einer mündlichen Verhandlung vor dem Obersten Gerichtshof.

Seine Schriften »zur Reform des Schadenersatzrechtes«, »Zur Reform der Konkursordnung«, »Der Einfluß des Schwurgerichtes auf das materielle Strafrecht«, »Bemerkungen über das Urheberrecht und der Gesetzentwurf der österreichischen Regierung« verdienten und verdienen noch heute Beachtung. Sein Hauptwerk ist die »Advokatur unserer Zeit«, die, 1903 erschienen, vier Auflagen erlebte.

Er sprach ohne jedes Pathos, wuchtig und eindringlich. Sein letztes literarisches Vorhaben, Demosthenes und Cicero als Redner kritisch zu untersuchen, konnte er nicht mehr ausführen. Historisch hervorragend bewandert, vermehrte er seine Menschen- und Weltkenntnis durch seine Vorliebe für die Romane der Weltliteratur. In seiner Schrift zur Reform der Konkursordnung zog er Balzacs »Grandeur et décadence de César Birotteau« heran und bekämpfte das Verbot, geistige Getränke Unmündigen zu verabreichen, wonach niemand den armen David Copperfield auf seiner beschwerlichen Wanderung zu seiner Tante Betsy Trotwood hätte erquicken dürfen.

Sein ältester Freund war Heinrich Friedjung, mit dem er im Akademischen Gymnasium auf der Schulbank saß. In der von Friedjung redigierten Zeitschrift »Deutsche Wochenschrift« erschienen 1883 Edmunds »Aphorismen zum Strafrecht«.

Mein Interesse an der Geschichte wurde durch Onkel Edmund gesteigert. Ihm verdanke ich als junger Student die Lektüre von Macchiavelli, Montesquieu, Burke und

Macauley, um nur einige Autoren anzuführen. Seine über 20 000 Bände enthaltende Bibliothek versorgte mich auch mit Romanen, unter denen er die Balzacs und Dickens besonders liebte, und mit kunsthistorischen Werken. Edmund sprach fließend französisch und englisch und galt in Paris und London als der bedeutendste Advokat Österreichs. 1914 war er der Berater des englischen Botschafters Maurice de Bunsen in der Verteidigung der Canadian Pacific gegen die von Erzherzog Franz Ferdinand geförderten Maßnahmen gegen die Verschiffung von Auswanderern durch diese Gesellschaft.

Nach der Kriegserklärung Englands hielt er den Krieg für Österreich verloren und ließ sich nicht mehr davon abbringen.

Onkel Edmund übte einen starken anhaltenden Einfluß auf mich. Schon als Knabe war ich stolz auf ihn, sah in ihm das Ideal einer Persönlichkeit, in seinem Beruf die schönste Tätigkeit, in der ich ihm folgen sollte. Während meiner Studentenzeit besuchten wir zusammen wiederholt Burg- und Volkstheater und die Josefstadt. Vorher trafen wir uns im Café Pucher, und da durfte ich an Gesprächen mit Herren des Ministerpräsidiums und des Ministeriums des Äußeren teilnehmen. Nach dem Theater nachtmahlten wir meistens im »Maißl und Schadn« am Neuen Markt. Im Frühjahr brachte uns ein Fiaker in den Prater oder nach Dornbach, wo wir im Freien ein gutes Abendessen genossen, um dann noch im Café Landtmann ein Eis zu uns zu nehmen. Es verging keine Woche, daß ich nicht ein- oder zweimal lange Nachmittagsstunden in seinem Arbeitszimmer am Stubenring verbrachte. Voltaire, dessen Büste über einem der Bücherkasten stand, lächelte uns von oben herab zu.

## Onkel I

Meine Großeltern gaben ihren Kindern in der romantischen Literatur beliebte Namen, nur bei dem letzten der neun Kinder verfielen sie in Erinnerung an die biblische Geschichte auf den Gedanken, den Knaben Isidor zu nennen. Wir Kinder nannten ihn einfach Onkel I, wir fanden Isidor zu komisch. Er gehörte zu den ersten, welche das neu eingeführte Einjährig-Freiwilligen Jahr und als Infanterieleutnant d. R. die vorgeschriebenen Waffenübungen mitmachte. Er war mit Herz und Seele Soldat und bewunderte Onkel Leopold, einen der Brüder seines Vaters, den ich bisher nicht erwähnte, da er in der Familie, die ihn nur ganz selten zu Gesicht bekam, keine Rolle spielte, bis auf den Eindruck, den er auf Onkel I. gemacht hatte.
Leopold war aktiver Offizier. 1855 trat er als Cadet in das Dragonerregiment Nr. 1 ein, wurde im nächsten Jahr Unterleutnant und 1859 Oberleutnant. Das Regiment wurde 1860 in das Kürassier-Regiment Nr. 9 umgewandelt. 1864 wird er im Schematismus nicht mehr erwähnt. Das Regiment lag in ungarischen Garnisonen, nur 1859 in und um Stockerau. Es war für die Rheinarmee bestimmt, doch die kam wegen des Widerstandes Preußens nicht zustande. Es bot sich ihm keine Gelegenheit, sich als Kriegsheld zu bewähren. In diesen Jahren wurde das Regiment nur zu einer Aktion herangezogen, zum »Steuerfeldzug«, der darin bestand, daß fliegende Kolonnen die vom Reichsrat bewilligten Abgaben eintrieben, welche die Ungarn zu entrichten sich standhaft weigerten.[1] Leopold

---

[1] Militär-Schematismus, Jahrgänge 1855-1863 – Ernst Wenke, Geschichte des k. u. k. l. Böhmischen Dragoner Regiments Kaiser Franz (1896)

dürfte als Rittmeister in den Ruhestand getreten sein, den er vermutlich in seiner letzten Garnison (Großwardein) verbrachte, wobei er, wie es üblich war, weiter die Uniform trug. Und diese scheint dem Knaben Isidor mächtig imponiert zu haben, wenn der Onkel ein oder das anderemal auf einen kurzen Besuch sich sehen ließ. Onkel I. schenkte mir eine Fotografie des Kürassiers, die ihn als behäbigen Mann mit Kaiserbart zeigt.

Onkel I. war ein wahrer Gentleman. Seine Noblesse zeigte sich in der Belohnung der kleinsten Dienstleistungen mit großherzigen Trinkgeldern, darin, daß er Bekannten, die nicht einmal seine Freunde waren, mit kleinen Darlehen aus der Verlegenheit half und nie die Rückgabe einmahnte. Er war Beamter der Kreditanstalt, ohne je seinen Vetter Gustav von Mauthner, ihren Ersten Direktor, um seine Protektion anzugehen, ja er ging so weit, den mächtigen Mann, gegen den er aus einem mir unbekannten Grund eine Abneigung hatte, wenn er ihm auf der Straße begegnete, nicht zu grüßen. Als er nach langer Dienstzeit pensionsreif wurde, erhielt er den Titel Direktor-Stellvertreter. Bei seinen Kollegen war er außerordentlich beliebt, wie bei allen, die ihn kannten, besonders bei den Frauen und den – Dichtern.

Jeden Nachmittag nach Ende der Bureaustunden konnte man ihn im Café Pucher an einem Tisch sehen, an dem einige Literaten saßen, die sich um ihn drängten. Sie baten ihn immer wieder, ihnen seine sonderbaren, meist in Ich-Form gehaltenen kleinen Geschichten zu erzählen. Diese phantastischen, an Edgar Allan Poe und noch mehr an Gustav Meyrink erinnernden, aber doch in ihrer Art originellen Geschichten weigerte er sich zu Papier zu bringen. Verließ er das Café, lief ihm der ein oder andere der Tischrunde auf der Straße nach und erbat sich, das gerade Erzählte verwenden zu dürfen, was nie verweigert wurde.

Als junger Mann war er in Schulden geraten. Um sie zu bezahlen, schrieb er kleine Erzählungen, die den Redakteuren verschiedener Blätter gefielen und gut bezahlt wurden. Als der letzte schuldige Gulden gezahlt war, legte er die Feder weg, die er nie wieder der Muse zuliebe in die Hand nahm. Er fand das Schreiben für Geld nicht gentleman-like, denn man dürfe Schriftstellern und Poeten, die von ihrem Beruf lebten, keine Konkurrenz machen. Die gedruckten Zeugen seiner literarischen Tätigkeit vernichtete er. Einen einzigen Hinweis finde ich in der Eintragung im Tagebuch meines Vaters zum 1. 12. 1891: »In der Zeitschrift ›An der schönen blauen Donau‹ erscheint die Novelle ›Direktion links‹ von Is. B.«

»An der Schönen Blauen Donau«, wie sich die »Belletristisch-musikalische Zeitschrift« nannte, war eine Beilage der »Presse«. Sie brachte längere Erzählungen, viele Gedichte und die neuesten Lieder, die man vom Blatt spielen oder singen konnte. Die 24 Hefte des Jahrgangs 1891 zeigen je ein ganzseitiges Porträt zeitgenössischer Berühmtheiten, auch von Ausländern, deren Beiträge in Übersetzung erschienen. Es sind sehr gute Bilder von Carl Blasel, Sonnenthal als Rudolf von Habsburg, Pietro Mascagni, Richard Voss, Ludwig Fulda, Stella Berger-Hohenfels, Ferdinand Bonn, H. Sienkiewicz, Franz Tewele, Guy de Maupassant und als einzigen Mann der Regierung Dr. Emil Steinbach.

Unter den Autoren finden wir Paul von Schönthan, Ernst Eckstein, Marie von Glaser (die Tochter des Justizministers und Freundin meiner Mutter), Ida Boy-Ed und mit vielen Gedichten Carmen Sylva, die Königin von Rumänien. Längere Erzählungen vermitteln dem Leser die

Bekanntschaft von Maupassant, Sienkiewicz, Tolstoj und Rudyard Kipling.

Das Heft, welches den Schluß der Novelle von I. B. bringt, zeigt das Porträt der Erzherzogin Louise von Toscana, der späteren Königin von Sachsen und enthält eine aus dem Italienischen übersetzte Erzählung von Salvatore Farina. Die Novelle »Direktion links« kann heute nur mehr, soweit sie sich im Kasernenhof abspielt, Interesse beanspruchen, und davon will ich einen Ausschnitt bringen, ein Bild vom einstigen Soldatenleben:

Zum Rapport befohlen

Drei höchst fatale Worte für den Militär. Selbst wenn man nicht den Grund weiß und sich in seinem Innersten unschuldig fühlt wie ein eben eingerückter Rekrut am 1. Oktober um 6 Uhr früh, zerbricht man sich doch den Kopf, ›Was mag der Vorgesetzte nur wollen?‹. Man läßt seine kleinen, sonst mit Stillschweigen geduldeten Sünden im Gedanken an sich vorüberziehen. Was verlangt aber auch nicht Alles der Dienst? Wird er streng gehandhabt, so ist es ja in der Hölle beinahe schöner.

Um vier Uhr in die Kaserne gehen, mit mütterlicher Liebe über die Reinigung der geehrten Mannschaft wachen, die Frühsuppe kosten – damals gab es allerdings noch keine, sondern der Mannschaft wurde in ihren Blechschalen, die gleichzeitig als Lavoir, Aufbewahrungsort für die zerlegten Carabinerbestandteile und noch für viele andere ebenso nützliche wie appetitliche Zwecke diente, eine bräunliche Flüssigkeit serviert, die man, da die Sprache dafür kein anderes Wort hat, euphemistisch mit Kaffee bezeichnete – Zimmervisite abhalten, nachsehen, ob die Strohsäcke genau ausgerichtet sind, und so weiter und so weiter.

Geht aber alles gut ab und der Oberst will bloß eine dienstliche Auskunft, so hat man die Annehmlichkeit, sich in Parade werfen zu müssen und in der dumpfigen Regiments-Adjutantur auf die Ankunft des Commandanten warten zu können.
Hat man ein böses Gewissen, so erwägt man alle Eventualitäten, die Einem passieren können, wie ein Schulknabe, der am Tag der Zeugnisverteilung noch einmal seine Compositionen durchgeht: genügend, eben genügend, kaum genügend, zur Not eben hinreichend genügend. Ist der Professor wohlwollend, so kann er ihn durchrutschen lassen. Aber gibt es denn auch wohlwollende Professoren. Ich wenigstens habe während meiner Gymnasiallaufbahn, die ich zur Erweiterung meiner Menschenkenntnisse an verschiedenen Schulen absolviert habe, nie einen solchen weißen Raben kennen gelernt.

(Auch ich habe, ohne es zu wissen, der durch Onkel I gegebenen Tradition Folge geleistet und meine Gymnasiallaufbahn an verschiedenen Schulen absolviert.)
Onkel I. war ein Freund vieler Frauen. Seine Galanterie hatte manche Eigentümlichkeit. Begleitete er von einer Abendgesellschaft eine Dame nach Hause, wartete er, bis der Hausmeister das Tor öffnete, und verabschiedete sich, indem er ein reines Taschentuch aus seiner Tasche zog, damit die Lippen der Dame abwischte und ihr nach dieser Zeremonie einen Kuß gab.
Treu hing an ihm seine junge Wirtschafterin, die auch bei ihm blieb, als er heiratete. Zur Heirat entschloß er sich, um seiner Freundin, mit der er schon mehrere Jahre verbunden war, die Witwenpension zu sichern. Aber er beharrte auf getrennter Wohnung. Zu seiner Tageseinteilung gehörte, nach dem Café Pucher seine Frau zu besuchen und mit

ihr den Abend zu verbringen. Er führte sie aus, ins Grand Hotel oder zum Hartmann, oder sie gingen ins Theater. Aber zu Mitternacht war Onkel I. wieder in der Starhemberggasse, in seinem gemütlichen, von seiner Wirtschafterin mit Liebe betreuten Heim.
Diese Ordnung wurde von einer höheren Gewalt unterbrochen. Am 15. Juli 1927 steckte der Mob den Justizpalast in Brand. In der nahen Schmerlinggasse wohnte Isidors Frau Margit. Sie gingen an diesem bürgerkriegerischen Abend nicht aus. Um 10 Uhr gab I. seiner Frau einen Abschiedskuß, stieg die Stiege mit dem guten Gefühl hinunter, bald wieder in seinem Junggesellenheim die Ruhe des Alleinseins zu genießen, und läutete dem Hausmeister, ihm das Tor zu öffnen. Nun mußten aber an diesem Abend auf Anordnung der Polizei die Haustore geschlossen bleiben. I. stieg die Stiege wieder hinauf und verbrachte, ein Opfer des Justizpalastbrandes, zum erstenmal eine ganze Nacht mit seiner eigenen Frau.
Ende 1938 verfiel er in eine schwere Krankheit. Margit war zu ihm in die Starhemberggasse gezogen, und sie und die treue Wirtschafterin Gusti sorgten für ihn. Sein Zustand verschlimmerte sich und er mußte ins Spital. Der Gedanke an ein Krankenhaus, ja nur die Erwähnung einer Krankheit löste bei ihm seit seiner Jugend einen Schauder aus. Ich besuchte ihn in berechtigter Furcht, ihn in einem schrecklichen Zustand zu finden. Er lag in einem Einzelzimmer im Bett, das Gesicht zur Wand gekehrt und nahm scheinbar mein Kommen nicht wahr. Plötzlich drehte er sich zu mir und sagte: »Man lernt nie aus. Weißt Du, daß die geistlichen Schwestern sich genauso wie die weltlichen in den Hintern zwicken lassen?«
Nach einer vorübergehenden Besserung zurück nach Hause gebracht, wurde er bald so schwach, daß sein Ende

nur mehr eine Frage von Tagen oder Stunden war. Eines Nachmittags rief mich meine neue Tante Margit an, ich möchte gleich kommen, der Onkel wiederhole seit Stunden immer »Ich will sterben«, es sei nicht zu ertragen. Ich eilte in die Starhemberggasse und fand ihn im Lehnstuhl, rechts Margit, links Gusti. Er nahm von mir scheinbar keine Notiz und wiederholte nur pausenlos »Ich will sterben«. Ich setzte mich ganz nahe zu ihm, da ich merkte, daß er mir etwas sagen wolle. Sein Mund näherte sich meinem Ohr: »Ich will sterben, aber bei der Ida.« Die Ida war die vor kurzem aufgenommene Nachtpflegerin, ein sehr hübsches Mädchen.
In der Nacht träumte er – vielleicht hatte ihm Onkel Leopold aus den himmlischen Heerscharen den Traum geschickt – er reite Attacke bei Königgrätz, und am Vormittag verschied er.

## Tante Hedwig

Sie war im Alter meiner Mutter und diese erzählte mir, wie schön sie als Mädchen war. In das Album der Sechzehnjährigen schrieb Ludwig August Frankl, der gefeierte Dichter, den sie um ein Autogramm bat:
    Nicht lang werd' ich Dir huldigen,
    Ich bin schon alt.
    Du mußt mich halt,
    Wenn ich gestorben bin, entschuldigen.
Sie verlobte sich mit Albrecht von Jhering, Sohn des Juristen. Albrecht war Lehrer an der Gewerbeschule in Hagen (Westfalen). Sie waren ineinander verliebt wie es nur ein Brautpaar sein konnte. Die Verlobung gab meinem Vater und andern Verwandten Gelegenheit, mit Rudolf

von Jhering oft beisammen zu sein. Am 12. April 1886 gab ihm zu Ehren Philipp von Mauthner ein Diner, an dem u. a. Minister Unger, die Professoren Hye, Pfaff und Grünhut, Max und Laura Mauthner, Vater und Sohn Schulz und mein Vater teilnahmen. Am 13. fand das Familienfest bei Tante Mali statt, an dem außer den Verwandten Vater Jhering und Professor Ehrenberg teilnahmen. Am 14. fand die Hochzeit statt. Als der Zug die Kirche betrat, fiel die Blässe und das sonderbare Gehabe der Braut, das eine Ohnmacht befürchten ließ, auf. Nach der Trauung fuhr das junge Paar nach Hagen. Bald darauf telegraphierte Albrecht meinem Vater, er möge sogleich kommen. Vater fand seine Schwester in einem Zustand seelischer Zerrüttung und brachte sie nach Wien zurück. Während der Bahnfahrt gelang es ihm nur mit großer Mühe, Hedwig zurückzuhalten, sich aus dem fahrenden Zug zu stürzen. Die Ehe wurde geschieden. Jhering blieb mit meinem Vater im Briefwechsel und schickte ihm in den nächsten Jahren Bilder der blühenden Kinder seiner zweiten, diesmal glücklichen Ehe. Hedwig dürfte an sensitiver Nervlichkeit vor sexueller Berührung gelitten haben. Hedwig war mit dem Hausarzt der Familie, auch meiner Eltern, durch innige Freundschaft verbunden. Es war Josef Breuer, der eigentliche Begründer der Psychoanalyse, der Lehrer Sigmund Freuds, von dem er sich später abwandte.

Die hochgradige Hysterie seiner überaus intelligenten Patientin war ihm für seine Studien von höchstem Wert. Mit der Zeit blieb von ihrem Leiden nur ein Platzschwindel beim Überschreiten einer Straße zurück.

Nach der Flucht ihrer Schwägerin Helene nach England übernahm sie Mutterstelle an ihren Nichten Elli und Kärri. Tante Hedwig wäre eine ausgezeichnete Lehrerin an

Mittel- und Hochschulen gewesen, aber in der Kindererziehung versagte sie. Sie verwöhnte und verzog die Mädchen und war Wachs in deren Händen. Stets schwarz gekleidet, in aufrechter, etwas steifer Haltung glich sie einer Äbtissin. Ihr edles Gesicht verriet Geist und Güte. Sittenstreng bewachte sie die Unschuld ihrer Schützlinge. Als sie einmal die beiden kleinen Mädchen in die Schwimmschule – natürlich die Schwimmschule für Frauen – führte, erblickte sie einen Knaben. Sie erkundigte sich beim Bademeister nach seinem Namen und Alter und apostrophierte ihn: »Fuchs, Du bist zehn Jahre alt, Fuchs, Du gehst hinaus!«
Ich habe Tante Hedwig – war sie nicht dabei, nannte ich sie Onkel Hedwig – sehr geliebt, ihren Geist, ihren Witz, ihre kluge Weltbetrachtung. Noch als ältere Frau lernte sie Griechisch, um Sophokles zu lesen. In ihren letzten Jahren wohnte sie in Döbling, in der Silbergasse. Im selben Haus wuchs der spätere Primarius Hans Radkowitz heran, der ins Schottengymnasium ging. Sie gab ihm Nachhilfestunden, half ihm bei Hausarbeiten und war für ihn die beste Pädagogin, wie er später der mit aller Liebe um sie sorgende Arzt.

Ottilie

Diese Schwester meines Vaters, ein schlankes, liebliches, zartes Wesen, heiratete den Schriftsteller Karl Emil Franzos. Sie zog mit ihm nach Berlin, und dort bildete sich um beide ein erlesener Kreis von Freunden: Professor Ludwig Geiger, das Ehepaar Huldschinsky, der Kunstmäzen Simon, der Anglist Felix und dessen Bruder Max Liebermann.

Sooft sie nach Wien kam, wurde sie von ihren Nichten und von mir stürmisch umarmt, denn wir hingen an unserer »Ottimama« wie an niemandem sonst. Als Witwe übersiedelte sie nach Wien. Ihre Wohnung in der Starhemberggasse auf der Wieden wurde für mich, solange ich Student war, ein zweites Heim.

Von ihrer Mutter mit dem Hang zur Literatur belastet, versuchte sie sich als Schriftstellerin, was wohl auch für die Wahl ihres Gatten den Ausschlag gab. »Das Adoptivkind und andere Novellen« erschien 1896, »Schweigen« 1901. Kindersegen blieb ihr versagt.

Vier Geschwister, Edmund, Rudolf, Ottilie und Isidor, trieb ein unwiderstehlicher Zwang, zur Feder zu greifen, und ihre literarische Begabung bereitete allen Vier die Freude, sich gedruckt zu sehen.

Die Poesie war das Erbteil ihrer Mutter. Dagegen waren alle Benedikt und Mauthner völlig unmusikalisch.

## Karl Emil Franzos

Er wurde am 25. Oktober 1848 in einem Forsthaus des russischen Gouvernements Podolien, unweit der österreichischen Grenze geboren, wohin seine Mutter vor polnischen Freischaren, welche Ruthenen und Deutsche bedrohten, in Sicherheit gebracht worden war. Sieben Tage nach der Geburt konnte die Mutter mit dem Neugeborenen nach Czortkow in Ostgalizien zurückkehren, wo der Vater Dr. Heinrich Franzos als k. k. Bezirksarzt wirkte. Die Familie stammte aus Lothringen und hieß Levert. Heinrichs Großvater Michel Levert war mit zwei Söhnen nach Polen gezogen, wo er Wachskerzenfabriken in

Warschau und Tarnopol gründete. Unter Kaiser Joseph, der den Juden deutsche Namen geben ließ, wurde der französische Levert in Franzos verwandelt. Karl Emils Vater lernte bei den Piaristen in Wien, studierte in Erlangen Medizin, war Mitglied einer Burschenschaft und erzog seinen Sohn zum freiheitlichen Deutschen. Der erste Lehrer des siebenjährigen Knaben war ein Student, der als Revolutionär von 1848 strafweise als Soldat diente. Dann besuchte Karl Emil die Volksschule der Dominikaner. Mit zehn Jahren verlor er den Vater. Die Witwe zog mit dem Sohn nach Czernowitz. Im Gymnasium war er von der ersten bis zur achten Klasse Primus und zeichnete sich besonders in den klassischen Sprachen aus. Die Bitte um ein Stipendium für ein Lehramt, der als Arbeit »Die metrische Übersetzung der Eklogen Vergils in die Sprache Theokrits, den jonischen Dialekt« beigelegt war, konnte nicht erfüllt werden, da Juden zum Lehramt nicht zugelassen wurden. Er studierte in Wien, später in Graz Jus, wo er sich eng mit Hamerling befreundete[1]. Wie sein Vater Burschenschaftler, nahm er 1868 als Deputierter der Wiener Studentenschaft auf dem Berliner Kartellkongreß teil und hatte wegen seiner allzu deutschnationalen Kommersrede während des deutsch-französischen Krieges 1870/71 mit dem Gericht zu tun. Er mußte das Studium aufgeben und suchte als Schriftsteller sein Brot zu verdienen. Er schrieb für Westermanns Monatshefte, die Gartenlaube und Über Land und Meer. Die Neue Freie Presse schickte ihn als Berichterstatter zur Neueröffnung der Universität in Straßburg und ließ ihn nach Rumänien und Rußland reisen. In diesem Blatte erschienen 1874 die

---

[1] Franzos berichtet darüber in »Zur Erinnerung an Robert Hamerling«, Deutsche Dichtung (1889) S. 269-276. – Dietmar Goltschnigg: Österreich, in: Geschichte und Literatur 19. Jg. (1975) Heft 2, S. 107

Kulturbilder »Aus Halbasien« – das Wort stammt von ihm
– und 1876 sein aufsehenerregendes Buch »Die Juden von
Barnow.« 1879 besorgte er die erste Gesamtausgabe Georg
Büchners. Franzos gelang die äußerst schwierige Entzifferung der vergilbten Blätter, deren Schrift erst durch ein
damals erfundenes chemisches Verfahren sichtbar wurde,
des Manuskripts des »Woyzzeck«. In Wien redigierte er
1884-86 die »Neue Illustrierte Zeitung.« Sein »Deutsches
Dichterbuch aus Österreich« war bereits 1883 in Leipzig
erschienen. Als der Herausgeber der Neuen Illustrierten
Zeitung, Dr. Rappaport, starb, löste er das Verhältnis zu
diesem Blatt und übersiedelte nach Berlin, wo er 1886 die
Halbmonatsschrift »Deutsche Dichtung« herausgab, welche Novellen und Gedichte lebender Poeten (Wilhelm
Raabe, Theodor Storm, Paul Heyse, Ferdinand von Saar,
Marie von Ebner-Eschenbach, Ludwig Anzengruber,
Gustav Freytag, Ernst Wiechert, Felix Dahn, Gottfried
Keller, Conrad Ferdinand Meyer, Theodor Fontane,
Detlev von Liliencron und Christian Morgenstern, von
Österreichern auch Arthur Schnitzler und Stephan Zweig)
brachte. Nach seinem Tod stellte die »Deutsche Dichtung«
ihr Erscheinen ein.
Franzos starb am 18. Jänner 1904 in Berlin. In der Agonie
rezitierte er lange Stellen aus der »Antigone«.
In seiner behaglichen Wohnung in der Kaiserin Augusta-Straße hat er ein Buch nach dem andern geschrieben, auch
Berliner Gesellschaftsromane, die weniger Anklang fanden, da seine Leser immer wieder Geschichten aus
Halbasien verlangten. Auch sein im Lessingtheater 1891
aufgeführtes Stück »Der Präsident« brachte nur einen
Achtungserfolg.
Bevor er nach Berlin übersiedelte, hielt ihn durch einige
Jahre seine Beziehung zu Kronprinz Rudolf in Wien fest.

Der Kronprinz wählte ihn zu seinem Berater für seine für die »Österreich-ungarische Monarchie in Wort und Bild«, das Kronprinzenwerk, geschriebenen Aufsätze und andere Artikel. Das Kronprinzenpaar bezog damals in der Hofburg eine kleine schäbig möblierte Wohnung. Stephanie Lonyay beschreibt sie in ihren Erinnerungen (S. 146): »Die Zimmer düster und unwirtlich, alle Fenster zeigen in einen Hof (den »Inneren Burghof«), sie darf keine Änderung vornehmen, kein Badezimmer, nur Sitzschaff und zwei hölzerne Kannen, kein WC, der Leibstuhl wird durch den Korridor getragen, Küchengerüche, schlechte Beleuchtung, Petroleumlampen, wenn sie rauchen und geputzt werden, sitzt man im Finstern.« Der Kronprinz lud Franzos zum Mittagessen ein. Sie saßen zu dritt bei Tisch, Rudolf, Stephanie und Franzos. Da erging an den Gast die peinliche Frage: »Sagen Sie, Franzos, meiner Frau, ob ich von der Schriftstellerei leben könnte.« Mein Onkel half sich aus der Verlegenheit, denn, ein Fanatiker der Wahrheit, wollte er keine Unwahrheit sagen, indem er sich in dem armseligen Zimmer umsah und die doppelsinnige Antwort gab: »So nicht.«
Über die Persönlichkeiten, die in Berlin den engeren Kreis um Onkel Emil bildeten, geben die Aufzeichnungen meines Vaters Auskunft, der anläßlich eines Berliner Besuches im Februar 1891 mit ihnen bekannt wurde, darunter Julius Rodenberg, der Herausgeber der »Deutschen Rundschau« mit Frau und Tochter, Friedrich Spielhagen, Verfasser vielgelesener Romane, von denen die »problematischen Naturen« wohl die bedeutendsten sind, der Literaturhistoriker Eugen Leyden, der Romancier Hans von Hopfen, die Maler Paul Meierheim, Bernhard Plockhorst und Töpfer, der Bildhauer Walter Schott. Zu diesen gesellten sich Ludwig Geiger und Fritz Mauthner,

Felix und Cilly Liebermann und, der witzigste unter ihnen, Julius Stettenheim, der Schöpfer des Kriegsberichterstatters Wippchen.

Auf »Onkel Emil« werde ich in meinen Erinnerungen noch zurückkommen. Der Familie seiner Frau schloß er sich aufs Engste an, es war seine Familie geworden, dem einzigen Neffen galten seine letzten Gedanken.

# Der Volksschüler

Als ich acht Jahre zählte, übersiedelten wir in die Heugasse. Als später Erzherzog Franz Ferdinand ins Belvedere zog, fand er den Namen der Straße, durch die ihn seine Ausfahrten führten, nicht nobel genug und ließ sie in Prinz-Eugen-Straße umtaufen. Unsere Wohnung lag im vierten Stock des mittleren der drei großen Schwarzenberghäuser. Das Stiegensteigen waren wir von der Schwindgasse gewohnt. Von den beiden großen Zimmern der Vorderfront genoß man den herrlichen Blick auf den Schwarzenberggarten, die Kuppel der Salesianerkirche, Schloß und Garten des Belvedere. Das eine Zimmer war durch eine dünne Wand in ein Boudoir und das Schlafzimmer der Mutter geteilt, das andere diente als Wohnzimmer. Hier arbeitete und schlief der Vater. Hier standen die Bücherkasten, in einem Fach die vierzehnbändige Weltgeschichte mit den Bildern, die meine Phantasie erregten und mich in die Geschichte einführten. In den großen Hof blickten das geräumige Speisezimmer, die Zimmer meiner Schwester und der Gouvernante und das meine. Küche, Badezimmer und das Zimmer für Köchin und Stubenmädchen gingen auf den Lichthof.
An einem Abend waren Eltern und Gouvernante ausgegangen. Alice hatte einen köstlichen Einfall, die Gelegenheit auszunützen. Wir blieben, statt um 8 Uhr schlafen zu gehen, auf und schickten das Dienstmädchen, auf dessen Verschwiegenheit wir bauen durften, zum Greisler, dessen kleiner Laden im Souterrain lag und der auch nach Ladenschluß herausgeläutet werden konnte. Wir ließen uns zwei Knackwürste und eine Flasche Bier zu dem

intimen Souper holen, das unser Geheimnis bleiben sollte. Aber Vater erfuhr davon, als der Greisler einkassieren kam und gab mir eine Ohrfeige, die einzige, die ich je von ihm bekam, und sagte, ich soll sie für mein ganzes Leben merken und nie mehr Schulden machen. Ich habe die Ohrfeige und die Worte nie vergessen und nie mehr Schulden gemacht.

Im September 1893 – wir wohnten noch in der Schwindgasse – führte mich mein Vater zur nahen evangelischen Schule zur Aufnahmeprüfung in die zweite Klasse. In der ersten Klasse war ich zu Hause unterrichtet worden. Ängstlich, fest die Hand meines Vaters haltend, trat ich in das Zimmer des Direktors, der einige Fragen an mich stellte und herzlich lachte, als ich die Frage nach dem größten Fisch mit »der Waller« beantwortete. Den kannte ich vom Wörthersee. Drei Jahre besuchte ich die von Hansen erbaute Schule, den roten Ziegelbau neben der Technik. Es dauerte viele Jahre, ehe ich die Abneigung vor Ziegeln überwand. Erst in England erkannte ich, wie schön Ziegel sein können.

Einer meiner Mitschüler war ein Schlumberger, den ich später noch einige Male traf. Er war eine Respektsperson in kurzen Hosen, denn sein Onkel war der Unterrichtsminister Gautsch, wie meine Mutter mir erzählte. Daß ich ihn in Erinnerung behielt, lag daran, daß wir uns regelmäßig auf dem Eislaufplatz trafen. Zu den Schulkameraden gehörte Peter Habig, mit dem ich zeitlebens befreundet blieb, und der ältere Sohn von Georg Reimers, der dann als Erbe seines Vaters ihm als Burgschauspieler folgte. Der Lehrer fragte einmal den kleinen Emmerich, der deutlich verriet, daß er geistesabwesend war, an was er gerade denke, und dieser antwortete: an die beiden Grenadiere, die in Rußland gefangen waren.

Der Lehrer Demel war streng. Wir mußten die Hände flach auf dem Pult halten, und manchmal schlug er mit dem Staberl auf die Finger. Ich war ein mittelmäßiger Schüler. Im Singen bekam ich nur deshalb einen Vierer und keinen Fünfer, weil ich gut Noten lesen konnte, was ich meiner Klavierlehrerin verdankte. Das einzige, was ich im Kopf behalten haben dürfte, war der Schleier der Markgräfin Agnes, der sagenhafte Ursprung des Bindenschildes und die Geschichte von Friedrich dem Schönen, der sein Wort hielt und in die Gefangenschaft zurückkehrte. Ich betrachtete die Schule als ein notwendiges und erträgliches Übel. Nahten die Ferien, strichen wir Buben auf einem Zettel den vergangenen Tag und zuletzt die vergangenen Stunden ab.

Auf dem Heimweg wartete ich manchmal vor der Technik auf Vater und betrachtete die Karlskirche. Dabei zog mich mit magischer Kraft die Inschrift am Portal an mit den edlen vergoldeten Unziallettern und den Worten des Psalms, die ich auswendig lernte, ohne sie zu verstehen:

**VOTA MEA REDDAM IN CONSPECTU TIMENTIUM DEUM**

Es war ein unaussprechliches Gefühl, ein unfaßbares Gelübde, das als Trieb im Halbschlummer blieb. Im Schatten der Karlskirche geboren, habe ich mich unbewußt ihr geweiht, dem alten Rom, das ihr die Bauelemente lieh, und dem Himmelsgefühl des Hochbarocks. Langsam, auf Kreuz- und Querwegen, ungeahnt und unerwartet, erwuchs ich zum Barockmenschen, welcher die Welt, wie sie ist, für die beste aller denkbaren Welten hält.

Manchmal durfte ich Vater im Laboratorium abholen. Seit er mir die Destillation der Steinkohle vorführte, wußte ich, ich müßte Chemiker werden.

Meine Spielkameraden waren Hans und Otto. Beide besuchten andere Schulen. Hans war der Sohn des Professors an der Akademie der bildenden Künste Julius Schmid, der im Nebenhaus wohnte. Seine Eltern waren mit meinen befreundet. Julius Schmid malte den Vorhang des Raimundtheaters und ein Schubertkonzert, auf dem unter den Zuhörern Frau Schmid, eine sehr schöne Frau, dargestellt ist. Ein anderer Gespiele, mit dem ich bis zu seinem Tod in engster Freundschaft verbunden blieb, war Otto Strauß. Er war zweieinhalb Jahre älter als ich. Er wohnte mit seinen Eltern im Hinterhaus, das vor dem Vorderhaus, in dem wir wohnten, außer der ruhigen Lage voraus hatte, daß es in einen weiten Garten blickte. Sein Stiefvater, Hofrat Jeitteles, der Generaldirektor der Nordbahn, und seine Mutter Ida waren mit meinen Eltern befreundet. Idas Schwester Emma war mit meinem Onkel Alfred verheiratet.

Mit sieben Jahren sah ich zu meinem Entzücken in der Oper die Puppenfee mit zwei anderen Balletten, und mit acht Jahren betrat ich zum erstenmal die Burg. Ich war an einem Sonntag zu Mittag bei Onkel Alfred und Tante Emma, und diese nahmen mich und Alfreds Stieftöchter Mizzi und Jenny zu einer Nachmittagsvorstellung mit. Wir saßen zu fünf in der Loge. Man spielte Don Carlos. Ich schlief ein und erschrak heftig, als der Schuß gegen Marquis Posa fiel. Ich hab' heute noch nicht gern, wenn auf der Bühne geschossen wird.

An einem späten Sonntagnachmittag kamen Vater, Mutter und Sohn Schmid, um mich in die Oper mitzunehmen. Sie hätten gerade von Freunden eine Loge für diesen Abend bekommen. Ich bebte vor Freude.

Wir kamen einige Minuten zu spät. In der Loge saßen fremde Leute. Der Logendiener erklärte dies damit, daß die Karte, welche Schmid vorwies, für die Burg und nicht für die Oper galt. Traurig schritten wir den Gang hinter den Logen zurück, da ertönte eine mächtige Frauenstimme. »Paß auf, Heinrich«, sagte Schmid, »das ist die Stimme der Renard«. Man gab Aida. Ich habe also einen Ton, wenn auch nur einen einzigen, von der Renard gehört.

Wie alle Knaben trug ich stets einen blauen Matrosenanzug. Mutter bestellte die Anzüge bei dem Londoner Versandhaus Army and Navy und gab meinem Alter zwei Jahre und meinen Gliedmaßen zwei bis drei Zoll dazu. Kam der Anzug, wurden in die Ärmel zwei Falten genäht, damit ich die Hände frei hätte. Bei den Hosen ging das nicht, so daß man nicht unterscheiden konnte, ob es lange oder kurze Hosen waren. Schwarze Schnürstiefel und Strümpfe, Matrosenmütze, der schwarze Matrosenknoten unter dem lichtblauen weißumrahmten Kragen und ein dünnes Spazierstöckchen vollendeten die Kleidung. Im Sommer war die Bluse weiß, der Kragen blieb hellblau. Erst im Gymnasium durfte ich den Matrosenanzug ablegen.

Die Söhne der »gebildeten« Stände gingen ins Gymnasium. Knaben, denen der Aufstieg zu mühsam war, wechselten nach der vierten Klasse zur Handelsakademie über oder als letzten Ausweg zur Kadettenschule. Ein Mann ohne humanistische Bildung wurde nicht für voll genommen. Das 20. Jahrhundert gehört den Naturwissenschaften und der Technik, ihnen wenden sich heute die höher begabten Studenten zu.

Während früher die Kinder des höheren Bürgertums zu Hause Französisch und Englisch erlernten, werden sie jetzt in den Mittelschulen mit der Grammatik dieser Sprachen gequält, ohne sie geläufig lesen und sprechen zu können, wenn sie die Schule verlassen. Für Griechisch ist fast kein Platz mehr und der zu spät einsetzende Lateinunterricht ist nur mehr von geringem Nutzen, findet sich doch kaum mehr bei der ersten Staatsprüfung ein junger Jurist, der selbst eine einfache Digestenstelle übersetzen kann. Ich gehöre noch zu der letzten Generation, welche das Humanistenideal hochhält. Philologie, Geschichte und Literatur bildeten das bis zum Grabe betriebene Studium, und dieses war unvergleichlich leichter als das der exakten Wissenschaften mit seinen täglichen neuen Erkenntnissen, aber ein Studium, das ein heiteres geistiges Spiel zu sein scheint und dabei einem hohen Ziel dient, der Bildung der Persönlichkeit, der Gewinnung einer glücklichen Lebensweisheit und echter Humanität. Es ist bezeichnend, daß Absolventen des Gymnasiums, welche an technischen Hochschulen studierten, in der Regel ihre Kollegen aus der Realschule überflügelten. Sie hatten vor ihnen das durchs Latein erlernte logische Denken voraus. In den Ministerien, den Salons, den Clubs und Cafés herrschte noch das geistreiche, heitere, humanistische Gespräch, das heute verstummt ist.

Mit vier, vielleicht schon mit drei Jahren, begann ich französisch zu plappern, und das hatte den Vorteil, daß man sich eine gute Aussprache aneignete. Englisch lernte man viel später, und dies erklärt, warum meine Zeitgenossen über eine mangelnde Aussprache des Englischen nur selten hinweg kamen. In der Kinderstube herrschte die Bonne und ihre Nachfolgerin die Gouvernante, »das Fräulein.« Meine Bonne hieß Mademoiselle Catharine Pape aus Porentry, die Bonne meiner Kusinen Marie Talbot aus Dijon.

Ich kann mich an meine Kinderfräulein nur sehr undeutlich erinnern. Jeden Tag führten sie mich spazieren, wie immer das Wetter war. Manchmal dürfte ich schlimm gewesen sein, aber die Drohung mit dem Wachmann brachte mich gleich zur Vernunft. Es gab drei unbestrittene Autoritäten, die keinen Widerspruch duldeten: der liebe Gott, der Vater, der Polizist.

Zu den bleibenden Eindrücken meiner Kindheit gehörten die Fronleichnamsprozession mit dem Kaiser, die ich aus den Fenstern einer befreundeten Familie ansehen durfte, wobei meine Bewunderung vor allem der berittenen ungarischen Garde im Dolman aus Leopardenfell und mit dem Kalpak mit Reiherbusch galt, und das Begräbnis des Erzherzogs Albrecht (1895).

# Pörtschach

Meine ersten Sommer erlebte ich in Alt-Aussee. Einige Erinnerungen sind mir davon geblieben. Einmal besuchten, ohne sich verabredet zu haben, gleichzeitig zwei berühmt schöne Frauen meine Eltern, Frau Cahn-Speyer und Frau Bauer. Vater holte seinen vierjährigen Sohn und stellte an ihn die scherzhafte Frage, welche der beiden Frauen ihm am besten gefalle. Ohne viel zu überlegen, zeigte ich auf Frau Bauer. Jahrzehnte später wurde ich bei einem Diner ihr vorgestellt. Als sie meinen Namen hörte und meine Identität mit dem vierjährigen Knaben feststellte, erzählte sie mir davon, wie ich als kleiner Paris ihr den Apfel gegeben hätte. Die kindliche Schmeichelei blieb ihr unvergeßlich. O vanitas vanitatum!
Der Alt-Ausseer See ist kalt, und weil wir Kinder täglich schwimmen sollten, verbrachten wir die Sommer 1891, 1892 und 1893 am Wörthersee, in Pörtschach. Hier lernte ich schwimmen. Das Fräulein führte mich in die Schwimmschule, in die Damenabteilung. Ich trug den Matrosenanzug. Auf dem schwarzen Band der Mütze stand »Nelson«. Angeblich hat Nelson nicht schwimmen können. Während das Fräulein mit dem Schwimmlehrer sprach, kam ein älterer, acht- oder neunjähriger Knabe und zog mich aufs Trampolin, wo ich viele große Fische sehen werde. Ich stellte mich ganz vorne hin und beugte mich, um die Fische zu sehen, vornüber. Da erhielt ich von dem bösen Buben einen Stoß in den Rücken und plumpste in voller Kleidung ins Wasser. In meinem Schrecken klammerte ich mich, den Mund voll Wasser und auch die Augen unter dem Wasserspiegel, an etwas festes, eine vorbei-

schwimmende Frau, die fürchterlich schrie, bis mich der Schwimmlehrer herauszog. Noch heute fühl ich mit Schaudern die Feuchtigkeit der fetten Arme meiner Retterin. Zu Hause getrocknet und umgezogen, führte mich mein Vater, um mich nach dem bösen Abenteuer zu trösten, zu einer Schießbude. Ich durfte einige Schüsse abgeben und gewann einen großen Orden mit aufgeklebten Zehnkreuzerstücken. Ich glaube, Vater hat den Schützenpreis gut bezahlt, denn, hätte ich wirklich ins Schwarze getroffen, wäre dies mein erster und letzter Treffer gewesen.

Einmal winkte Petri Heil. Ich sah in der Bootshütte im stillen Wasser einen großen Waller sein Schläfchen halten. Ich lief ins Haus, holte meine Angel und, als ich wieder kam, lag der Waller noch immer da. Ich befestigte den Köder, mein Herz schlug, der Waller biß an, aber als ich ihn herauszog, riß die Schnur. Niemehr hat mich beim Fischen das Pech verfolgt, denn ich habe nie mehr gefischt.

Die Villa, die wir bezogen, war nur durch eine Wiese von der Kirche, die gerade einen neuen Turm erhielt, getrennt. Eines Nachts fiel ich, es dürfte vier Uhr früh gewesen sein, aus dem Bett. Der Kirchturm, noch im Bau, war unter furchtbarem Krachen eingestürzt. Ohne mir weh getan zu haben, bestieg ich wieder mein Bett und schlief ein. In den wachen Minuten bemerkte ich, daß das Fräulein, mit dem ich das Zimmer teilte, fort war. Ich schenkte dem keine Bedeutung. Nach vielen Jahren teilte mir Onkel Otto, der uns damals für ein paar Tage besuchte, mit, er hätte die Gouvernante in dieser Nacht in seinem Bett gehabt. Er zählte damals 26 Jahre. Das Fräulein, eine Französin, war immer lieb zu mir, und ich danke Onkel Otto, daß er sie dafür belohnte.

# Die Hinterbrühl

Im Sommer 1894 wurde der Technik ein Stockwerk aufgesetzt. Vater erhielt ein größeres Laboratorium, wieder im Erdgeschoß, und mußte in der Stadt bleiben, es einzurichten. So verbrachten wir den Sommer in der nahen Hinterbrühl. Wir fuhren im Viersitzer hinaus. Matratzen, Küchengeschirr u. dgl. waren mit einem Möbelwagen, Köchin und Dienstmädchen mit der Bahn vorausgeschickt worden. Vater kam jeden Samstag und fuhr Montag nach Wien zurück. Ich spüre noch den Juchtengeruch seiner Aktentasche. Als Staatsbeamter zahlte er in der zweiten Klasse nur den halben Tarif.
Damals war unsere Gouvernante das Fräulein Lina, ein altes Familienstück. Sie diente zuerst im Hause Boschan, dann bei uns und als wir ihr entwachsen waren, in Czernawka, wo sie meine kleinen Vettern erzog. Als sie zu uns kam, mochte sie eine angehende Fünfzigerin gewesen sein. Ich hing mit großer Liebe an ihr. An Regentagen beschäftigte sie mich mit der Porzellanmalerei. Ich besitze noch eine Aschenschale, die ich für meine Eltern mit winzigen Blümchen und Käferlein bemalte.

## Waidhofen an der Ybbs

Hier bezogen wir 1895 eine Villa mit großem Garten und einem Salettl, in dem ich an Regentagen mit der Laubsäge tellerähnliche Gebilde formte und mit der Brandmalerei Verzierungen anbrachte. Die Villa lag über dem Städtchen. Vater zeichnete den Blick auf Kirche und Schloß, und ich ahmte ihn nach. Vormittag waren wir in der Schwimmschule, und dann durfte ich beim Zuckerbäcker zwei »Linzer Augen« genießen. Nachmittag war dem Buchberg gewidmet. Welch schöne Zyklamen da blühten! In Waidhofen sah ich zum erstenmal jemanden Tennis spielen. Noch spielte man auf einem Rasen. Die Frauen trugen fußfreie Röcke und eine Kappe mit Schirm. Das Spiel wurde in Waidhofen vom Bezirkshauptmann (von Lenz?) eingeführt, der mit seiner Frau das Racket schwang.
Ein großes Erlebnis für mich war eine Wagenfahrt nach Weyer, auf der wir die Landesgrenze zwischen Nieder- und Oberösterreich passierten. Wie stolz war ich, daß ich, obwohl erst 8 Jahre alt, schon ein zweites Land betreten durfte.
Schön war auch die Fahrt mit Vater und Alice auf den Sonntagsberg und der Rückweg zu Fuß über die Geige nach Waidhofen.
Es war der letzte Sommer mit Vater. Er starb am 6. Februar 1896.
Vor dem Hause in der Heugasse wartete der Leichenzug auf den Sarg, und auf drei Blumenwägen leuchtete die bunte Last aus dem tiefen Schwarz der langen Kette der Wagen, Rappen und der im Trauerpomp strotzenden Reiter. Viele Menschen gaben ihm das letzte Geleit. Der

Anblick der bunten Kränze und die Menge der Leidtragenden mischten ein tröstendes Gefühl des Stolzes in mein Trübsal.

Traurig ging ich Tag für Tag auf dem Schulweg an der Technik vorbei, dachte daran, wie er im Laboratorium mir kleine Experimente vorführte. Wäre er am Leben geblieben, wäre ich auch Chemiker geworden. Aber als ich seine Führung verlor, zog mich meine Mutter mit ihrer Neigung zur schöngeistigen Literatur und zu den Künsten in das humanistische Fahrwasser.

# Czernawka

Als ich vier Jahre alt war, heiratete die jüngste Schwester meiner Mutter, Therese, eine in Jugend blühende Blondine, einen Gutsbesitzer in der Bukowina, der dem Aussehen nach einem Roman der Marlitt oder der Eschstruth entstiegen zu sein schien. Er war ein Pole und hieß Bernhard Roszstocki. Das Gut umfaßte mehrere tausend Hektar und war berühmt durch seine meilenweiten Buchenwälder. Bei der Hochzeit durfte ich die Schleppe der Braut halten, das ist meine älteste Erinnerung.
Die Ehe wurde nicht im Himmel, sondern von Bernhards Schwester Erna im Parterre Schwindgasse 14, wo sie mit ihrem Mann Dr. Felix von Mises wohnte, gestiftet. Das Ehepaar war mehr als wohlhabend, und so konnte der Gatte seinen ärztlichen Beruf aufgeben, als ihm ein Bein abgenommen wurde, an dessen Stelle er eine Prothese trug. Sein Vater war Sekretär von Witold Korytowski gewesen und als dieser Finanzminister wurde, wollte er ihm eine kaiserliche Gnade verschaffen, wobei er an einen Orden dachte. Der Sekretär lehnte für sich bescheiden jede Auszeichnung ab, aber er hätte einen steinalten Vater, der nichts sehnlicher wünschte als den »Ritter von«. So durfte sich die Familie bereits eines älteren Adels rühmen. Dafür brachte sie ganz überragende Begabungen hervor: den Physiker und Nobelpreisträger Richard und seinen Bruder Ludwig Mises, den Begründer des Neu-Liberalismus der Nationalökonomie.
Die Volksschule hinter mir, die Aufnahmeprüfung ins Akademische Gymnasium bestanden, gings in die Sommerferien nach der Bukowina. Die Nordbahn brachte

Mutter, Alice und mich nach 24stündiger Fahrt nach Czernowitz, wo uns der Wagen abholte.

Das Herrenhaus in Czernawka lag in einem, von dem Vorbesitzer Baron Petrino angelegten Park mit herrlichen, auch vielen exotischen Bäumen, einer Orangerie und einem mit Seerosen lächelnden Teich. Man brauchte eine gute halbe Stunde, um rings um den Park zu gehen. Gästen stand ein eigenes Haus zur Verfügung. Oft kamen Herren der Landesregierung und Offiziere aus Czernowitz zu Besuch.

Onkel Bernhard war ein schwarz-gelber Pole, sein Faktor ein deutsch sprechender Jude, der Kammerdiener ein Ruthene, die Jungfer eine Wienerin, die Köchin eine Böhmin und die Gouvernante, unsere liebe Lina, eine Hamburgerin. Das übrige Personal bestand aus ruthenischen und rumänischen Landeskindern in ihrer volkstümlichen Tracht aus handgesponnenen und handgewebten Leinen und dem Schafspelz. Der Kutscher trug natürlich Livree. Czernawka war ein Vielvölkerreich en miniature. Es gab einen größeren Ökonomiebetrieb mit einer Spiritusbrennerei, aber mindestens fünf Sechstel des Gutes bedeckte ein uralter Buchenwald, der nur durch ein Nachbargut von der russischen Grenze getrennt wurde. Der Nachbar, Herr von Buchenthal, wohnte mit seiner Frau in einem nur aus dem langen Erdgeschoß bestehenden Herrenhaus. Einmal fuhren wir dorthin. Die Zimmer waren mit erlesenem Geschmack, vor allem mit kostbaren Teppichen, eingerichtet. Der Hausherr improvisierte zu meinem großen Genuß auf dem großen Konzertflügel, das Nachtmahl bestand aus köstlichen Gerichten. Es war spät am Abend, als wir den von flinken Pferden gezogenen Leiterwagen, der die Erwachsenen und die Kinder, zusammen sieben Köpfe, aufnahm, bestiegen. Es wurde dunkle

Nacht. Plötzlich begannen die Pferde zu rasen; Wölfe waren hinter uns her. Ich fand das herrlich aufregend. Glücklich kamen wir nach Hause. Dem Torwächter wurde angeschafft, das Gewehr umzuhängen und den Park zu durchstreifen, denn ein Wolf könnte sich eingeschlichen haben. Um Mitternacht weckte mich ein Schuß. Ich freute mich darauf, am Morgen den toten Wolf zu sehen.

Am nächsten Tag war das Mittagessen nicht so gut wie sonst. Die Köchin lag im Bett, man sagte mir nicht, was ihr fehlte. Ich erfuhr es erst viel später. Der nächtliche Schütze hörte in einem Gebüsch rascheln; er sah etwas sich bewegen. Das konnte nur der Wolf sein. Ein Schuß! Aber dieser traf keinen Wolf, sondern die Köchin ins Knie. Der Kammerdiener blieb unverletzt.

Tante Therese hatte zwei Buben und ein Mädel. Franz, der damals vier Jahre zählte, wuchs zu einem hübschen liebenswerten Jüngling heran und starb an einer Zuckerkrankheit als Artillerie-Oberleutnant d. R. im Jahre 1918. Fritz, sein um ein Jahr jüngerer Bruder, auch dieser Artillerist, meldete sich zur Fliegertruppe. Von einer Verwundung noch nicht ganz geheilt, ließ er sich nach dem Umsturz als Hauptmann in die rumänische Armee aufnehmen und stürzte bei einem Schauflug ab. Mie wurde ein bildhübsches Mädchen. Während des Krieges diente sie als Pflegerin und wirkte nach dessen Ende als Ober- und Operationsschwester im Wiener Auerspergspital. Einmal mußte sie dem Gynäkologen Professor Wertheim assistieren, der von allen Operationsschwestern gefürchtet war, vor allem, weil er die Gewohnheit hatte, die Instrumente nach dem Gebrauch hinter sich zu werfen, ohne achtzugeben, daß es die Schwester nicht ins Gesicht träfe. Diesmal vermißte Wertheim das Aufschlagen der weggeworfenen Instrumente auf dem Boden; sie lagen bereits schön geordnet auf dem Tisch. Mie hatte sie in der Luft aufgefangen. Seither wünschte Wertheim immer, Mie als Operationsschwester zu bekommen. Von Ärzten und Patienten verehrt und geliebt, immer heiter, unermüdlich die Kranken betreuend, verwandelte sie sich zu Beginn eines Urlaubs in eine Frau von Welt. Sie zog schöne Kleider an, lebte in teuren Hotels in der Schweiz oder in England, wo sie in einem Pensionat erzogen worden war. Später ließ sie sich von Bernhard, welcher der Nachkriegszeit nicht gewachsen war, einen Teil des Gutes abtreten. Die junge Gutsherrin führte ein straffes Regiment, stieg in aller Früh zu Pferd und besichtigte die Meierhöfe. In der Satteltasche waren die Hebammeninstrumente verstaut, und wo es rascher Hilfe bedurfte, zog sie das Neugeborene ans Licht. Ein Arzt aus Warschau verliebte sich in sie, auch ihr Herz schlug für ihn, aber Czernawka wollte sie nicht verlassen und so kam es nicht zur Ehe. Erst den Russen gelang es, sie zu vertreiben. Sie zog mit ihrer Mutter nach Bukarest, leitete zur höchsten Anerkennung der Regierung ein Spital. Erst 1968 als 73jähriger Frau gelang es ihr, Rumänien zu verlassen. Durch ein Knochenleiden verkrüppelt, lebt sie in der Nähe von Reichenhall, wie immer unternehmungslustig, reist nach Paris und nach Italien und fesselt durch ihr humorvolles Gespräch, wie ihre alte, ihre neue Umgebung.

Ferry Roszstocki, der jüngste Sohn von Tante Therese, zeichnet sich durch Geschäftskenntnisse und einen scharfen Witz aus. Es gelang ihm, Bukarest zu verlassen und nach Wien zu kommen, wo er und seine charmante Frau Lucia eine neue Heimat fanden.

Als ich als neunjähriger Knabe in Czernawka war, kam auch Bernhards Schwägerin mit ihrem Sohn Olesch dorthin zu Besuch. Wir vereinigten uns zu Bubenstreichen

und setzten unsere Freundschaft in Wien fort. Moriz Roszstocki, der Vater von Olesch, war Mitglied des Abgeordnetenhauses und des Polenklubs. Er sah Bismarck zum Verwechseln ähnlich, hat aber im Reichsrat nie den Mund geöffnet. Im Sommer lebte die Familie in Skalat, dessen Schloß sich von allen übrigen Herrensitzen in Galizien durch ein WC unterschied. Als Olesch das väterliche Gut erbte, stellte er eine Feuerwehr auf, über die er das Kommando übernahm. Die Feuerwehr, das war seine Leidenschaft. In jeder Ecke im Schloß hing ein Feuerlöschapparat (Minimax). Das Schloß brannte mit allen Löschapparaten nieder.
Auch das Herrenhaus in Chernawka wurde niedergebrannt. Bei ihrem Einzug wurden die Russen von Heckenschützen hinter der Umzäunung beschossen, was zur Folge hatte, daß die Russen, die überall, wohin sie kamen, verlautbart hatten, sie würden Häuser, aus denen auf sie geschossen wird, anzünden, ihrer Drohung nachkamen. Der Verdacht, die Dörfler hätten es auf die Einrichtung des Hauses abgesehen, ist nicht abzuweisen.

# Der Gymnasiast

Zur Aufnahme ins Gymnasium mußte man noch vor Ablauf des Kalenderjahres das neunte Lebensjahr vollendet haben. Dank meinem Geburtstag am 30. Dezember konnte ich schon nach der vierten Volksschulklasse ins Akademische Gymnasium einziehen, als der jüngste Gymnasiast der Monarchie. Ich war ein schwacher Schüler, ohne daß mich das schmerzte. Es fiel mir nicht schwer, mich zu bescheiden, und die Erfahrung, die mich lehrte, mir keine besondere Begabung einzubilden, bewahrte mich durch mein Leben vor Überschätzung und Überheblichkeit. José Ortega y Gasset erzählt in einem Feuilleton von einem schlechten Schüler, der sich darein fügt: schließlich muß ja einer der letzte sein. Recht hat der Junge, sagt Ortega, wir müssen lernen, unter Umständen der Letzte zu sein.
Das erste Jahr endete mit einer Nachprüfung aus Latein, obwohl ich in diesem Gegenstand keineswegs versagte. Aber man wollte mir einen Denkzettel dafür geben, daß ich so jung und ohne die fünfte Volksschulklasse aufgenommen wurde, und ließ mich durchfallen. Mein Vormund, Onkel Edmund, ein vorzüglicher Lateiner, wollte sich von meiner Unkenntnis überzeugen und sah ein, als er mich prüfte, daß ich ein schweres Unrecht erlitt.
Als mir das unerwartete Urteil verkündet wurde, schlich ich tief traurig längs des trüben Rinnsals der Wien und über die Schwarzenbergbrücke in die Schwindgasse, wo wir damals vor der Übersiedlung in die Theresianumgasse wohnten, weinte mich bei Muttern aus, der ich so gern ein Trost in ihrem Witwentum gewesen wäre. Daß ich die

erste Klasse wiederholen mußte, hab' ich nie verwunden, obwohl es gewiß zu meinem Vorteil war.
Ohne Gespiele, mir selbst überlassen, ging ich viel spazieren. Es war die Zeit der Badeni-Unruhen, als ich an einem Vormittag längs des Rathausparks schritt. Eine Menschenmenge eilte dem Parlament zu, als auf der Reitallee eine Schwadron Husaren mit ergriffenem Säbel heranritt. Ich sprang über das niedrige Gitter der Parkumzäunung.
Als Repetent bewies ich, wie ungerecht mein Durchfall war. Ich erhielt ein Vorzugszeugnis.
1897 übersiedelten wir in die Theresianumgasse Haus Nr. 2B (später Nr. 6). Das Haus wurde nach dem 2. Weltkrieg abgetragen, an seiner Stelle erhebt sich ein Neubau. Die Wohnung – im Hochparterre – bestand aus drei großen Zimmern und einem Kabinett. Das Zimmer der Mutter blickte in den großen wohlgepflegten Garten, der an andere Gärten grenzte. An der Straßenfront lagen der »Salon« und ein durch eine zur halben Höhe reichende dekorative Wand geteiltes Zimmer, zur Hälfte Speisezimmer, zur Hälfte das Gemach meiner Schwester. Ich hauste im Kabinett mit dem Blick in den Garten. Die Einrichtung bestand aus dem Bett meines Vaters, Waschtisch, Kleiderkasten, Kommode, Schreibtisch, zwei Sesseln und dem kleinen Kachelofen. An der Wand hingen große Fotografien des Schlosses von Heidelberg, der Universitätsstadt meines Vaters. Von dem geräumigen Vorzimmer führte eine hölzerne Treppe ins Erdgeschoß, das mit dem Garten ebenerdig war. Hier lagen die große Küche, das Zimmer für Köchin und Dienstmädchen und das Badezimmer, das nur einmal in der Woche benützt wurde. Jeden Morgen brachte das Dienstmädchen jedem von uns ein großes blechernes Sitzschaff ins Schlafzimmer mit einer Kanne

heißen und einer kalten Wassers, wie es allgemein üblich war. Auch Franz Joseph hielt es nicht anders. Mutter ließ in die Wohnung elektrisches Licht einziehen, damals noch eine Seltenheit.

Bald gewann ich neue Freunde. Einer war Rudolf Krieser, der in der nahen Wohlebengasse (Ecke Heugasse) wohnte. Wir wollten eine Zeitung herausgeben, die er mit Zeichnungen illustrieren wollte. Seine Schulzeit vollendete er zur Zeit, als ich maturierte, in der Kunstschule des Österreichischen Museums. Obwohl dies den Schülern verboten war, stellte er noch als Schüler im Hagenbund ein großes Gemälde aus, das sogleich von einem Engländer gekauft wurde. Krieser war ein vortrefflicher Maler. In der Schule auch zum Modezeichner angeregt, volontierte er eine Zeitlang bei Poiret in Paris. Vom Krieg blieb er wegen eines Leberleidens verschont. Sohn und Erbe eines schwerreichen Mannes, lebte er sorglos seiner Kunst und mit ihm seine Freundin. Als sie während der galoppierenden Inflation zum Einkauf von Fleisch und Gemüse einige hunderttausende Kronen brauchten, erkannte er, daß seine einst goldwertigen Kronen nicht einmal mehr den Wert eines halben Hellers besaßen, verfiel in tiefes Schweigen, bis er an seine Lebensgefährtin die Frage richtete, ob sie nicht wieder zur Schneiderei, aus der er sie geholt hatte, zurückkehren wolle. Beide richteten in der Gluckgasse, nahe der Kapuzinergruft, einen Modesalon ein, in dem sich bald die elegantesten Frauen drängten. Ich fand ihn, als sich meine Frau ein Kleid machen ließ, in seinem Atelier; auf dem Arbeitstisch neben einer Vase künstlerisch geordneter Schwertlinien lagen Modezeichnungen von seiner Hand. Das Geschäft blühte, Luftpostpakete mit den neuesten Pariser Stoffen häuften sich und die Näherinnen kamen nur durch Überstunden den Aufträgen nach.

## Ernst Ph. Goldschmidt

Mein bester Freund aber war Ernst Goldschmidt. Mein Vorzugszeugnis wies, eine seltene Ausnahme für einen Vorzugsschüler, eine schlechte Sittennote auf. Ernst und ich liebten es, einen Mitschüler, der uns auf dem Heimweg von der Schule begleitete, zu verspotten. Er hatte eine dunkle Hautfarbe, und so erzählten wir ihm einmal, seine Eltern hätten ihn von den Aschanti, die damals im Prater zu sehen waren, gekauft und an Sohnes statt angenommen. Darüber beklagte sich seine Mutter beim Klassenvorstand. Professor Dubsky verwandelte die Schule in eine Geschworenenbank, und eine knappe Mehrheit sprach Ernst und mich schuldig. Die Strafe bestand darin, daß wir von der Schule abgeholt werden sollten. Meine Mutter entschuldigte sich damit, daß die Köchin kochen, das Stubenmädchen aufräumen müsse. Ernst wurde von seiner englischen Erzieherin abgeholt.
In dem Jahr, in welchem ich im Akademischen Gymnasium die erste Klasse repetierte, begann meine Freundschaft mit Ernst, der, ein Jahr jünger als ich, mein neuer Schulkamerad wurde. Er wohnte mit seiner Mutter – der Vater war bereits gestorben – und Geschwistern im obersten Stock des Sternberg-Palais in der Heugasse. Nur eine kurze Wegstrecke trennte uns. Unser Schulweg war gemeinsam, und viele Nachmittage verbrachte ich bei ihm. In den folgenden Jahren, in welchen ich in Salzburg und in Reichenberg studierte, sahen wir uns nur in den Weihnachts- und Osterferien, aber als ich wieder in Wien lebte, fanden wir uns zu vielen anregenden Gesprächen zusammen. Sein Vater, den ich als Tarockpartner meines

Urgroßvaters bereits vorgestellt habe, war von seiner Firma Bischoffsheim & Goldschmidt, dem holländischen Bankhaus, nach Wien geschickt worden, und meine Familie war sowohl mit den Bischoffsheim als auch mit den Frankfurter Goldschmidt verwandt.

Aus dem zehnjährigen Primaner im Akademischen Gymnasium wurde ein berühmter Bibliograph. Er studierte klassische Philologie und Archäologie in Cambridge (Trinity College). Bereits BS und MA dieser Universität, besuchte er die österreichischen Klosterbibliotheken, darunter Melk mit seinen berühmten Inkunabeln, die er für den Gesamtkatalog der Wiegendrucke bearbeitete. 1923 ließ sich Ernst in London nieder, eröffnete in Old Bond Street sein berühmtes Antiquariat und empfing dort seine zahlreichen Freunde, zu denen vor allen Lord Keynes gehörte, mit dem ihn nicht zuletzt Interesse für die Volks- und Finanzwirtschaft verband.

The Times widmete ihm am 19. Februar 1954 einen Nachruf »In Memoriam Ernst Philipp Goldschmidt« der als Sonderdruck erschien. Von den Veröffentlichungen meines Freundes möchte ich nur die wichtigsten anführen: Gothic and Renaissance Bookbindings (1928), Medieval Texts and their First Appearance in Print (1943), Senders Lectures in Bibliography in Cambridge (1950), Sarledon, Englands Service (1942).

Das unter dem Pseudonym Sarledon herausgegebene Buch ist der Volkswirtschaft gewidmet und beschäftigt sich mit der Zukunft Englands. Es ist das Werk eines Weisen.

Ernst war ein Gelehrter. Es ist sonderbar: Er war mein bester Freund im Akademischen Gymnasium. In Salzburg war es Friedl Weber, der Ordinarius für Botanik in Graz wurde, und in Reichenberg Hermann Aubin, der große deutsche Historiker. Wie gern möchte ich sagen dürfen: »Sage mir, mit wem Du umgehst, und ich sage Dir, wer Du bist.«

# Mein Hauslehrer

Den Grundstock meiner Bildung verdanke ich meinem Hauslehrer Moritz Ruttin, dessen Gesellschaft ich leider nur ein Jahr genoß. Er stand im letzten Jahr des Studiums der Medizin, wurde ein hochgeschätzter Augenarzt, der seine Kenntnisse der höheren Mathematik und Optik in den Dienst der Augenheilkunde stellte und die Ergebnisse seiner Forschung in Fachschriften veröffentlichte. Er trug nach der Sitte junger Ärzte, um das Vertrauen der Patienten durch ein älteres Aussehen zu gewinnen, einen Bart, rauchte Virginier, hüllte sich in einen braunen Havelock und bedeckte sein Haupt mit einem breitkrempigen schwarzen Hut, der so speckig war, daß meine Mutter ihn gegen einen neuen derselben Kopfgröße austauschte, ohne ihn erst zu fragen. Er beherrschte die französische und die englische Sprache, wohl auch andere, denn als wir das Aschantilager im Prater besuchten, sprach er mit ihnen malayisch, wobei er feststellen konnte, daß sie gar keine Aschanti waren. Ruttin hielt mich an, die Räuber, Ottokars Glück und Ende, Liechtenstein und die Schlimmen Buben zu lesen und regte mich an, ein Reclambüchlein nach dem andern von meinem Taschengeld zu kaufen, erweckte auch meine Lust zum Zeichnen, wozu ich ein bescheidenes Talent besaß. Er kam täglich zum Mittagessen. Nach Tisch gingen wir in den Prater oder über die Reste des Linienwalls zu den Gründen des Arsenals. Dorthin nahm ich den Foxterrier »Nocki« meiner Tante Albertine mit, der sich leidenschaftlich bemühte, Ratten aus den Erdlöchern zu locken, auf welche ich mit der Schleuder wartete. Ich kam nie zum Schuß.

Mein Hauslehrer erzählte mir die schönsten Geschichten, belehrte mich in so anregender und unterhaltender Weise, daß ich vieles davon mir bis heute gemerkt habe. Ich verehrte ihn und war betrübt, wenn er mich am Abend verließ.

Wie alle Kinder mußte ich Klavier spielen. Mit sieben Jahren erhielt ich als Lehrerin Fräulein Mandlik, eine entfernte Verwandte Conrads von Hötzendorff, dessen Namen ich damals zum erstenmal hörte. Ich machte ihr wenig Freude, da ich beim Notenlesen zu oft danebengriff. Sie schrieb es meinen Augen zu, und deshalb wurde ich zum Dr. Adler in die Florianigasse geführt, der mir einen Zwicker verordnete. Den setzte ich stolz auf die Nase, verlor aber bald das Vergnügen, sie einzuzwicken und schaffte mir erst nach mehr als einem halben Jahrhundert eine Lesebrille an. Später war mein Klavierlehrer Herr Friedberger, Absolvent des Conservatoriums. Er ließ mich außer Clementi, Diabelli und Mozartsonaten auch Walzer spielen, darunter einen von Ziehrer, den ich auswendig zu klimpern liebte, und brachte mir auch in einem klaren Vortrag die Grundzüge der Harmonielehre bei. Mich zog immer die »leichte« Musik in ihren Bann. Mein musikalisches Gehör blieb immer schlecht. Aber wenn ich mit einem Finger die Melodie nach den Noten festhalten konnte oder jemand sie vor meinen Augen auf den Tasten zeigte, prägte ich sie mir ein und fand leicht die Akkorde dazu.

Der Sinn für die Malerei wurde durch Mutter gefördert, die mich in Ausstellungen mitnahm. Einen tiefen, für meine Kunstbetrachtung entscheidenden Eindruck hinterließ ein Besuch der ersten Ausstellung der Sezession in den Sälen der Gartenbaugesellschaft am Parkring im Frühjahr 1897 an der Hand Ruttins. Ich war von einigen Meistern begeistert und prägte mir ihre Namen ein, stand lang vor den Radierungen von Felicien Rops, den Zeichnungen von Ferdinand Khnopff, den Bergarbeitern Constantin Meuniers.

# Zborowitz

Die Ferien vor meiner Nachprüfung hatte ich mit meiner Mutter in Zborowitz verbracht, während meine Schwester den Sommer bei ihrer geliebten Tante Therese in Czernawka genoß. Das mährische Dorf Zborowitz liegt nahe von Kremsier, dem Sommersitz des Erzbischofs von Olmütz, dessen Palais mir noch in guter Erinnerung ist, vor allem das schöne Bildnis des jungen Kaisers, die Grotte, in der es regnete, wenn man auf einen Knopf drückte, und die Pfauen im Park. In Zborowitz stand die Zuckerfabrik, die Dr. Heinrich Fries und seinem Schwager Theodor Redlich gehörte. Meine Mutter und ich waren bei Mama Fries zu Gast, die eine Perücke trug und die, durch ein Glasauge entstellt, einen sonderlichen Eindruck hervorrief. Sie war sehr klug und gab mit sanfter Stimme ergötzliche Weisheiten von sich. Ihre Nachbarin in Zdislawitz, Marie von Ebner-Eschenbach, dürfte sich mit ihr sehr gut unterhalten haben. Ihre jüngste Tochter Anna war wenige Wochen vorher mit meinem Onkel Otto, dem Bruder meiner Mutter, in der Zborowitzer Dorfkirche getraut worden. Das Herrenhaus, das wir bewohnten, stammte aus der Biedermeierzeit und stand in einem großen Park, in dem auch Heinrich Fries mit seiner Frau Jenny eine prunkvolle Villa sich von dem Theaterarchitekten Hellmer hatte erbauen lassen. Wir waren oft dort eingeladen, und ich lauschte den Worten des Hausherrn, eines hervorragenden Industriellen und Landwirts, mit dem ich ein Dutzend Jahre nachher, als ich selbst Zuckerfabrikant wurde, auch beruflich verbunden war. Bei der Villa gab es einen Tennisplatz, auf dem ich mit der zwölfjährigen Margit und der zehnjährigen Ilona Bälle wechselte. Ich verliebte mich in Margit, denn Ilona, mit mir im gleichen Alter, war mir zu jung. Mit zehn Jahren bevorzugt man ältere Mädchen. Die beiden Schwestern waren mit ihrer Mutter Sophie Egyedi, der ältesten Schwester meiner neuen Tante Anna, gleichfalls Gäste bei Mama Fries. Als Margit, Ilona und ich uns im Dorfe ergingen, sahen wir vor einer Häuslerhütte einen kleinen, keineswegs rassereinen Foxterrier und kauften ihn um einen Gulden, den wir mühsam aus drei Portemonnais zusammenkratzten. Wir nannten das Hündchen Trio und liebten es dreifach. Trio war nicht zimmerrein, hatte viele Flöhe und wurde ins Glashaus verbannt, aus dem wir ihn, so oft wir konnten, herauszogen, bis unsere Mütter unseren Trio den früheren Besitzern zurückbrachten, die nun den Hund und den Gulden hatten.

Tante Sophie war eine schöne, sanfte Frau, die sich der Erziehung ihrer drei Kinder widmete. Der Sohn Pista war noch zu klein, als daß wir uns um ihn kümmerten. Er ist zu Kriegsbeginn bei einer Reiterattacke als tapferer Husar gefallen. Nach dem Mittagessen mußten die beiden Mädchen eine halbe Stunde flach auf dem Fußboden liegen, des »Gradhaltens« wegen.

Den Vater meiner Freundinnen Margit und Ilona lernte ich erst Jahre später kennen. Arthur Egyedi, ungarischer Großgrundbesitzer, war ein gutaussehender kleiner Mann mit typisch magyarischem Gesicht, angenehmer Gesellschafter, galant zu Frauen außer der eigenen und zu Hause ein Tyrann. Er besaß einen Rennstall, war auf dem Turf daheim, ließ sich selbst nichts abgehen, war streng zu seinen Kindern, hielt vor der Familie die Taschen zu und starb an seinem Geiz. Ilona heiratete den Sohn des Generals im ersten Weltkrieg Froreich. Bald nach Kriegs-

ende wurde Egyedi in seinem Schlafzimmer erhängt aufgefunden. Das wäre an sich kein großes Unglück gewesen, ja ein Glück für die Angehörigen, wäre nicht der angebliche Selbstmord durch die Tatsache, daß er von seinem Schwiegersohn aufgeknüpft wurde, widerlegt worden. Froreich hatte gehofft, mit der Erbschaft seiner Frau Wechselschulden begleichen zu können.
Die bevorstehende Nachprüfung bereitete mir keine Sorge, denn vor mir lag ein langer Sommer. Der Kaplan der Pfarrei, ein Tscheche, gab mir Nachhilfestunden. Das einzige, was er mir beibrachte, war eine falsche Betonung der Vokabeln, wie es seiner Muttersprache entsprach. Bei diesem ersten Besuch in Mähren eignete ich mir einige Wörter der zweiten Landessprache an, für die ich schon damals lebhaftes Interesse empfand. Wagenfahrten lehrten mich die liebliche fruchtbare Hanna kennen. Noch trugen Bauern und Bäuerinnen die bunte Tracht, in welcher Uprka sie malte.
Eine Wagenstunde von Zborowitz stand die Zuckerfabrik Kojetein, welche auch Fries und Redlich gehörte. Mit den Söhnen Theodor Redlichs und seiner Gattin Hermine, der Zwillingsschwester von Heinrich Fries, dem 15jährigen Otto und dem dreizehnjährigen Felix, hatte ich auch Buben zur Unterhaltung. Sie flößten mir großen Respekt ein wegen ihres Alters und weil sie bereits Reitpferde hatten. Ich litt zwar unter Schüchternheit, aber in der sonnigen Atmosphäre Mährens, bei der köstlichen Küche und der anregenden Unterhaltung der Großen bei den Mahlzeiten, dem Tennisspielen, den Wagenfahrten, die ich besonders liebte, fühlte ich mich sehr wohl und ließ mich nicht durch die drohende Nachprüfung beirren, ganz sicher, daß ich sie bestehen würde.
In dem Nachbardorf Vežek besaß ein Vetter Theodors, der

den Adel mit dem Prädikat »von Vězek« gekauft hatte und wegen seiner Ähnlichkeit mit dem König der Serben von seinen Freunden Milan genannt wurde, ein kleines Schloß in einem schönen Park. In dem hannakischen Dorfe baute er eine Kirche im Stil eines griechischen Tempels und weihte sie der Namensheiligen der Kaiserin.

# St. Gilgen

Im Besitz eines Vorzugszeugnisses der wiederholten ersten Klasse genoß ich die Ferien in St. Gilgen. Mutter mietete eine geräumige Wohnung, die sie mit ihrer Schwägerin Ottilie und deren Gatten Karl Emil Franzos teilte. Onkel Emil brauchte zur dichterischen Anregung eine böhmische Köchin. Eine solche wurde für Berlin geworben und, wenn sie ging, eine konnationale Nachfolgerin gesucht. Wie in Wien wurde auch in St. Gilgen täglich Rindfleisch aufgetischt. Onkel Emil aber erhielt seine Lieblingsspeise, ein köstlich duftendes Rinds- oder Kalbsgulasch vorgesetzt. Ich nahm mir vor, auch ein berühmter Schriftsteller zu werden.
Mein täglicher Umgang war mein Freund Otto Strauß. Er war Klassenerster in Kremsmünster und zwei Jahre älter als ich. Ich bewunderte ihn, er war mein Vorbild. Seine Mutter heiratete in zweiter Ehe den Generaldirektor der Nordbahn, Hofrat Jeitteles, der vom Genieoffizier zu diesem hohen Posten aufgestiegen war, einen hochgebildeten Mann, der ein Freund meines Vaters und meines Onkels Edmund war. Von seiner jüdischen Abstammung behielt er nur den Namen, zum Ärger seines Vetters Geitler, Vizepräsident der böhmischen Statthalterei. Otto konnte sich an seinen Vater nicht mehr erinnern, für ihn war der Hofrat der Vater, den er verehrte und dem er nachzueifern strebte. Von Otto lernte ich das Fahrplan lesen, worin er ein Meister war.
Zog Tante Ida, die mit »Frau Hofrätin« angesprochen wurde, in die Villa am Wolfgangsee, sorgte ihr Gatte für die Fahrt nach Ischl, wo man in die Salzkammergutlokal-

bahn umstieg, für einen Salonwagen, in welchem sie alles Gepäck, Matrazen, Küchengeschirr usw. mitnahm, um die Fracht zu ersparen. Sie spielte gern Tarock, und Otto und ich spielten mit ihr, und da wir besser spielten, erhöhte sich unser Taschengeld, von dem wir meistens Obst kauften. Vor- und Nachmittag war ich täglich in der schönen Villa am See mit dem Bootshaus. Wir Knaben ruderten gewöhnlich nach Fürberg. Einmal, als ich mich in der Kabine umziehen wollte, öffnete ich in der Überzeugung, daß sie frei wäre, die Tür. Vor mir stand sichtlich erschreckt eine völlig nackte junge Frau, eine bekannte Schauspielerin, die sich gerade umziehen wollte. Sie war mit Ida befreundet. Ich war, soweit man es von einem elfjährigen Knaben behaupten darf, von ihrer vollendeten Schönheit bezaubert. Eine Venus! Venus wurde mein Frauenideal und ist es geblieben. Ich schloß allzurasch die Tür, aber die Erscheinung blieb unvergessen. Welches Glück, daß ich nicht ein weniger reizvolles Geschöpf als erste Eva vor Augen bekam! Ihr Mann, ein Staatsanwalt, war ein leidenschaftlicher Spieler und geriet in Schulden, die in ihm den Gedanken aufkommen ließen, ins Kloster zu gehen. Man glaubte, er werde, da er viel auf elegante Kleidung hielt, seine Mönchskutte beim Prix (dem teuersten Schneider Wiens) machen lassen.

Zu den Besuchern der Frau Hofrätin zählte der steinreiche Pariser Bankier Rikoff. Er war nicht, wie man bei seinem Namen annehmen könnte, ein Russe, sondern ein Frankfurter und hieß früher Rindskopf. Die Mutter Offenbachs war eine geborene Rindskopf, und Heinrich Heine diente eine Zeitlang im Bankhaus Rindskopf als Volontär. Er stieg im Hotel Europe in Salzburg ab und lud Otto und mich dorthin ein. Wir kauften uns Hin- und Rückfahrtkarten und fragten im Hotel den Portier nach Monsieur

Rikoff. Wir wurden barsch abgefertigt, er wäre nicht mehr da. Betrübt bummelten wir durch die Stadt und kauften uns, von Hunger geplagt, mit unseren letzten Kreuzern eine Salamisemmel. Als wir noch einmal unser Glück versuchten, sah uns Rikoff. Es war gerade die Zeit zum Mittagessen. Wir aßen das große Menü – es kostete 3fl. – wir waren selig.

Einige Jahre später und Rikoff war durch falsche Spekulationen zugrunde gerichtet. Er erfreute sich in der Finanzwelt großer Beliebtheit, seine Freunde suchten ihm zu helfen. Die Gläubiger versammelten sich in seinem luxuriösen Palais und berieten einen für ihn erträglichen Ausgleich. Bisher sah sein Haus nur frohe Gäste. Er war ein Feinschmecker, bezog in einem von ihm eingerichteten Eildienst Kaviar aus Rußland und Austern aus Ostende, und der Orient-Expreß brachte knusprige Kipfel aus Wien von Roman Uhl, dem weltberühmten Bäcker. Liebenswürdig und gottergeben saß der alte Bankier inmitten seiner Gläubiger, die mit betrübter Miene ihm vor Augen stellten, daß er sich einschränken und Abschied vom Luxus nehmen müsse. Es wurde Tee serviert und da befiel ihn plötzlich ein Anfall von fürchterlichem Zorn, als die gewohnten Kipfel fehlten, und der Schmerzensschrei entfuhr seiner Brust: »Et les croissants?«

Manchmal begegnete uns ein schöner alter Herr mit langem weißen Bart, ein Prinz Liechtenstein, der in Hüttenstein mit seiner Frau ein hübsches Landhaus bewohnte. Er war ein Meister im Zitherspiel und zeigte bei Wohltätigkeitsfesten seine Kunst. Das Schloß Hüttenstein gehörte einem Herrn Frank, dessen Schwester, eine Bekannte meiner Mutter, eine außergewöhnlich schöne Frau, mit ihren drei Töchtern und einem noch ganz kleinen Sohn bei ihm den Sommer verbrachte. Sie war die Frau des

Präsidenten der Anglobank Carl Morawitz. In späteren Jahren war ich in ihrem Haus am Schwarzenbergplatz, wo glänzende Bälle für die Töchter veranstaltet wurden, ein ständiger Gast. Der Vater zeigte sich nur bei großen Diners oder Bällen und wohnte in einem Ringstraßenhotel, um seiner Frau, wo er konnte, auszuweichen. Frau Morawitz schrieb französische Romane – sie stammte aus Rumänien –, aus denen der eingeweihte Leser ihre Gefühle für den Herrn Gemahl deutlich entnehmen konnte. Damals, in Sankt Gilgen, beschränkte sich meine Bekanntschaft mit der Familie Morawitz, mit der mich ein Dutzend Jahre später eine enge Freundschaft verband, darauf, wenn ich sie traf, meine Kappe zu ziehen.

Im Seehotel wohnten Verwandte von Otto, die uns Buben zu einer Besteigung des Schafberges einluden, von dem mir Onkel Emil erzählte, er führe seinen Namen nicht von einem Schaf, sondern einem Scafo, einem Schöffen, der eine Alm dort besaß. Wir freuten uns auf die Bergpartie, aber unsere Mütter hielten das Unternehmen für zu gefährlich und verboten es uns. Ich war wütend. Die Nacht hielt ich mich mühsam wach, um ja um 5 Uhr aufzustehen. Ich wartete beim Aufstieg auf das liebe Ehepaar, das mich eingeladen hatte, mit ihnen den Berg zu besteigen, wurde aber natürlich trotz meines Flehens nach Hause geschickt; der klügere Otto war gar nicht erst aufgestanden. Als Entschädigung durften wir beide an einem der nächsten Tage mit einem Bauernburschen als Führer das Zwölferhorn besteigen. Als wir um 9 Uhr die Spitze erreichten, überwältigte uns die herrliche Aussicht. Hochkönig und Übergossene Alm erstrahlten im glitzernden Schnee unter tiefblauem Himmel. Ich habe selten einen so herrlichen Anblick genossen. Die Liebe zu den Bergen erwachte in mir.

# Salzburg

Außer Haus war ich ein braver Bub, aber zu Haus konnte ich recht ungezogen sein, und deshalb folgte meine Mutter schweren Herzens dem Rat Onkel Emils, mich in ein Institut zu geben. Mitte September fuhren Mutter und Sohn nach Salzburg und stiegen im Hotel Europe ab. Einmal, als wir im Speisesaal zu Mittag aßen, hatte an einem nahen Tisch eine größere Gesellschaft, darunter der in Klesheim konfinierte Erzherzog Ludwig Victor, genannt Luzi Vuzi, Platz genommen.
Seine Tischdame, eine Aristokratin mit einer recht tief ausgeschnittenen Taille, stieß einen Schrei des Entsetzens aus, als der hohe Herr, der keineswegs ein Damenfreund war, wohl aus Ungeschicklichkeit ihr die Sauce ins Decolleté goß.
An einem Tag saßen wir gerade vor dem Hotel, um uns zu sonnen, als wir, den Blick zum Bahnhof gerichtet, den Zug vorbeifahren sahen, der den Sarg der Kaiserin Elisabeth von Genf nach der Kapuzinergruft brachte.
Das Institut, in das ich zu Tode betrübt einzog, war ein neues, nicht unfreundliches Gebäude mit einem großen Garten. Es lag hinter dem Hotel Europe, wurde von Herrn Kienast geleitet, gehörte aber dem Hausbesitzer, der ihn sehr kurz hielt. August Kienast war ein älterer, gütiger und sehr schwacher Mann, eigentlich nur ein Männchen und dazu ein Dichter. Er hatte sich einige Gulden abgedarbt und einige seiner Gedichte drucken lassen. Wie sich die Kritik dazu verhielt, ob sie sich überhaupt mit ihm abgab, weiß ich nicht. Ich erinnere mich nur an die Verse Kienasts:

Wie der edle Rauchtabak zum ordinären Knaster
Verhält der Kritiker sich zum Kritikaster.

Ich war noch keine vierzehn Tage im Institut, als Tante Leontine, die Mutter von Excellenz Schulz, einige Tage im Hotel Europe verbrachte und mich zum Mittagessen einlud. Sie schenkte mir drei Gulden. Es war Sonntag. Hinter dem Institut lag der Rennplatz. Mit den Silberstükken in der Tasche und in Begleitung eines Kameraden sah ich mir das Trabrennen an. Dreimal setzte ich beim Totalisateur, und aus drei wurden fünf Gulden. Jahrelang genoß ich das Glück auf dem Rücken der Pferde, aber beim Wettrennen zuzusehen, langweilte mich und die Spielleidenschaft blieb mir fern.

Im Gymnasium wurde ich von den Professoren als »Zugreister« unfreundlich empfangen. Der Schulweg ging durch den Mirabellgarten, über die Salzachbrücke, die Getreidegasse und den großen Platz mit der Kollegienkirche Fischers von Erlach zur alten Universität, wo das Gymnasium untergebracht war. Auf dem Platz wurde Markt gehalten, und die bunten Stände lockten mich, einen Apfel oder eine Birne zu kaufen. Ein wirksames Mittel gegen die mich beschleichende Melancholie war mein Appetit. Unvergeßlich bleibt mir die Semmel mit der Veroneser Salami, die ich mir ein- oder andermal gönnte, wenn ich am Delikatessengeschäft in der Getreidegasse vorbeiging.

Mit meinen Mitschülern stand ich auf kameradschaftlichem Fuß, aber für den Lehrkörper war ich der »Zugreiste«, den man aus dem stolzen Wien in ein Provinzgymnasium als Korrektionsanstalt geschickt hatte, oder weil man angeblich dort weniger Ansprüche stelle. Ich hatte nette Kameraden, den Sohn des Bezirkshauptmanns von Tamsweg, Mattoni, einen Grafen Aichelburg-Labia, Vian, der

später an einer Wiener Mittelschule als Professor für Französisch und als Dozent an der Hochschule für Welthandel als tüchtiger Romanist wirkte, und als besten Freund Friedl Weber.
Zu meinen Mitschülern gehörte auch Georg Trakl, ein blasser, stiller Knabe, der bescheiden und verschlossen im Hintergrund blieb. In der Ausgabe seiner sämtlichen Werke sind auch seine Schulzeugnisse abgedruckt. Sie zeigen fast durchwegs dieselben Noten wie meine Zeugnisse, nur sind seine »Genügend« öfter durch »Ungenügend« unterbrochen. Ich kann mich nicht erinnern, während meiner drei Salzburger Schuljahre mich mit ihm länger unterhalten zu haben. 1911 kam ich auf einige Tage nach Salzburg zum »Zuckertag«, der in diesem Jahre dort abgehalten wurde und die Zuckerfabrikanten der Monarchie zur geselligen Zusammenkunft vereinigte. Auch sollte ich für die Schleppbahn der mährischen Fabrik, deren Verwaltungsrat ich angehörte, eine ausrangierte Lokomotive, es war die »Gartenau« der Salzburger Lokalbahn kaufen. Als ich durch den Mirabellgarten ging, kam ein gleichalter junger Mann auf mich zu: »Servus, Benedikt.« »Servus Trakl.« Er begleitete mich, und wir sprachen über unsere Schulzeit. Wir schritten durch mehr als eine Stunde den Mirabellgarten auf und ab. Daß er ein Dichter war, hab' ich erst nach seinem Tod erfahren. Ich fand an ihm einen besonders lieben Menschen, und wir trennten uns nicht mehr als einstige Mitschüler, sondern als neue Freunde. Denk ich an ihn zurück, seh ich ihn im Mirabell, seinem Hausgarten, zu dem er einen unsichtbaren Schlüssel besaß, der auch ein Schlüssel zum Verständnis seiner Dichtung ist.
In dem Bericht »Der Abschied in Krakau« (Salzburger Nachrichten 5. Februar 1977, S. 28), den Ludwig von

Ficker 1926 niederschrieb, schildert der Herausgeber der Zeitschrift »Der Brenner«, in welcher er Georg Trakls Gedichte veröffentlichte, seinen Besuch bei dem wenige Tage später, am 4. November 1914, sterbenden Dichter. Auf dem Nachtkästchen Trakls lag ein Reclam-Bändchen, die Gedichte von Johann Christian Günther. Trakl nahm es in die Hand und las seinem Freund das Gedicht »An mein Vaterland« vor:

Ich fürcht, ich fürcht, es blitzt von Westen,
Und Norden droht schon über dich,
Du pflügst vielleicht nur fremden Gästen,
Ich wünsch' es nicht. Gedenk an mich.

Günther, der große deutsche Lyriker der Barockzeit, dachte an seine schlesische Heimat, aber zweihundert Jahre später klangen die Worte wie die Prophezeiung für den Untergang der Monarchie.

Fast um dieselbe Zeit, als mein einstiger Schulkamerad den schlesischen Dichterkollegen las, entdeckte ich den mir vorher Unbekannten in der Studienbibliothek im Gymnasium in Teschen, wo die Nachrichtenabteilung des Armeeoberkommandos untergebracht war. Ich freute mich über den Fund, der mir für meine Sporck-Biographie wertvoll war.

Ohne es zu ahnen, ohne daß einer an den andern dachte, verband der schlesische Dichter die beiden Kameraden von der Salzburger Schulbank.

Im Institut schloß ich mich Emil Hollitzer an, dem jüngeren Sohn des Unternehmers der Donauregulierung. Er ging schon in die sechste Klasse, war bereits 18 Jahre alt, da er zwei Klassen repetieren mußte. Seine Anzüge kamen aus dem Atelier eines der besten Wiener Schneider, seine Gilets erregten meine Bewunderung, die noch gesteigert wurde, als er mir anvertraute, daß er mit der Gouvernante seiner Schwester ein Verhältnis hätte. Er war für mich im Institut Kienast, was James Steerforth in Salem House für David Copperfield war: der viel ältere Kamerad und Freund. Wohl ging es mir unendlich besser als dem armen David, aber im Grunde meiner Seele lastete doch das Leid des von der Mutter und zu Hause verbannten Knaben. Erst in der vierten Klasse und in der glücklich veränderten Umgebung fand ich mich in Salzburg wirklich wohl.

Hollitzer war ein Verwandter des Kapellmeisters Hans Richter und ein gewandter Pianist. Im Speisesaal des Instituts stand ein Flügel, an dem wir oft saßen. Ich spielte Emil meinen Ziehrerwalzer vor und er lehrte mich, so viele Finger wie möglich zugleich zu benützen, und ich hab' mich seither bemüht, seiner Anweisung für volle Akkorde, soweit es ging, zu folgen. Ob sich diese Anweisung auf Hans Richter, den berühmten Wagner-Dirigenten zurückführen läßt, weiß ich nicht.

Klavierstunden nahm ich beim Konzertmeister des Mozarteums Schreiber, einem Meister des Cello und auch des Klaviers. Seine Frau führte eine Tanzschule, und in den Räumen in der Sigmund Hafner-Gasse lernten die Töchter Erzherzogs Ferdinand, Großherzogs von Toskana, Klavierspielen und Tanzen. Der Konzertmeister fand bald heraus, daß ich kein Gehör und kein Talent besaß, aber wußte, daß alle Kinder, ob sie wollten oder nicht, Klavierstunden nehmen mußten. Mein Spiel schien seinen Nerven nicht gut zu tun, und zu deren Beruhigung spielte er mir vor, was mir großen Genuß bereitete, auch schenkte er mir Karten zu Konzerten. So hörte ich Alfred Grünfeld, und wer je von ihm die Straußischen »Frühlingsstimmen« oder Schuberts »Forelle« erlauscht hatte, wird den Jubel, der mich beseelte, nachfühlen.

Französischstunden nahm ich bei Herrn Achleitner in seiner kleinen Wohnung. Man mußte durch die Küche gehen, was mein Staunen erregte, da ich nie vorher eine Wohnung ohne Vorzimmer gesehen hatte. Da ich bereits mit meinen Gouvernanten Französisch sprechen mußte, bestanden die Stunden aus gemütlicher Unterhaltung. Anfang des Monats, wenn Achleitner annahm, daß ich etwas Geld in der Tasche hätte, gingen wir auf ein Krügl Bier nach Mülln, dem trauten Keller, der noch nicht seinen heutigen Umfang und das Getriebe im Biergarten besaß, oder tranken ein Glas Wein im Peterskeller.

Im Institut Kienast genossen wir Knaben weitgehende Freiheit. Mit älteren Kameraden ging ich manchmal in ein nahes kleines Wirtshaus, trank, mich erwachsen fühlend, ohne daß es mir schmeckte, ein Krügl und ließ mir eine Knackwurst munden. Im Institut machten wir unsere Aufgaben. Ein Präfekt, ein junger harmloser Mann, überwachte uns. Bis zum Abendessen am Pult festgehalten, begann ich, sobald ich mit den Aufgaben fertig war, zu lesen. Reclamhefte, die so billig und in jeder Buchhandlung erhältlich waren. Die ersten Erzählungen, die ich damals las, waren Zola's »Totschläger« und George de Maurier's »Trilby«.

Mein Hauptvergnügen war das Theater. Ich konnte es mir leisten, da das Stehparterre nur 25 kr. kostete. Ich ließ im Laufe der drei Salzburger Jahre keine Strauß-, Suppé-, Millöcker oder Ziehreroperette aus, war tief von einer Hamletaufführung mit dem ausgezeichneten Ernst Licho, der bald nach Berlin kam und seine Laufbahn als Intendant des Dresdener Schauspielhauses beendete, beeindruckt und fehlte natürlich bei keinem klassischen Stück. Auch gab es eine Opernsaison, die sechs Wochen dauerte. Tannhäuser, Lohengrin, der fliegende Holländer, Carmen,

Rigoletto u. a. wurden aufgeführt. Ich kaufte mir Klavierauszüge aus der Schönen Helena, Orpheus in der Unterwelt und der Fledermaus. Aber das war nicht mehr im Institut, das ein baldiges Ende erfuhr.

Ich will nicht bei meinen kleinen Leiden verharren, die ich als Exulant erfuhr, denn sie bedeuten nichts gegen den Schatz, den ich besaß: ein Rad, geschenkt von Tante Ottilie. Mit aller mir sonst fehlenden Energie wehrte ich mich gegen einen besonders rohen Knaben, der es sich ausborgen wollte. Auf dem Rad fand ich das Glück, wie ich es später auf dem Rücken der Pferde fand. Mit lauter »genügend« stieg ich aus der zweiten Klasse auf.

# Altaussee

Den Sommer verbrachte ich mit Mutter, Alice, Köchin und Stubenmädchen in Altaussee, in einer hübschen gemieteten Villa. Großonkel Baron Max Mauthner besaß eine Villa am See mit Bootshaus, in dem ich mich zum Schwimmen umzog. Bei anderen Verwandten, die gleichfalls eine Villa bewohnten, spielte ich Tennis. Ich unternahm Ausflüge zu Rad und kleine Bergwanderungen. Bei Onkel Max und Tante Laura, der lustigen Sächsin, traf ich bei einer Jause Baron Chlumecky, den ersten Minister, der mir zu Augen kam, und ein anderesmal ein bildschönes Mädchen –

Muchos siglos de hermosura en pocos anos de edad (Gongora)

– namens Ilse Olden. Ihr Vater, ein Schriftsteller, lebte in Frankfurt. Bei einer Aufführung im dortigen Theater, welcher Kaiser Wilhelm II. beiwohnte, saß sie in einer Loge, der Hofloge gegenüber. Dem Kaiser fiel das schöne Mädchen auf und ließ Ilse sich vorstellen. Lenbach hat sie gemalt. Sie heiratete einen Herrn Stegemann, mit dem sie einige Wochen in unserer Wohnung in der Theresianumgasse verbrachte, die meine Mutter dem jungen Paar überlassen hatte, während sie eine Reise unternahm. Das Leben der schönen Frau ist von Wassermann in »Christian Wahnschaffe« geschildert worden. Ilse heiratete in zweiter Ehe den Grafen Seilern-Aspang. Zur Schonung ihrer Lunge blieb sie ein halbes Jahrhundert in den Schweizer Bergen. Sie starb mit 94 Jahren 1974 in Davos.

Die Ferien gingen zu Ende. Noch fehlten wenige Tage zum Schulbeginn, als ein Unwetter die Traun mit ungeheuren

Wassermassen die Holzbrücke, die zu unserer Villa führte, zusammenbrechen ließ und die Überschwemmung solche Schäden an der Bahn verursachte, daß die Strecke nach Ischl gesperrt werden mußte. Auch die Salzkammergutlokalbahn stellte den Betrieb ein. Mochte der Regen anhalten und Schnee die Berge bedecken, ich war selig, denn ich konnte die Ferien verlängern. Aber, als die Strecke nach Ischl wieder frei wurde, fuhr ich zusammen mit der Leipziger Malschülerin, welche mit meiner Kusine Elli bei Angelo Jank studierte und in Aussee ihr Gast war, dorthin. In Ischl mieteten wir einen Zweispänner und fuhren bei schönstem Wetter nach Salzburg, da die Lokalbahn den Verkehr noch eingestellt hatte. Wir unterbrachen die Fahrt, die neun Stunden dauerte, in St. Gilgen, wo wir in der »Post« zu Mittag aßen. Ich wünschte, die Reise würde kein Ende nehmen und wiegte mich im stolzen Glück, den Kavalier meiner hübschen Begleiterin zu spielen, die nach Leipzig zurückkehrte.

Nach Einbruch der Dunkelheit läutete ich an der geschlossenen Tür des Instituts und erfuhr, daß dieses aufgelassen, beziehungsweise einstweilen in einen nahen Gasthof übersiedelt sei. Hier lagen wir Knaben dichtgedrängt in elenden Stuben, aber am nächsten oder übernächsten Morgen bezogen wir ein Stockwerk in einem alten Haus in der Stadt, wo wir ganz gut untergebracht waren. Aber auch hier gab es kein Verweilen, denn zu Semesterschluß wurde das Institut aufgelöst. Mein Freund Mattoni – Hollitzer war nicht mehr in Salzburg – suchte für uns beide ein Quartier. Wir wollten als »Zimmerherren« hausen und glaubten schon bei einer Zimmervermieterin unterzukommen, aber Mattoni schreckte vor einem Kinderwagen, der vor der Tür stand, zurück. Weiterer Suche wurde ich enthoben, da zur rechten Zeit Onkel Edmund erschien, um selbst eine Unterkunft ausfindig zu machen. Sein erster Weg war ins Gymnasium, um sich Rat zu holen. Es war der Tag vor der Zeugnisverteilung. Mein Onkel begab sich zum Direktor, während ich auf dem Gang wartete. Als ich gerufen wurde, sagte der Direktor zu Onkel Edmund: »Und Ihr Neffe ist noch dazu in einem so leichten Gegenstand durchgefallen, in Geschichte.«

Mein Geschichtsprofessor namens Bayer, dessen ungewollt komische Aussprüche in der Stadt zirkulierten, nahm mich während des ganzen ersten Semesters nicht zur Kenntnis, bis er zuletzt, wohl durch eine weiße Lücke in seinem Notizbuch aufmerksam gemacht, mich herausrief. Wir waren bereits zum hohen Mittelalter gelangt, eine Wiederholung war nicht angesagt und er fragte mich nach den Westgoten. In meiner Aufregung verwechselte ich diese mit den Ostgoten und sagte Namen und Daten brav auf. Statt mich auf den Irrtum aufmerksam zu machen, trug er ein »Ungenügend« in sein Büchlein. Ich lauerte ihm nach der Zeugnisverteilung auf der Straße auf, er zog mich in ein Haustor, und ich beklagte mich unter Tränen über seine Ungerechtigkeit. Bayer sprach einige tröstende Worte und ließ mich im zweiten Semester nicht mehr durchfallen.

Den Kindertränen, die ich bei meinen zwei Durchfällen vergoß, verdankten meine Studenten beim Rigorosum und bei der Lehramtsprüfung mehr Nachsicht, als sie verdienten.

# In Kost und Quartier

Auf Empfehlung des Gymnasialdirektors übergab mich Onkel und Vormund in die Obhut des Oberlehrers Van Festraets, Schrannengasse 6. Hier waren noch drei andere Knaben, der 17jährige Neffe, der die Lehrerbildungsanstalt besuchte, und zwei Realschüler, der eine der Sohn des Stationsvorstandes in Bischofshofen, der andere der eines Försters in Wald im Pinzgau. Alle drei empfingen mich als guten Kameraden. Ich bekam ein eigenes kleines Zimmer mit Aussicht auf das nahe Kapuzinerkloster, Hohensalzburg und Untersberg, die ich oft zeichnete. Frau Van Festraets war eine ausgezeichnete Köchin. Sie half mit andern Bürgersfrauen in der großherzoglichen Küche bei besonderen Anlässen, so bei der Hochzeit einer der Erzherzoginnen mit dem Fürsten Hohenlohe-Langenburg.
Der Lohn bestand in einem vollen Korb der kulinarischen Köstlichkeiten des Festmahls.
Sonntag, war das Wetter schön, unternahm Festraets mit seinen Kostgängern eine Landpartie. Wir besuchten Berchtesgaden und den Königssee, bestiegen den Gaisberg und einmal den Untersberg. Festraets ersparte die Kosten der Lokalbahn, indem wir auch den langen Weg bis Drachenloch zu Fuß zurücklegten.
Die tägliche Kost war schon deshalb gut, weil am Mittagstisch drei französische Offiziere teilnahmen, welche in Salzburg Deutsch lernen sollten. Sie unterhielten sich gern mit mir. Ich begleitete den einen oder andern auf Spaziergängen und sie führten mit mir eine deutsch-französische Konversation. Ich war im Hause Festraets der

einzige, der wenigstens halbwegs französisch plappern konnte. Einer der Franzosen, der Sohn des durch die Dreyfus-Affaire rühmlich bekannten Oberst Georges Picquart, spielte Violine und ich begleitete ihn auf dem Pianino. Wir spielten Mozart-Sonaten.
Ich war gar nicht so untalentiert, wie Konzertmeister Schreiber annahm.
Im Theater versäumte ich kein Stück. Ich sah noch die ganz junge Retty als »Kleinen Lord« und beneidete Bonaparte, der den Arm der »Madame sans gêne«, von der Odilon dargestellt, von unten bis oben küssen durfte.
Mein Freund und Nachbar auf der Schulbank war Friedl Weber, Sohn der Witwe nach einem Bezirkshauptmann. Er wurde Ordinarius für Botanik an der Grazer Universität. Wir gingen fast jeden Nachmittag zusammen spazieren. Sein Interesse für Botanik wurde durch unseren Naturgeschichtsprofessor Simon erweckt, einen eleganten Herrn, der zwei schöne Töchter hatte. Die Familie war mit Frau Weber befreundet, und Friedl und ich wurden den Radpartien der jungen Damen mit ihren Verehrern als kleine Elefanten beigezogen.
Unsere Verehrung aber galt der Soubrette des Theaters, Fräulein Pola. Sie war die Freundin des Erzherzogs Peter Salvator, der 1914 durch sein zu spätes Eingreifen den Sieg Auffenbergs bei Komarow nicht zur vollen Wirkung kommen ließ.
In der dritten Klasse erhielt ich ein Zeugnis mit lauter Genügend, außer einem Befriedigend in Griechisch. In diesem Jahr wechselten wir den Griechischlehrer. Der erste war ein Welschtiroler, der sich nicht die geringste Mühe gab und auch von uns keine verlangte, der nächste ein gütiger Priester, der uns tun ließ, was wir wollten, und, ohne uns erst zu prüfen, gute Noten gab.

Die Ferien verbrachte ich in Grottau, es war mein erster Sommer, den ich mit Mutter und Schwester im Hause von Onkel und Tante Anna genießen durfte. Ein Paradies hatte sich mir erschlossen.

# Berlin

Noch im Juli durfte ich für vierzehn Tage Onkel Emil und Tante Ottilie in Berlin besuchen. »Ottimama« sorgte von früh bis spät für meine Unterhaltung und führte mich durch alle Sehenswürdigkeiten der Stadt. Eines Vormittags wollten wir unsere bereits müden Füße in einem kleinen Variété ausruhen, an dem wir gerade vorbeigingen. Ottilie erwartete Akrobaten, radfahrende Bären, vielleicht eine Zirkusreiterin zu sehen, aber was uns bei unserem Eintritt geboten wurde, waren ihrem Beruf entsprechend entkleidete Bauchtänzerinnen. Kaum war die Nummer vorüber, verließen wir das Lokal. Ottilie war schockiert.
Onkel Emil war wie ein Vater zu mir und sorgte sich um meine Zukunft. Der Gedanke, mich in ein Institut zu schicken, kam von ihm. Ich hing trotzdem mit Liebe und Bewunderung an ihm, lauschte seinen Worten und genoß seine Nähe wie ein Fest. Nur einmal, noch in St. Gilgen, bereitete er mir, ohne daß er es ahnte, eine Kränkung. Er erzählte von seiner harten Jugend. Ich war tief gerührt. Er aber sagte, daß mir wohl nichts imponieren könne. Ich verbiß den Schmerz, den er mir mit diesen Worten zufügte. Ich besitze einige seiner Briefe an meine Mutter, und in ihnen lese ich, wie ich als Knabe war, beziehungsweise wie Karl Emil Franzos, der feinfühlige Romancier, mich sah.

30. Juli 1900
Meine liebe Henriette!
Daß ich mich für Rudolfs und Ihren Knaben interessiere, ist ja natürlich; zudem habe ich Heinrich auch um seinetwillen sehr lieb und darum war es mir eine

herzliche Freude, für die ich Ihnen dankbar bin, ihn bei uns zu haben.

Der Bub hat mir, was sein Wesen und seine Manieren betrifft, nur Freude gemacht. Er ist liebenswürdig und hat ein gutes Gemüth. Die Unarten, die mich vor zwei Jahren zu dem Rath, ihn fortzugeben, bewogen, scheinen mir verschwunden. Natürlich setze ich nicht voraus, daß der Bub immer ein solcher Musterknabe ist, wie in diesen Tagen. Das wäre ja auch zuviel verlangt.

Was seine Begabung betrifft, so traue ich mich nicht ein abschließendes Urteil abzugeben. Man kann in diesen Dingen nicht vorsichtig genug sein. So viel dürfen wir aber mit Gewißheit annehmen, daß der Junge weder *sehr* begabt, noch *sehr* unbegabt ist. Auch hat er gewiß jenes Maß von Begabung, um, wenn er seine Pflicht tut, glatt durchs Gymnasium zu kommen.

Über den Stand seiner Kenntnisse ist leider nichts Gutes zu sagen. Ich schreibe Ihnen dies, weil Sie danach fragen und weil Sie es wissen müssen, bitte Sie aber, dem Jungen keine Vorwürfe zu machen. Denn erstens nützen Vorwürfe absolut nichts. Im Gegenteil schaden sie nur, zweitens können wir – wenigstens ich wage dies nicht – nicht annehmen, daß ihm das Lernen so leicht fällt, wie ich noch vor Jahren glaubte, drittens sind die Verhältnisse im Kienastschen Institut, unter denen sein Studium im ersten Semester zu leiden hatte, ebenso zu berücksichtigen, wie der Umstand, daß er sich im zweiten Semester doch sehr zusammen genommen hat. Gewiß kann er sehr wenig, ist auch in Allem sehr unsicher, aber wenn Sie ihm jetzt mit Vorwürfen kommen, so würde dies, wie gesagt, nur schaden, weil es ihn verbittern würde, daß seine Mühe, aus den schlechten Noten herauszukommen, nicht anerkannt wird.

Also keine Vorwürfe, aber lassen Sie uns Alles, was möglich ist, tun, daß der Junge mehr lernt als bisher. Das Salzburger Gymnasium hat mir nach den Proben, die ich hier sah, nicht sehr imponirt; es wird nicht nur sehr wenig gefordert, sondern auch das Wenige nicht gehörig überwacht. Der Junge hat z. B. im »Griechischen« seines Zeugnisses »befriedigend« und doch ist er im Griechischen am *schwächsten*; er kann nicht einmal decliniren oder ein Hilfswort ordentlich conjugiren; kurz, in einem guten Gymnasium, wo ordentlich geprüft wird, hätte er ganz gewiß »ungenügend« im Griechischen gehabt. Nun können wir ihn ja von Salzburg nicht fortnehmen, wenn er nicht mit Sicherheit das nächste Jahr doppelt machen soll; an jedem Wiener Gymnasium z. B. würde er, wenn es gelänge, ihn mit seinem sehr mittelmäßigen Zeugnis dort anzubringen (Gründe, um die Aufnahme zu verweigern, findet ja jeder darüber) in der Quarta gewiß sitzenbleiben. Für das nächste Jahr also ist Salzburg noch unbedingt nötig, aber ein nothwendiges Übel. Aber ewig können wir ihn dort ja nicht lassen. Darum glaube ich, daß zweierlei geschehen müßte.

Der Junge muß in den Ferien ein wenig Latein und vor Allem Griechisch treiben. Seine Erholung soll ja nicht geraubt werden. Ich denke, zwei Stunden täglich müßten reichlich genügen. Es genügt, wenn er dabei ein wenig angeleitet und überwacht wird, und das thut vielleicht Ihr Herr Bruder. Er war ja, wie ich mich erinnere, im Gymnasium ein vorzüglicher

Schüler. Wie beschäftigt er ist, weiß ich freilich, aber er hat ja den Buben sehr gern, und der Bub hängt auch sehr an ihm, wie ich aus seinen Reden entnehmen konnte. Wenn der Onkel Otto und die Tante Anna es wollen, so wird der Bub gewiß alles thun, was man von ihm will. Und er wird es sogar ganz genau thun, wenn er von seinem geliebten Onkel Otto überwacht wird.
Der Junge muß in Salzburg unter allen Umständen einen tüchtigen Instructor haben. Er hat bittere Thränen vergossen, als ich ihm dies sagte und ich fühle ihm ganz gut nach, warum er dies nicht haben möchte, doch muß es sein. Wäre ich noch in Wien, so würde ich nach Salzburg fahren und es dort richten. Von hier aus geht es ja leider nicht. Aber auch Edmund liebt den Jungen und wird es gewiß thun. Ich werde Edmund darüber schreiben und genau mittheilen, in welchen Fächern besondere Nachhilfe nöthig ist.

Berlin, 13. August

... Wir müssen den Buben nehmen, wie er ist. Ob er im Stand sein wird, eine gelehrte Laufbahn einzuschlagen, bleibt abzuwarten. Aber durchs Gymnasium muß er. Nur ist eben der Stand seiner Kenntnisse ein so lückenhafter, daß er aus eigener Kraft tatsächlich nicht mehr vorwärts kann, selbst wenn der Wille noch so ernst wäre. Er muß also einen Lehrer haben und zwar in allen Gegenständen. Am schwierigsten ist er jetzt in jenem Gegenstande, wo er die beste Note hat, im Griechischen. Er hat befriedigend und – kann nicht decliniren! Da hört doch alles auf! Für meine gute Note im Griechischen waren meine schlechten Lehrer verantwortlich. Franzos liebte und pflegte die Sprache des Sophokles. Noch in der Agonie rezitierte er aus der Antigone.

Franzos hatte, selbst kinderlos, mich in sein Herz geschlossen. Ludwig Geiger erwähnt in der Gedenkrede, die er am 31. Januar 1904 an der Bahre seines Freundes hielt: »Der Familie seiner Frau schloß er sich aufs Engste an, es war *seine* Familie, dem einzigen Neffen galten seine letzten Gedanken.«

In der Quarta bekamen wir einen ausgezeichneten Lateinprofessor, Oliver Close, der sich durch seine Forschungen über die Tauernstraße und die Römersteine einen Namen machte. Mich packte der Ehrgeiz. Ich stand täglich um 6 Uhr auf, arbeitete die Schulbücher von Anfang zu Ende durch, übersetzte schriftlich vom Latein ins Deutsche und zurück und brachte es soweit, daß ich bei der Zeugnisverteilung vor der ganzen Klasse von Close ein besonderes Lob erhielt.

### Mathilde

Mein Reifen zeigte sich auch darin, daß ich mich verliebte. Diese erste große Liebe hieß Mathilde. Ich zählte 14, sie 22 Jahre. Sie war die Schwester von Frau Festraets und betrieb die Schneiderei. Sie wohnte bei ihren Eltern in Max Glan und arbeitete tagsüber in ihrem Atelier in dem Hause, dessen Durchgang von der Sigmund Hafner-Gasse zu dem Platz führt, wo die Kollegienkirche und die alte Universität steht, in welcher das Gymnasium untergebracht war. Auf dem Schulweg blickte ich zu Mathildens blumengeschmücktem Fenster.

An einem Sonntagnachmittag gingen das Ehepaar Fest-

raets, Mathilde und ich nach Maria Plain. Dort gab es die guten Weißwürste, und an diesem Tag konnten wir das Ziel eines Autorennens auf der damals noch für sehr lang gehaltenen Strecke Ischl-Salzburg sehen. Ich weiß nicht, wie viele Wagen daran teilnahmen, wir sahen nur vier. Es schien, daß nicht mehr das Ziel erreichten. Das Rennen wurde von Dr. Richard Stern geleitet, dem Pionier des Automobilismus und Gründer des Touringclubs.
Als wir durch den Wald heimwärts gingen, blieben Mathilde und ich zurück, bis wir außer Sichtweite des Ehepaares Festraets waren. Angst und Verwegenheit kämpften in meiner Brust. Schließlich raffte ich mich zusammen und küßte Mathilde. Sie wurde purpurrot und ließ es geschehen. Von nun an wiederholte ich die Küsse, sooft sie ihre Schwester besuchte und ich sie auf der Stiege begleitete, wenn sie Abschied nahm, wobei ich vorgab, ausgehen zu wollen. Oft saßen wir Hand in Hand im Theater, auf der Galerie.
Zu Pfingsten unternahmen Festraets, Mathilde und ich eine Radtour nach Innsbruck. Wir brachen früh auf, radelten über Reichenhall und Lofer, aßen zu Mittag in Weidring (Suppe, Brathuhn, Kaiserschmarrn und ein Viertel Wein für 32 kr.), weiter am Elmauer Kaiser, wo ich mit dem Kodak Mathilde vor der unvergleichlichen Kulisse aufnahm, vorbei, nach Rattenberg. Sei es, daß seinen Reifen zu oft die Luft ausging, sei es, daß er bereits seine Knochen spürte, der Oberlehrer beschloß, mit der Bahn nach Innsbruck zu fahren und ließ uns allein. Wir übernachteten in einem bescheidenen Gasthof. In meinem Zimmer hatte eine Schwalbe ihr Nest, leistete mir Gesellschaft, als wollte sie mir sagen, daß eine Schwalbe noch nicht den Frühling bringe. Wie gern hätte ich Mathilde in ihrem Zimmer besucht, aber, wie ich glaubte, schickte sich

das nicht für einen Kavalier, dem eine Dame anvertraut war. Am nächsten Tag trafen wir in Innsbruck ein, holten Festraets im Grauen Bären ab und besichtigten die Stadt. Der Herr Oberlehrer fuhr mit der Bahn nach Salzburg, Mathilde und ich radelten. Um 1 Uhr Mittag des dritten Tages unseres Ausfluges verließen wir junges Paar Innsbruck. Von Sankt Johann an, bereits in der Dunkelheit der Nacht, mußten wir die Räder schieben, da die Reifen durchlöchert waren und alles Picken nichts mehr nützte. Um Mitternacht erreichten wir Waidring. Todmüde warteten wir eng verschlungen auf den Stufen, bis uns das Tor des Wirtshauses geöffnet wurde. Um 1 Uhr Mittag, nach genau 24 Stunden seit Beginn unserer Fahrt, trafen wir nach flotter Fahrt auf den von einem Glockengießer in Waidring reparierten Reifen in Salzburg ein.
Es kamen schöne Junitage. Wir radelten nach Hellbrunn oder Freilassing und küßten uns, wenn wir rasteten. Ich trug an meiner Uhrkette ein Medaillon, das mir meine Mutter geschenkt hatte, und darin lag das Köpfchen Mathildens, das ich aus der Aufnahme vor dem Wilden Kaiser ausgeschnitten hatte.
Der Abschied von Salzburg nahte. Mein Abgangszeugnis in der Tasche, ging ich zu Mathilde. Wir lagen uns in den Armen und weinten. Eine Stunde später saß ich im Zug, der mich nach Wien brachte.
In Salzburg hatte ich mich, ehe ich meine Mathilde fand, in der Verbannung gefühlt, und dieses Empfinden ließ mich die Seele der Stadt verstehen, denn ich sah in ihrer Südlichkeit, den Häusern mit der die Dächer verstekkenden Attika, den Italien atmenden Kirchen, die Sehnsucht der erzbischöflichen Landesherren nach Rom. Nicht umsonst bin ich im Schatten der Karlskirche geboren, um in der Welt des Barocks aufzugehen.

Mit Salzburg waren alle Verbindungen abgebrochen. Jahrzehntelang traf ich in Wien keinen mir bekannten Salzburger, nur einen Mann sah ich wiederholt, meist im Café Museum. Es war Carl von Hollitzer, der Bruder meines Freundes Alexander. Ich hatte ihn in Salzburg nur wenige Minuten gesehen, als er seinen viel jüngeren Bruder im Institut Kienast besuchte. Aber er machte auf mich einen bleibenden Eindruck, denn der Zwanzigjährige hatte eine imponierende Gestalt und war so elegant und vornehm gekleidet. 1906 sah ich ihn wieder, im Kabarett »Nachtlicht« in der Ballgasse, das von Monsieur Henry und Maria Delvard eröffnet wurde. Er trat als »Der arme Kunrad« des Bauernkrieges auf und sang in seinem Baß-Bariton ein Lied. Er wurde ein Wahrzeichen Wiens, weithin erkennbar durch seine ganz verlotterte Kleidung und seinen speckigen Schlapphut. Ein glänzender Zeichner und Karikaturist, war er ein leidenschaftlicher Sammler von Uniformen und wurde vom Kriegsministerium bei neuen Uniformierungen zu Rate gezogen. Siegfried Weyr widmete ihm einen schönen Nachruf.[1]

---
[1] Die Wiener (1971)

# Der Übertritt

> Man kann einer gedrückten, verfolgten Religion getreu bleiben, man kann sie seinen Kindern als Anwartschaft auf ein das Leben hindurch verlängerndes Martyrium aufzwingen – solange man sie für die alleinseligmachende hält. Aber so wie man dies nicht mehr glaubt, ist es eine Barbarei.
> *Jakob Bartholdy an seinen Schwager Abraham Mendelssohn.*

In Wien wurde ich in der Dorotheer Kirche von Pastor Zimmermann, einem Freund meines Onkels Edmund, getauft. Am Glauben seiner Väter hatte nur noch mein Urgroßvater Brandeis, der bereits gestorben war, festgehalten. Bei ihm wurde zu Ostern der »Sederabend« gefeiert, an dem ich als neunjähriger Knabe teilnehmen durfte. In dem großen Speisezimmer der Schwindgasse saßen seine Söhne, Töchter, Schwiegersöhne, Schwiegertöchter, Enkel und Urenkel. Das Essen war köstlich und, wie ich vermute, nicht den rituellen Speisevorschriften entsprechend, sondern von der böhmischen Köchin meiner Großmutter zubereitet. Die Frömmigkeit meines Urgroßvaters zeigte sich nach außen nur an diesem Abend und am Versöhnungstag, an dem er in der Synagoge einen Ehrenplatz einnahm und trotz seines Patriarchenalters fastete. Die Männer, die um den Tisch saßen, die Zylinder aufgesetzt – ich trug meine Matrosenmütze – waren zum größten Teil bereits getauft, was Urgroßvater nicht wissen durfte.
Auch meine Verwandten von Vaters Seite hatten seit

langem den Glauben ihrer Väter abgestreift, so Edmund und Tante Hedwig. Sie waren Protestanten, und es war natürlich, daß ich ihr Bekenntnis annahm.

Mein Vater hatte gewünscht, daß ich, sobald ich das gesetzliche Alter von vierzehn Jahren erreichte, den christlichen Glauben annehme und ließ mich in diesem erziehen. Er selbst vermied die Taufe in der Besorgnis, man könnte darin den Wunsch nach Förderung seiner akademischen Laufbahn erblicken. Gottgläubig und herzensfromm war er der Ansicht, man soll den Glauben der Kulturgemeinschaft, in welcher man lebe, annehmen, und derselben Ansicht war Onkel Emil Franzos, der Verfasser der »Juden von Barnow«, konnte aber diesen Schritt nicht tun.

Ich wurde Protestant, aber ein katholischer. Schon als Kind glaubte ich an Jesus und die Mutter Gottes und an alle Heiligen. Johann von Nepomuk blieb für mich, auch als man entdeckte, daß bei seiner Kanonisation ein Irrtum in der Person unterlief, ein besonders verehrter Heiliger, und ich habe auch Don Quijote in den engsten Kreis meiner Heiligen aufgenommen. Ich liebe das Heidnische der katholischen Kirche, wie es in den romanischen Ländern ausgebildet ist, das Mysterium der lateinischen Liturgie, die hierarchische Ordnung, die Pracht der Barockkirchen. Ich bin ein Österreicher, ein Barockmensch. Mir graut vor der deutschen Messe, ich will den Priester im Ornat von rückwärts sehen. Ich wurde zum Christen erzogen und wuchs in christlicher Umgebung auf, bin aber froh, als Jude geboren zu sein. Das bringt eine gesunde Demut mit sich, die Erkenntnis, daß es besser verspottet als Spötter zu sein, besser Unbill zu erleiden als zuzufügen. Für »Nichtarier«, die Hitler überlebten, war es ein Glück, zwangsweise reine Hände zu bewahren. Viele

Judenstämmlinge wären, hätte sie der Führer zugelassen, ihm als deutschem Messias gefolgt und wären anderthalb Nazis geworden, wie viele von ihnen fanatische Kommunisten wurden.
Ich wechselte begreiflicherweise die Schule und ließ mich von den Alpen nach den Sudeten verpflanzen.

# Grottau

Für die Wahl des Reichenberger Gymnasiums war die Nähe von Grottau entscheidend, das bis zur Matura meine zweite Heimat wurde. Onkel Otto Goldschmied, der Bruder meiner Mutter, wurde 1866 geboren, in dem Jahre, in welchem Venetien für Österreich verloren und mit dem Königreich Italien vereinigt wurde. Mein Großvater Sigismondo lebte mit Frau und Kindern in Wien, gründete die ansehnliche Textilfabrik in Grottau, nahe der sächsischen Grenze, fühlte sich mehr als Österreicher denn als Italiener, optierte aber für die italienische Staatsbürgerschaft. Erstgeborene Söhne des jungen Königreichs waren von der Dienstpflicht befreit, und dies mochte der Grund für diesen Schritt sein. So war meine Mutter bis zu ihrer Vermählung Italienerin, die Großmutter noch während des ersten Weltkriegs. Als dieser ausbrach, erwarb Otto die österreichische Staatsbürgerschaft, damit seine beiden Söhne im Dienste ihres wahren Vaterlandes die Waffen tragen könnten, wie es auch geschah.
Onkel Otto war ein ausnehmend gut aussehender Mann, stets tadellos gekleidet, die gut sitzenden diskreten Anzüge von Ebenstein, dem Schneider der begüterten Ministerialbeamten, und die Hemden von Uhlig am Kohlmarkt. Ich hing in kindlicher Verehrung an ihm, und er liebte mich wie einen Sohn. Tante Anna war in meinen Augen das Ideal weiblicher Schönheit und Anmut und himmlischer Güte, die in schweren Augenblicken ihrem Mann die Sorgen von der Stirne strich. Otto huldigte der Gründlichkeit und war wegen der Weitschweifigkeit seiner Rede geradezu gefürchtet. Anna aber saß in friedlicher Ruhe bei

einer Handarbeit, schien den Worten des Gatten zu lauschen, doch der Schein trügte, denn sie besaß die Gabe, nicht zuzuhören, wenn Otto des langen und breiten von den Geschäftsvorfällen berichtete.

Er brachte bei Kundenbesuchen oder Verhandlungen seine Zuhörer zur völligen Erschöpfung. Dies nützte die Reichenberger Handelskammer weidlich aus, indem sie ihn die Verhandlungen mit den Vertretern der Gewerkschaft führen ließ, die seine liebenswerte Art und sein Verständnis für die Arbeiter hoch schätzten. Ohne sich dessen bewußt zu sein, zog er die Verhandlungen in die Länge, bis die ermüdeten und bereits hungergeplagten Gewerkschaftsführer seine Vorschläge annahmen.

Die Gegend um Grottau wurde eine Zeitlang von einem Räuber heimgesucht. Er überfiel eines Abends meinen Onkel, der allein noch im Bureau arbeitete. Er verwickelte den Räuber in ein von ihm allein geführtes Gespräch, bis der gegen den Schlaf kämpfende Übeltäter sich verabschiedete, ohne auch nur einen Bleistift mitzunehmen.

Dem Geschäft widmete sich Otto allzu gründlich, oft bis tief in die Nacht. Die Erfolge entsprachen nicht seinem Fleiß. Als er im Theresianum die Matura hinter sich hatte, begann er das Jusstudium, wollte auch die Konsularakademie besuchen und sah sich schon als Generalkonsul in Rio de Janeiro oder sonstwo. Er wäre auch ein guter Kavallerist geworden wie sein bester Freund Arthur Luzatto, der als Dragoneroffizier unter dem Namen Söhnstorff reitende Novellen schrieb. Otto war 20 Jahre alt, als sein Vater starb und er die Fabrik übernehmen mußte. Der alte Direktor Roßbach hatte sich bewährt, und die guten Bilanzen ermöglichten meinen Großeltern, ein gutes, sorgenfreies Leben zu führen. Otto glaubte es besser zu machen und bewog den bereits pensionsreifen, aber noch in voller Arbeitskraft stehenden Direktor in den Ruhestand zu treten. Er zog mit seiner Frau nach Reichenberg. Seine ältere Tochter war mit dem Friedländer Färber Eisenschimmel verheiratet. Ich radelte oft nach Friedland, wo ich nie versäumte, das Schloß Wallensteins, das dem Grafen Clam-Galls gehörte, zu besuchen und zuletzt einen Blick auf den an einem Türmchen angebrachten Spruch SURSUM CORDA zu werfen. Die jüngere Tochter Roßbachs war die Frau des Direktors der großen Spinnerei in Grottau, die Leitenberger gehörte. Direktor Redlhammer, ein Glied der in Gablonz dominierenden Familie, begleitete uns zuweilen auf Spaziergängen. Seine Gattin, zart und reizvoll, empfing uns meist auf dem Sofa in der Pose der leidenden und unverstandenen Frau, die ein Modell zu einem Ibsenstück hätte abgeben können. Sie gefiel mir sehr gut, und ich hätte, wäre ich nur älter gewesen, gern der unverstandenen Frau volles Verständnis entgegengebracht.

Am schönsten waren die Sonntage, da machten wir im Fabrikswagen mit dem livrierten Kutscher und dann zu Fuß Ausflüge ins Isergebirge oder Radpartien oder fuhren mit der Bahn nach Dresden, von dort zu Schiff nach Schandau, um in der Elbe zu schwimmen und dann in dem altmodischen vornehmen Hotel zu Mittag zu essen.

Mitunter unternahmen wir auch während der Woche größere Fußmärsche. Otto war von einer unheilbaren Unpünktlichkeit. Zu den Mahlzeiten erschien er oft zwei Stunden, nachdem wir längst fertig waren. Waren wir um sieben in der Früh bestellt, warteten wir oft bis zehn. Einmal wollten wir am frühen Nachmittag aufbrechen, doch es wurde Abend, als wir das Haus verließen. Wir stiegen auf den Kamm des nahen Lausitzer Gebirges, die Nacht brach ein und wir verloren den Weg. Um uns die

Zeit zu vertreiben, forderte Otto meine Mutter, die niemals klagte und keine Ermüdung kannte, auf, die Geschichte vom Grafen von Monte Cristo, ihrem Lieblingsroman, zu erzählen. Erst als sie fertig war und es zu dämmern begann, fanden wir den Weg, der uns nach Hause brachte.

An manchem Nachmittag radelte ich nach Zittau, der öden sächsischen Kleinstadt, die mir manches Interessante bot, so die Auslagen der Buchhandlung mit in Österreich verbotenen Büchern, deren Attraktion das Geheimnis von Mayerling bildete. Belustigt und bedauernd sah ich auf die grünen und blauen Kappen mir begegnender Gymnasiasten und Realschülern und freute mich über die Freiheit der österreichischen, die ins Café gehen durften, ohne einen Stempel auf dem Kopf zu tragen.

Schon nach der dritten Klasse hatte ich die Ferien in Grottau verbracht. Als ich ein Jahr später von Salzburg Abschied nahm und nach dem kurzen Wiener Aufenthalt mit der Nordwestbahn, natürlich dritter Klasse, nach Grottau fuhr, benützte ich den Aufenthalt in Znaim, ein paar Würstel zu kaufen. Auf dem Perron traf ich Onkel Otto, der zufällig im selben Zug fuhr. Er zahlte für mich die zweite Klasse auf und setzte sich zu mir. Da aber das Coupé stark besetzt war, übersiedelten wir in die erste Klasse, für welche er ein Jahresabonnement hatte. Während meines Lebens hab' ich oft die Klassen gewechselt, fühlte mich in der dritten so wohl wie in der ersten, fuhr mehrmals im Salonwagen und einmal auch im Viehwagen. Ich genoß Reichtum und Armut und fühlte mich im Zeitalter der Enteignungen auch als Neu-Armer glücklich. Von nun an verbrachte ich die Sommerferien und während der Schulzeit jedes Wochenende in Grottau, nur Weihnachten und Ostern in Wien. Ich spielte gern mit den

Kindern, dem älteren Otto und dem jüngeren Fritz, und befreundete mich mit den jeweiligen Kinderfräulein. Als Maja, das erste Mädchen – Gerda folgte einige Jahre später – auf die Welt kam, starb Großmama Fries. Anna mußte zum Begräbnis nach Zborowitz, und ich radelte in höchster Eile nach Zittau, um Soxleth-Flaschen zu holen, welche die Mutterbrust zu ersetzen hatten.

Ausflüge, Radfahren, Tennis, Schwimmen im Teich unseres Gartens, Zeichnen, Aquarellieren, Dichten, Bücher aus der Leihbibliothek in Zittau, falls im Hause nichts Interessantes zu finden war, diese Dinge vertrieben mir die Zeit.

Mit uns lebte Fräulein Louise Schmidt, eine rüstige, immer heitere Fünfzigerin, die früher Gouvernante von Anna war. Sie war im Offizierstöchterinstitut in Hernals aufgewachsen. Zum Heiraten fehlte die Mitgift, und Hofmacher lehnte sie mit leisem Spott ab. Sie starb mit 70 Jahren als Jungfrau. Louiserl spielte sehr gut Klavier. Immer wieder mußte sie mir den »Edelsberg-Walzer« vorspielen, bis ich ihn auswendig spielte. Es gab für ihn keine gedruckten Noten. Ein Bürofräulein verfügte über eine gute Stimme. Wir baten sie manchmal zu uns und ich begleitete sie zu den entzückenden Überbrettl-Liedern »Die Musik kommt«, »Unterm Haselbaum«, »Sie nahm einen rosa Bogen«, »Goethe und die Frau von Stein« und wie sie alle heißen. Wolzogen, Liliencron, Oskar Strauß und andere Meister der leichten Muse hatten damals ihre große Zeit.

In den Tageszeitungen verfolgte ich nur den Dreyfus-Prozeß. Unter den vielen Büchern, die ich las, beeindruckten mich vor allem zwei Werke, die »Parerga und Paralipomena«, die mich begeisterten, und Bölsche's »Liebesleben in der Natur«, das damals einen heute kaum mehr verständlichen Einfluß auf die Leserwelt ausübte.

5. Die Mutter

6. Der Vater

7. Teschen 1915. Ganz rechts, neben Benedikt, Oberst von Hranilovic

# Reichenberg

Seit dem Anschluß des einst souveränen erzbischöflichen Landesfürstentums Salzburg an Österreich versank die ehemalige Residenzstadt in kleinbürgerliche Armut. Reichenberg aber wurde zum blühenden Industriezentrum der Monarchie. Der wachsende Wohlstand offenbarte sich in dem luxuriösen Villenviertel, dem guten Theater, den Ausstellungen in dem neuen Museum, den soliden Arbeiterhäusern der »Liebigstadt«, dem modernen städtischen Bad mit der großen Schwimmhalle, dem gepflegten Stadtpark, der in die herrlichen Wälder überging. Iser- und Riesengebirge lockten zu Wanderungen. Dresden lag viel näher als Wien, und von der sächsischen Hauptstadt kamen Anregungen auf allen Gebieten der Kunst nach der nordböhmischen Stadt, deren Kultur die höchste Stufe erreichte. Die dem Frieden dienen sollenden Umordnungen Europas nach dem zweiten Weltkrieg bewirkten, daß Salzburg eine wirtschaftliche und kulturelle Entwicklung erfuhr, wie sie sich nirgends sonst auf dem Gebiet der untergegangenen Donaumonarchie auch nur annähernd beobachten läßt, während Reichenberg zugrunde gerichtet und selbst sein deutscher Name von der Landkarte gestrichen wurde. Das Gymnasium wurde von Wallenstein gegründet, kurz nachdem er 1630 die dem Stadtkern nahe »Neustadt« hatte erbauen lassen.
Das Leben in Reichenberg war köstlich. Kein Obergymnasiast hätte es sich schöner wünschen können. Da die Fabrikantensöhne des nordböhmischen Industriezentrums die Höhere Gewerbeschule besuchten, zählten die Klassen des Gymnasiums nur wenige Schüler. Bei der

Matura waren wir zwölf. Solche Klassen ließen sich unterrichten. Robert Müller, mein Klassenvorstand und Lateinlehrer, war ein alter Mann mir kurzem weißen Vollbärtchen, klein, hager, springlebendig, ein unermüdlicher Wanderer, der jeden Sonntag, ob Sonne oder Regen, die Wälder durchstreifte, glücklicher Familienvater und voll Humor. Wir Buben verehrten ihn. Das Ideal eines Humanisten, ein glänzender Philologe, der in andern Klassen Griechisch unterrichtete, brachte er eine erstaunliche Zahl Hochschulprofessoren hervor, den Gräzisten und Archäologen Keil, Generalsekretär der Akademie der Wissenschaften, den Nationalökonomen in Halle Gustav Aubin, dessen Bruder, den Doyen der deutschen Historiker, Hermann Aubin, die beiden in Prag wirkenden Brüder Gierach, den Germanisten und den Prähistoriker, den in der Schweiz lehrenden Professor Jantsch und mehrere tüchtige Gymnasiallehrer, aus meiner Klasse die Philologen Hübner in Graz und Nevercercel in Sachsen. Zu seinen Schülern gehörte auch der einzige Israelit unserer Klasse. Er hieß Kellner und war der Sohn eines kleinen Schusters. Alle hatten den stillen Knaben, den wir außerhalb der Schule fast nie sahen, gern. Bescheiden, liebenswürdig, ein guter Kamerad, aber in sich verschlossen, wußten wir nicht viel von ihm. Er wurde, als er 1938 nach Jerusalem auswanderte, Headmaster einer Mittelschule, wo er den Lateinunterricht durchsetzte und den Livius ins Hebräische übersetzte.
Wir hatten auch einen ausgezeichneten Deutschprofessor, einen Egerländer namens Feierfeil. Er lobte meine Aufsätze, warf mir aber vor, ich schöpfe immer die Creme ab. Ich glaube, diese tadelnswerte Gewohnheit hat mich nicht mehr verlassen. Naturgeschichte lehrte Matauschek. Sein nie gewechselter Anzug glich einer Vogelscheuche. Von

seinem Rock war ein Knopf abgerissen. Wir erlebten nicht, daß er wieder angenäht wurde. Wann immer er konnte, streifte er über Wiesen und durch Wälder, den Blick zu Boden gerichtet, denn er sammelte Moose. Der Florentiner Botaniker Micheli (1679-1737) zählte bereits 600 Species, und zwei Jahrhunderte später dürfte die Zahl erheblich größer gewesen sein. Aber Matauschek gelang es noch unbekannte Gattungen zu entdecken. Als er pensioniert wurde, überließ er seine Moossammlung der Wiener Universität, die ihn mit ihrer Aufsicht betraute. Außerdem hielt er tschechische Sprachkurse. Bei seiner einwandfreien Beherrschung der deutschen Sprache hätte niemand annehmen können, daß Tschechisch seine Muttersprache war.
Die vier oberen Klassen des Gymnasiums zählten vier Protestanten. Wir hatten gemeinsamen Religionsunterricht bei einem milden Pastor, der darüber hinwegsah, wenn, wie stets, der eine oder andere die Stunde, die auf einen Nachmittag fiel, schwänzte. In der Religionsstunde begann meine Freundschaft mit Hermann Aubin, der eine Klasse vor mir war. Sein Vater, ein Berliner, der den Feldzug 70/71 mitgemacht hatte, war ein großer schwerer Mann, der mit seinem Vollbart dem Kaiser Friedrich ähnlich sah. Er gründete die Reichenberger Teppichfabrik Aubin & Protzen, ein Zweigunternehmen der Berliner Firma, und erwarb die österreichische Staatsbürgerschaft. Seine Gattin, eine Reichenberger Patriziertochter, eine liebenswürdige, herzensgute Frau, schenkte ihm drei Söhne und zwei Töchter.
Der älteste Sohn, Gustav, studierte in Freiburg im Breisgau Nationalökonomie, wurde früh Dozent und wirkte viele Jahre als Professor und Rektor in Halle. In Freiburg, wo er studierte, befreundete er sich mit einigen Norwegern, die

an den Hängen des Feldberges Skilaufen einführten.
Gustav, der dem neuen Sport huldigte, versorgte seine
Brüder Hermann und Erni mit Skiern. Reichenberg lag
inmitten eines idealen Skiterrains. Auch ich schaffte mir
Skier aus Freiburg an mit der »Freiburger Bindung«, die
heute ein Museumsstück bilden könnte, und schloß mich
der kleinen Gruppe von Skiläufern an, einem Dutzend
junger Männer und Mädchen. Sie waren mir bereits um
einen Winter, und der Winter in Nordböhmen dauert lang,
voraus, auch konnte ich mich keiner besonderen Begabung
für diesen Sport rühmen. Nachdem ich gegen zehnmal auf
den Skiern gestanden, beteiligte ich mich an einem Juniorenrennen, das zum Programm einer größeren Veranstaltung gehörte, welche von norwegischen Studenten der
Dresdener Technik geleitet wurde. Mein Freund Hermann
Aubin lief schon im Wettbewerb der Großen. Er gewann
das Springen von einer 70 cm hohen Schanze mit einem
Sprung von 3 m. Das Juniorenrennen bestand in einer
Abfahrt von einem unweit der Stadt gelegenen Hügel, der
kaum mehr als 200 m hoch war. Ein idealer Pulverschnee
glänzte zwischen bereiften Bäumen in dichtem grauen
Nebel. Auf das Startzeichen stießen die gegen 15 zählenden Teilnehmer ab und ich mit ihnen. Nach wenigen
Sekunden lag ich im Schnee. Es dauerte eine Weile, bis ich
meine Glieder gesammelt hatte, wieder aufrecht stand und
den Schnee aus den Augen wischte. Von den Mitläufern
war nichts mehr zu sehen. Ich wollte mich den Zuschauern
am Ziel entziehen und hoffte, ohne aufzufallen, erst nach
Ende des Juniorenlaufs einzutreffen. Langsam folgte ich
den ausgesteckten roten Fähnchen der gewundenen
Strecke. Als ich durch das Ziel lief, empfing mich statt des
erwarteten Spottes heller Beifall. Ich war der Erste. Die
anderen hatten im Nebel die vorgezeichnete Bahn verloren

und zu viel Zeit, bis sie wieder ein Fähnchen sahen. So wurde ich Sieger. Recht beschämt verschwand ich unter der zuschauenden Menge.

Ebenso unverdient gelangte ich als Erstbesteiger in die Literatur. Als ich in der 8. Klasse war, forderten mich drei Kameraden – Steppes, Tischler und König – auf, mit ihnen zu versuchen, einen freistehenden hohen Felsen zu erklimmen, was bisher den besten Kletterern des Jeschken- und Isergebirgsvereins nicht gelungen war. Meinen drei Freunden gelang, einen Absatz in der Mitte des Felsens zu bezwingen und auf dem schmalen Einschnitt zu rasten. Sie warfen mir das Seil zu und zogen mich herauf. Ich setzte mich nieder und bewunderte meine Gefährten, die mit unglaublicher Geschicklichkeit die Spitze erkletterten. Wieder warfen sie mir das Seil zu und zogen mich wie einen Sack herauf. So ließen sie mich dann auch hinuntergleiten. Ich war recht erstaunt, als ich in den nächsten Tagen in der Reichenberger Zeitung eine eingehende Beschreibung der Felsbezwingung las, in der ich als der Erste, der die Spitze erreichte, erwähnt wurde. Der Artikel war von meinem Mitschüler König geschrieben, der mir mit dieser nicht verdienten Ehrung seinen Dank dafür aussprechen wollte, daß ich ihm bei den lateinischen Schularbeiten durch Einsagen und zugeschmuggelte Zettel half.

In den Wintermonaten schnallte ich gleich nach dem Mittagessen – wir hatten nur Vormittag Schule – im Hauseingang die Skier an, traf auf der nahe gelegenen Wiese bei der Talsperre, die noch nicht vollendet war, ein paar Freunde und junge Mädchen und genoß mit ihnen den weißen Sport. Bei Anbruch der Dunkelheit wieder zu Hause, trank ich einen Grog und eilte zum Eislaufplatz, lief mit einem Mädchen oder unterhielt mich mit ihr in der

Wärmestube. Bei schlechtem Wetter sorgten für die Behaglichkeit eine Schachpartie und der »Simplicissimus« im Kaffeehaus.

Mein bester Freund war Hermann Aubin. Fast jeden Nachmittag besuchte ich ihn, bis er, ein Jahr vor mir mit der Schule fertig, Reichenberg verließ. Wir debattierten in dem Zimmer, das er mit seinem jüngeren Bruder Erni teilte, über alles mögliche. Erni erfreute uns zuweilen mit seinem Klavierspiel. Hermann steigerte mein Interesse für Geschichte. Er regte mich an, Mommsens Römische Geschichte und Friedjungs Kampf um die Vorherrschaft in Deutschland zu lesen, aber auch Thomas Mann's Buddenbrooks und anderes mehr. Auch nahm er mich zu einem Vortrag des Prager Historikers Ottokar Weber über die Schlacht von Königgrätz mit. Wenn wir gemütlich beisammen saßen und philosophierten, öffnete sich manchmal die Tür und Vater Aubin brachte uns ein Kistchen Zigarren. Damals rauchten auch Gymnasiasten Zigarren und keine Zigaretten. Die waren für Offiziere während einer Abrichtungspause oder im Sattel, wo manche Kavalleristen die Kunst beherrschten, mit der rechten Hand in der Hosentasche eine Zigarette zu drehen, und für Damen.

Nach dem Abschied von Hermann verstärkte sich die Freundschaft mit Erni Aubin. Er besuchte die Realschule und maturierte gleichzeitig mit mir. Als er dann die Graphische Lehr- und Versuchsanstalt in Wien frequentierte, waren wir oft beisammen. Nach dem Tod seines Vaters übernahm er die Teppichfabrik. In Mauterndorf lernte er während eines Ski-Urlaubs in den Tauern die reizende Marianne Mauser kennen, die seine Gattin wurde. Vorher hatte ihr dort Hermann Göring den Hof und einen Heiratsantrag gemacht, aber Vater Mauser hielt den jungen Mann für eine schlechte Partie. Nach dem

zweiten Weltkrieg aus Reichenberg vertrieben, fanden Erni und Marianne Zuflucht in deren Vaterhaus in Mauterndorf. Erni besuchte mich einige Male in Wien, wo er auf Stellungssuche ging. Vergeblich. Er machte seinem Leben ein Ende. Carl Catharin ist gestorben, Hermann Aubin ist nicht mehr. In Wehmut denke ich an die Zeit, da Reichenberg noch Reichenberg war und die Herrengasse, wo ich mich so glücklich fühlte, noch nicht den Schicksalswechsel erfuhr, der sich in der Auswechslung der Straßentafeln dokumentierte: Herrengasse – Kaiser Wilhelmplatz – Herrengasse – Panska ulice – Georg Schönererstraße – Panska ulice.
Gymnasiasten und noch viel mehr Fabrikantensöhne der Staatsgewerbeschule spielten die Rolle, welche sonst Hochschülern zukommt, aber diese studierten in Prag oder Dresden. Die Leutnants der Garnison wurden von den Müttern nicht gern als Hofmacher ihrer Töchter gesehen, dagegen wurden schon 17- oder 18jährige Jünglinge, falls sie wohlhabende Fabrikanten zu Vätern hatten, bereits als künftige Schwiegersöhne betrachtet und das Lasso nach ihnen geworfen.
Einige Schüler der 7. und 8. Klasse – ich war noch Septimaner – veranstalteten eine Tanzstunde. Wir luden die Töchter der ersten Gesellschaft ein. In der Tanzstunde lernten wir die obligate Anstandslehre, Polka, Schnellpolka, Schottisch und vor allem Walzer. Ich wurde als Walzertänzer geschätzt.
Meine Liebe hieß Grete. Sie war streng behütet bei Ausflügen unserer jugendlichen Freundesgruppe von ihrer älteren Schwester, die uns nie allein ließ. Ich habe Grete nur zweimal geküßt. Einmal, als wir auf dem Heimweg nach einer Tanzerei hinter den andern zurückblieben, drückte ich ihr in der Dunkelheit einen Kuß auf die Wange,

und einmal einen im Haustor, wo leider gerade ein Hausbewohner das Tor öffnete und sie eilig davonlief. Nur auf dem Schulweg – sie besuchte das Mädchenlyceum – trafen wir uns für wenige Minuten ohne Begleitung. Einmal wurde ich von dem Deutschprofessor, der in andern Klassen des Gymnasiums unterrichtete, beobachtet und beim Direktor verklagt, der mir eine Standpredigt hielt. So war uns auch die kurze Morgenfreude verdorben. Als das Schuljahr zu Ende ging, wurde Grete in ein Schweizer Pensionat geschickt. Hie und da schrieben wir uns, und ich war selig, wenn ich einen ihrer lieben Briefe bekam.

Im ersten Jahr meiner Reichenberger Zeit wohnte ich bei einem Professor der Gewerbeschule, der mir manchmal bei mathematischen Aufgaben half und mich lehrte, die Ziffern deutlich und wo es nötig ist, ordentlich untereinander zu schreiben. Als das Ehepaar ein zweites Baby erwartete und die Wohnung zu klein gewesen wäre, einen Kostgeher zu beherbergen, übersiedelte ich in das Schloß des Grafen Clam-Gallas mit dem damals noch unverbauten herrlichen Garten, in dem einst Kaiser Joseph einen mechanischen Grasmäher ausprobierte. Ich wohnte beim Schloßverwalter. Außer mir war noch ein um zwei Jahre älterer Gewerbeschüler dort, Fredy Malmann, Sohn eines Generalrats der Anglobank in Wien und Neffe der Teppichfabrikanten Ginzkey in Maffersdorf. Er gehörte zur Elite der Gesellschaft, war ein lieber, heiterer Lebejüngling, ehe er zum tüchtigen Generaldirektor in Maffersdorf wurde. Wir waren eng befreundet und trafen uns auch, wenn wir zu Weihnachten und Ostern in Wien waren. Es war zu Weihnachten zur Zeit meines 16. Geburtstages, als wir beschlossen, bummeln zu gehen. Ich hatte meinen ersten Smoking bekommen, legte mich nach dem Nachtkuß meiner Mutter ins Bett, zog mich eine halbe Stunde später an, die Lackschuhe im Hausflur, und traf mich mit Fredy. Wir begaben uns in das neue elegante Nachtlokal »Zum süßen Mädel« in der Kärntnerstraße, benannt nach einer damals aufgeführten Operette. Kaum hatten wir Platz genommen, rief uns aus einem Separé eine Stimme. Sie kam von Xander Brünner, der die Reichenberger Gewerbeschule absolviert hatte und als Sohn des Chefs der Lampenfabrik Dietmar & Brünner das Leben in Wien genoß. Als er noch in Reichenberg studierte, bot er das Vorbild eines Sport- und Lebejünglings. Er war ein glänzender Fußballspieler, Liebling der jungen Damen, bei denen er viel Glück hatte. In späteren Jahren wurde er einer meiner besten und schließlich der einzige mir aus der Jugendzeit gebliebene Freund. Er war in dem Separé allein. Vielleicht hatte ihn eine Animierdame gerade verlassen. Er lag halb ausgestreckt auf dem Diwan und hatte die Pumps, vielleicht weil sie zu eng waren, ausgezogen. Ich bewunderte ihn grenzenlos. Er lud uns ein, bei ihm Platz zu nehmen, ließ eine Flasche Champagner kommen, so daß wir, als wir nach Hause gingen, noch genug Geld hatten, an einem der nächsten Abende ins Maxime zu gehen. Da gab es sehr anziehende Animierdamen, die sich zu den Herren setzten, sie viel Champagner trinken ließen, wofür sie eine Provision erhielten. Auch pflegten sie vorzutäuschen, sie hätten noch nicht genachtmahlt. Der Kellner brachte ein Huhn, das sie nicht berührten und der nächsten hungernden Dame gereicht wurde. Auf den Rechnungen summierten sich die aus einem Huhn hervorgegangenen Hühner. Zu uns setzte sich eine sehr hübsche, nicht mehr ganz junge Dame. Sie erlaubte uns nicht mehr als eine Flasche Champagner – zur zweiten hätten wir mühsam das Geld in unseren Taschen zusammengesucht – und lehnte Huhn und die kreisende Bonbonniere ab. Sie unterhielt sich mit uns, als wäre es für sie recht lustig, mit zwei Halbwüchsigen aus gutem Haus zusammen zu sein. Kühn geworden, verabredeten wir mit ihr ein Rendezvous in einem Stadtcafé für den nächsten Nachmittag. Sie erschien in einem einfachen eleganten blauen Kostüm und kleinem Hütchen, eine wirkliche Dame, und führte mit uns Konversation, als wären wir erwachsene Herren. Sie erzählte von ihren Reisen, unter andern von Athen, wo sie, wie sie durchblicken ließ, eine Zeitlang eine königliche Geliebte war, und wir lernten, wie man ein anregendes Gespräch führen soll. Bald darauf heiratete sie einen Oberkellner und eröffnete mit ihm ein Restaurant, das von der vornehmen Gesellschaft besucht wurde und sie reich machte.

In der siebenten Klasse übersiedelte ich, als Malmann seine Schulzeit beendet hatte und in sein Vaterhaus zurückkehrte, da der Schloßverwalter mein Zimmer für einen seiner Söhne benötigte, in eine schöne Villa zu einer Witwe, die mit ihrem Mann in den Vereinigten Staaten gelebt hatte. Sie hatte zwei kleine Kinder, war eine liebe Frau, mit der ich auch englische Konversation führte. Außer mir lebte zuerst ein lustiger Leutnant bei ihr, bis er mit der Regimentskasse durchging und verschwand, und dann ein Junggeselle, der liebenswürdige Fabrikant Priebsch. Ich fühlte mich in unserer Wohnung im Hochparterre zu Hause, aber es zog mich noch mehr nach dem ersten Stock, wo die Familie des Direktors der Mafersdorfer Brauerei wohnte. Seine Frau, eine romantisch veranlagte Dame, dichtete, besaß einen 12jährigen Sohn, Gaston, und drei Töchter. Vally, die älteste, war Operettendiva in Prag, Ada, die jüngste, die entzückend zeichnete, wurde später durch ihre Dekorationen zu Richard-Strauß-Opern be-

kannt, und die mittlere, Irmgard Felicitas, genannt Mimi, war die große Jugendliebe meines Lebens. Sie war drei oder vier Jahre älter als ich, entsprach, immer geschmackvoll gekleidet, dem Schönheitsideal des Jugendstils. Schlank wie eine Gerte, voll Grazie der Bewegungen, mit den edlen Formen ihrer Gestalt und einem entzückenden Gesichtchen, wurde sie von Verehrern umschwärmt und führte sie an der Nase herum. Toll in sie verliebt, raubte ich ihr, als wir uns einmal im Stiegenhaus trafen, mit ausgiebigem Herzklopfen einen Kuß. Von nun an kam ich, wenn die Eltern ausgegangen waren, zu ihr. Eng aneinander geschmiegt, saßen wir auf dem Sofa mit dem von messingenen Löwenköpfen gehaltenen türkischen Teppich, der von einem Gesims heruntehing, der bunte Teller und einen irdenen ungarischen Krug, der einen Hahn vorstellte, trug. Wir mußten achtgeben, daß der Hahn nicht auf unsere Köpfe fiel. Unsere Liebe glühte. Als ich bereits im ersten Jahr Jus in Wien war, besuchte ich sie in Prag, wo sie bei ihrer Schwester Vally wohnte. Ich blieb zwei Tage. Für den letzten Abend nahm ich für uns drei – Vally hatte einen freien Abend – eine Loge im Deutschen Theater. Nach der Vorstellung fuhr ich, da, um länger zu bleiben, das Geld für das Hotel nicht reichte, nach Wien zurück.
Die sechste Klasse bekam einen Zuwachs, den bereits 18jährigen – er hatte zwei Klassen repetiert – Steppes, ein Hühne von Gestalt, dabei von sanftem Gemüt und selbst bei den Professoren beliebt. Sein Vater war Direktor der Leitenbergerischen Fabrik Cosmanos. Das Geld für die Schulbücher blieb im Café, seinem Lieblingsaufenthalt. Auf seinem Pult lag nie ein Buch, nur ein paar herausgerissene Seiten. Er hatte keine Lust, sich mit Schulbüchern auf der Straße zu zeigen. Er besaß keinen Homer, konnte aber manche Stellen hersagen, bloß vom Hören. Zum Lernen

war er nicht aufgelegt, dabei vielseitig gebildet, vor allem in Naturgeschichte. Er kannte Bäume und Blumen, unterschied die Stimmen der Vögel und verstand auch etwas von Geologie. Steppes und der blonde Jüngling Tischler bildeten mit mir, seit Hermann Aubin sein Freiwilligenjahr beim Salzburger Artillerieregiment angetreten hatte, ein unzertrennliches Kleeblatt. Steppes war ein leidenschaftlicher Bergsteiger und einer von denen, die mich den erwähnten Felsen hinaufzogen. Eislaufen begann er erst, als er erfuhr, daß ein Schnellaufen veranstaltet werde, und gewann den ersten Preis, den er auch bei einem Skilauf erhielt. Mit 20 Jahren bewältigte er die Matura, zu welcher ihn seine beiden Kumpane vorbereitet hatten. Bei der Geschichte haperte es. Ich hatte als erster im Alphabet bereits die Prüfung überstanden, saß in der ersten Bank der Zuhörer und bemühte mich, ihm einzusagen, lautlos durch deutliche Mundstellung. Der prüfende Landesschulinspektor wollte von ihm den bedeutendsten König von Böhmen, den Bauherrn des Veitsdomes, wissen. Ich formte meinen Mund zu »Ka« und zeigte ihm vier Finger. Leider wurde aus Karl IV. ein Kasimir. Man ließ ihn durch, schon seines ehrwürdigen Alters wegen.

Zu einem Infanterieregiment als Einjähriger in Zara einberufen, unterbrach er, reichlich mit Geld versehen, die Reise in Wien, setzte sich ins Café Europe am Stephansplatz, das auch die ganze Nacht geöffnet war, und blieb dort, bis er als Fahnenflüchtiger gesucht wurde und auf Staatskosten nach Zara fuhr. Ein braver Soldat, der an Ausdauer in den Bergen Dalmatiens seine Kameraden schlug, zog er als Leutnant in den Krieg, bis ein böser Schuß einen Knöchel zertrümmerte. Im Spital nahm man ihm die Hoffnung, jemals wieder richtig gehen zu können. Er konstruierte ein Gestell mit einem Spiegel, mit dem er seinen Gang kontrollierte. Nach einem Jahr konnte er nicht nur gehen, ohne zu hinken, sondern sogar den Großvenediger besteigen und ohne zu stürzen auf den Skiern abfahren. War er nicht in den Alpen, saß er in Wien im Kaffeehaus.

Es war in der Zeit der heftigsten Inflation, als er mich in meinem Büro besuchte und mir erzählte, wovon er zur Zeit lebe. Er fuhr jede Woche zu seinen Eltern nach Böhmen. Sein Gepäck bestand aus einer Handtasche, die er mit in Österreich bereits fast wertlosen Banknoten füllte. Bei der Zollrevision öffnete er die Handtasche, die leer war, da er die Noten bereits in Brust- und Hosentaschen gesteckt hatte, auch unter der Weste. Er passierte unbelästigt. Vor der Leibesvisitation hatte er, geschützt durch das dichte Gedränge, das Geld wieder in der Handtasche verstaut. Die Banknoten wurden in Böhmen gestempelt, wodurch sie einen vielfachen Wert erhielten.

In der 5. Klasse wurde ich Vorzugsschüler. Dann ließ ich mich gehen, in der Meinung, der Vorrat müsse bis zur Matura reichen, die ich zur Überraschung meiner Lehrer so gut bestand, daß mein letztes noch nicht verteiltes Klassenzeugnis in einigen Noten verbessert wurde. In Salzburg wechselten wir dreimal den Griechischlehrer. Alle drei waren schwache Gräzisten und kümmerten sich nicht viel um uns. Auch unser Reichenberger Griechischprofessor, er hieß Löning, regte mich nicht an. Er war ein melancholischer Mann, sehr eitel auf sein Äußeres, trug eine zu unserer Erheiterung beitragende Perücke und besaß dichterische Neigungen, die ihn veranlaßten, Horaz zu übersetzen. Ich weiß nicht, warum er mir von Anfang an nicht gewogen, ja aufsässig war. Aber ein kleines Ereignis sollte mir seine Sympathie eintragen. Mein Freund Malmann hatte mich mit einem Mädchen aus

gutem Hause namens Erika bekannt gemacht. Einmal ging ich mit ihr ins zur Mittagszeit leere Stadtwäldchen. Wir waren weit und breit allein. Plötzlich sahen wir einen Mann entgegenkommen. Es war der Griechischprofessor Löning. Ich ließ meine Gefährtin los, lief ihm entgegen und bat ihn um Verschwiegenheit. Ich wußte, mir drohte der Hinauswurf aus der Schule. Da sprach der mir so aufsässige Professor: »Aber Benedikt, da brauchen Sie mich doch nicht zu bitten, ich bin doch ein Kavalier.« Seither war er mir wohlgesinnt. Ich hatte zu meinem Vergnügen oft im Homer gelesen und bat ihn, als es zur mündlichen Matura kam, mir eine Stelle aus der Odyssee zu geben. Die schriftliche Matura hatte ich gerade noch mit einem schwachen Genügend bestanden. Die mündliche verlief glatt, Löning hatte für mich die Odyssee ausgesucht. Nachher sagte er mir, er hätte, um sich Mut vor meiner Prüfung einzuflößen, ein Viertel Wein getrunken. Daß ich über das griechische Hindernis springen konnte, verdanke ich Erika, aber ich sollte ihr noch viel mehr verdanken, obwohl ich sie nie wieder sah, aber davon im Kapitel über meine Kriegszeit.
Die Sommerferien meiner Reichenberger Gymnasialjahre verbrachte ich mit meiner Mutter in Grottau. Nur nach der 7. Klasse folgte ich ihr nach dem bayrischen Bad Kohlgrub, wo sie die Kur gebrauchte. Wir besuchten die Königsschlösser, nur auf den Schachen mit dem sonderbaren orientalischen Berghaus Ludwigs II. stieg ich allein. Von allen Sehenswürdigkeiten zog mich am stärksten das Kloster Ettal an. In Kohlgrub ließ sich meine Mutter auf ihren Spaziergängen von Lujo Brentano, dem berühmten Nationalökonomen, und dessen Frau begleiten. Mit seinem Bruder, dem Philosophen Franz Brentano, war mein Vater befreundet.

Meinem Hang zum Dichten, Malen und Klavierspielen entsprachen keineswegs meine Talente. Mit 13 Jahren schrieb ich ein historisches Drama »Gelimer der Vandale«, mit 15 Jahren eine Novelle.

Mit Stift und Pinsel die Natur nachzuahmen, war mein Wunsch, dabei hielt mich eine gewisse Scheu ab, auch nur geringe Änderungen des Vorbildes vorzunehmen. Immerhin sah ich die Natur mit den Augen der Impressionisten, wie es der Zeit meiner Jugend entsprach. Mir mangelte jede Originalität. Hätte ich mir noch so viel Mühe gegeben, aus mir wäre nie ein nur irgendwie beachtenswerter Dilettant geworden. Ich bin glücklich, wenigstens noch das Ende der Lust zur Landschaftsmalerei erlebt zu haben, bevor die Mechanik der Fotografie sie verdrängte.

Die Freude an der Nachahmung zog mich auch ans Klavier, und keine Grammophonplatte bereitete mir ein solches Vergnügen wie die Selbstbetätigung, wenn auch ihr Ergebnis höchst stümperhaft war. Fantasierte ich auf dem Flügel, geschah es stets im Walzertakt, wie ich den Rhythmus des Walzers auch im flotten Trab des Pferdes vernahm.

# Student

Mein Maturageschenk war die Reise nach England, auf die mich Onkel Edmund mitnahm. Wir fuhren im Ostende-Expreß, im Schlafwagen. Im Zug trafen wir den Herausgeber des Wiener Tagblattes, Wilhelm Singer. Als ich ihm vorgestellt wurde, fragte er mich, ob ich in Kremsier geboren sei. Erst als ich dies verneinte, schüttelte er meine Hand. Aus Kremsier stammte nämlich, wie Singer meinte, sein Konkurrent von der Neuen Freien Presse, Moriz Benedikt, mit dem meine Familie nicht verwandt war.
In Ostende sah ich zum erstenmal das Meer. Bei bewegter See fuhren wir nach Dover. In London stiegen wir im »Savoy«, dem hochnoblen Hotel, ab. Onkel Edmund war einige Male bei Politikern und Barristers eingeladen. An diesen Abenden besuchte ich das Theater. Einmal nahm mich der Onkel zu einem Abendessen beim Herausgeber des »Economist« Hearst und seiner Frau mit. An der Konversation beteiligte ich mich schon wegen meines sehr mangelhaften Englisch kaum.
Mit dem Flying Scotchman ging's nach Edinburgh. Entlang den Seen fuhren wir mit der Mailcoach nach Glasgow. Durch den Caledonian Channel mit seinen Wehren, die das Dampfboot so langsam fahren ließen, daß man ausstieg und es zu Fuß begleitete, erreichten wir Oban, wo das Tageslicht bis elf Uhr nachts dauerte. Den Abschluß der schottischen Tour bildete die Seefahrt nach Iona und Staffa. Nach einem diesmal kürzeren Aufenthalt in London traten wir die Heimreise an, die wir in Lüttich unterbrachen, um die Weltausstellung zu besichtigen. Von Lüttich besuchten wir Spa, wo ich zum erstenmal einen

8. Die Sirk-Ecke

9. Der Karlsplatz um 1920

concours hippique sah. Neben uns stand die damals noch unvermählte Princesse Clémentine.

Im August besuchte ich meine Mutter am Karersee, bestieg die Rotwand, einen der Vajolet-Türme und wanderte über den Schlern nach Waidbruck, wo ich, auf den Zug nach Bozen wartend, die Burg Oswalds von Wolkenstein in meinem Skizzenbuch, das ich immer bei mir in der Tasche trug, in einer Zeichnung festhielt. Mutter traf ich wieder in Riva, wo ich den Biologen Leopold von Portheim kennenlernte, der mir in höchst anregender Weise naturwissenschaftliche Kenntnisse beizubringen versuchte.

Nach der Wanderung durch die Gymnasien war ich wieder bei meiner geliebten Mutter zu Hause. Sie verstand es sehr gut, mit ihrer bescheidenen Witwenrente und den Mitgiftzinsen das Auslangen zu finden und dabei für Tochter und Sohn zu sorgen. Sie wohnte dem Anproben meiner Maßanzüge beim Rothberger am Stefansplatz bei, ließ mir die besten Hemden machen und Stiefel von einem erstklassigen Schuster. Zylinder und den »runden steifen Hut«, dessen letzter Nachkomme mir einmal bei einem Autounfall das Leben retten sollte, setzte ich mir beim Habig auf. Dazu kamen Handschuhe, ohne die, wer etwas auf sich hielt, nicht ausgehen durfte. Für den Ankauf von Büchern, für französische Stunden und die vielen Kleinigkeiten des Alltags sorgte die Mutter.

Heute ist mir unverständlich, wie ich mit meinem kleinen Taschengeld auskommen konnte, ohne Schulden zu machen. Ich hätte auch nicht gewußt, bei wem. Den Einspänner konnte ich mir nur leisten, wenn ich mit Gepäck zum Bahnhof fuhr. Wohl besuchte ich regelmäßig das Café Kremser oder das Café Museum, leistete mir eine Schale Kaffee mit drei Kipfeln und spielte mit Freunden Tarock oder Schach. Nie fehlte mir meine Zigarre, die

»Britannica«, und zuweilen spendierte ich mir einen Theatersitz im Parquet. Viele Theaterbesuche verdanke ich Onkel Edmund.

Ein kleines Legat nach meinem Großonkel Max ermöglichte mir eine lockere Hand im Einjährig-Freiwilligen und den folgenden Jahren.

Im ersten Studienjahr besuchte ich als Jurist recht unregelmäßig die Vorlesungen, nur bei Moriz Wlassak, dem großen Romanisten, fehlte ich selten. Damals wie später zog mich die Rechtsgeschichte an. Römisches und Kirchenrecht sagten mir mehr zu als die Deutsche Rechtsgeschichte und das Deutsche Privatrecht, über welche ich nur eine einzige Vorlesung über mich ergehen ließ, vielleicht weil der Vortragende mich langweilte. Erst 50 Jahre später vertiefte ich mich mit großem Interesse in dieses Fach, für das ich in die rechtshistorische Prüfungskommission berufen wurde.

Meine Ausbildung als Jurist und manche Kenntnisse der geisteswissenschaftlichen Literatur verdanke ich vor allem der Anregung durch Onkel Edmund. Ich las Montesquieus Esprit des lois, Machiavellis Principe, Jherings Geist des römischen Rechts und kaufte mir den Corpus iuris. Kam ich in früher Morgenstunde von einem Ball nach Haus, las ich im Bett noch in den Pandekten, ehe ich einschlief. Zur Sicherheit nahm ich im 3. Semester an einem Einpaukerkurs (Wichtl) teil. Nach dem 3. Semester bestand ich die 1. Staatsprüfung. Seither kann man sie bereits nach zwei Semestern ablegen.

Ein junger Mann mit gutsitzendem Frack, der Jus studiert und sich bis Mittag ausschlafen kann und guter Tänzer mit artigem Benehmen ist, verbringt den Winter auf Bällen. Er genießt auf Hausbällen ein Diner mit Champagner und schwingt sich im Walzertakt. Er verliebt sich. Die Mädchen zeigen ihm ihre Gunst, reservieren ihm einige Tänze im carnet de bal und stecken ihm beim Cotillon bunte Mascherln an den Frack. Die Mädchen erhalten kleine Bouquets, die von den Tänzern einem bereitgestellten Korb entnommen werden, und am Morgen erwacht eines der Mädel mit dem stolzen Gefühl, die meisten Blumen bekommen zu haben. Stets unter Aufsicht der Ballmütter, von denen manche reizvoller als ihre Töchter sind – sie sitzen auf geliehenen Goldsesseln an den Wänden des Tanzsaales – kommt es bestenfalls zu einem zärtlichen Händedruck oder einem hingehauchten Kuß auf das wohlduftende Haar. Die Mütter sehen sich die Tänzer gut an, erkundigen sich nach Namen und Herkunft und lassen die lorgnonbewaffneten Augen nicht von den Söhnen von Bankdirektoren oder Fabrikbesitzern. In strenger Zucht gehalten, suchten die Mädchen dieser zu entrinnen und sehnten sich nach der Ehe, vor allem aber versprachen sie sich von ihr die Freuden der Freiheit, eine Operette zu sehen, im Grand Hotel zu soupieren und ein Nachtlokal zu besuchen.

Meinen ersten Hausball hatte ich beim Papierfabrikanten Elisson am Opernring. Seine Villegiatur war das Pötzleinsdorfer Schlössel mit 65 Joch Park und 80 Joch Wald, ein Besitz, dessen Größe zur Eigenjagd berechtigte. Als ich das Vorzimmer der Stadtwohnung betrat, saß ein livrierter Diener in blauem Mantel mit silbernen Knöpfen, den mit einer Kokarde gezierten Zylinder auf dem Schoß, in steifer Haltung auf einem Stuhl. Er mußte warten, bis um 12 Uhr er zwei Fräulein Taussig nach Hause zu bringen hatte. Der Gouverneur der Bodencreditanstalt, Theodor von Taussig, hatte drei Söhne und acht oder neun Töchter, die, soweit sie noch nicht verheiratet waren, abwechselnd, immer nur zu zweit, in Gesellschaft gingen. Es waren hübsche Mädchen. Die älteste, die drittälteste und die in ungerader Zahl folgenden waren blond, die geradzahligen brünett. Sie waren die besten »Partien« der Kaiserstadt. Zum Glück hatten die anderen Ballväter nicht die Mittel, ihre Töchter durch Diener und Kutscher behüten zu lassen. Da es mein erster Ball war, mußte ich beim Souper neben der Gouvernante der Elissontöchter sitzen, mit der ich mich recht gut unterhielt.

Der erwähnte Theodor von Taussig, der bedeutendste Bankmann der Monarchie, führte einmal ein Gespräch mit einem tschechischen Politiker, der sich nach einem Beamten der Bodencreditanstalt, namens Machar, erkundigte. Taussig, der stolz darauf war, alle seine Untertanen zu kennen, sagte, er habe diesen Namen nie gehört. Am nächsten Tag erkundigte er sich beim Personalchef und erfuhr, daß es wirklich einen Machar unter den Angestellten gäbe. Taussig ließ sich den Mann vorführen, nachdem er auch erfahren hatte, daß dieser von den Tschechen als großer Dichter gefeiert werde. Auf die Frage nach seiner Tätigkeit in der Bank antwortete der Dichter, er sei mit der Evidenzhaltung verloster Wertpapiere beschäftigt. Taussig wollte ihn einer besser dotierten Verwendung zuführen, aber er lehnte ab, denn bei seiner rein mechanischen Tätigkeit kämen ihm die besten dichterischen Gedanken. Josef Svatopluk Machar wurde 1919 Generalinspektor der tschechoslowakischen Wehrmacht!

Die schönsten privaten Bälle gab es bei Bankdirektoren und Großindustriellen. Der Lederfabrikant Suess, der christlichsoziale Abgeordnete Pattai gaben Bälle für die Jugend, die sich auch zu den beliebten Klaudy-Licknicks einfand. Diese Bälle fanden in gemieteten Sälen, zumeist in den großen Hotels statt. Zu den vornehmsten Bällen gehörten die Mazurabende im Hotel Continental am linken Ufer des Donaukanals. Hier glänzten die Schwestern Lamich als die schönsten Mädchen Wiens. Auf dem Industriellenball ging es recht steif zu, wer konnte, verließ den Saal und eilte ins Trocadero. Am besten unterhielt man sich auf dem Jägerball in den Sophiensälen.

## Die Kärntnerstraße

> ibam forte via sacra sicut meus est mos
> *Horatius, Sermones 9*

Um die Mittagszeit spielte sich das gesellschaftliche Leben auf der Kärntnerstraße ab. Da traf man Freunde und begegnete stadtbekannten Figuren, von denen man eine oder die andere Anekdote wußte. Beim Gerstner genossen schlank sein wollende Damen Süßigkeiten, um zu Hause am Mittagstisch durch Enthaltsamkeit zu glänzen. Am Sonntag kamen Arbeiterfamilien aus der Vorstadt und verfeinerten vor den Auslagen der geschlossenen Geschäfte ihren Geschmack. Seit jeher bildete die Kärntnerstraße die naturgegebene kürzeste Verbindung von Nord nach Süd. Sie war die Hauptader der Stadt, bevor sie zur bloßen Fußgängerzone degradiert wurde.
Nicht der Stefansplatz, sondern die Sirk-Ecke an der Ecke Kärnterstraße-Ring, benannt nach einem dort stehenden Galanteriewarengeschäft, bildete den Mittelpunkt der Kaiserstadt für die Offiziere, die sich hier trafen, wenn sie sich nicht an einem Fensterplatz im Café Fenstergucker niederließen, um die Spaziergänger zu mustern.
An Sonn- und Feiertagen fand der Korso auf dem Ring zwischen Schwarzenbergplatz und Oper statt.
Zu den Genüssen des Lebens derer, die es sich leisten konnten, gehörten die Nachtlokale. In den Logen sah man die eleganten Frauen der Aristokratie, der Diplomatie und des bereits nach oben gelangten Mittelstandes. Die Kapellen Haupt und Hügel, deretwegen allein manche Freunde der leichten Musik sich hier einfanden, spielten die neuesten Operettenweisen. Im Trocadero in der Walfisch-

gasse wurden kleine Veilchenbouquets von Loge zu Loge geworfen. Im Trocadero hörte ich ein sechzehnjähriges Mädchen singen, Betty Fischer, nicht lange darauf der gefeierte Operettenstar. 40 Jahre später begegnete ich ihr in der Argentinierstraße, und wir begrüßten uns. Sie trug stets schwere Einkaufstaschen, beladen am Naschmarkt. Der Inhalt war für die vielen Leute bestimmt, die von ihr unterstützt und genährt wurden.

War man zu einem Hausball geladen, gehörte es sich, beim nächsten jour fixe eine Dankvisite zu machen und wenn einem die Gesellschaft, die man dort traf, behagte, öfter wiederzukommen. Natürlich fehlte ich nie bei den geselligen Abenden meiner Kusinen, den Töchtern meines Onkels Edmund. Zu den Freunden des Hauses gehörte der als Fachmann des Gewerberechts bekannte Ministerialrat Komorczinsky. Als eines der ersten Mitglieder des Aeroklubs unternahm er Luftballonaufstiege. An keinem Fluß, See oder Meeresstrand konnte er vorbeigehen, ohne ins Wasser zu springen. Er ließ sich auch nicht trotz aller Warnung davon abhalten, ohne Furcht vor beutelustigen Krokodilen im Nil zu baden. Außer ihm lernte ich unter anderen im Kreise meiner Kusinen den Begründer des Neoliberalismus und geistigen Vater der sozialen Marktwirtschaft, Professor Ludwig von Mises, kennen, den Augenarzt Professor Fuchs jr., der von seinen Reisen im nahen und fernen Osten erzählte und die Augen der Kaiserin von China behandelte, und Dr. Kunwald. Kunwald war über der Tischkante ein wohlbeleibter Mann, aber an seinem Leib hingen die Beine eines Säuglings. Er konnte sich nur auf Krücken bewegen und benützte stets einen Fiaker. Er war ein glänzender Jurist und in wirtschaftlichen und auch in politischen Fragen der ständige Berater und Freund von Seipel.

Nach einem bei den Kusinen verbrachten Abend besuchten Kunwald, der Rechtsanwalt Mayer-Günther und Dr. Viktor Mataja, damals Advokaturkonzipist, das Café Europe, das die ganze Nacht geöffnet war, und nahmen mich mit.

Mataja wollte sich der Politik verschreiben, stand aber noch vor der Frage, welcher Partei er sich anschließen sollte. Seine beiden Freunde rieten ihm, sich für die Christlichsozialen zu entscheiden, welche die beste Aussicht hätten. Mataja war dem Kreise, in dem er geboren wurde und dem er angehörte, ein Liberaler, was ihn nicht abhielt, die für seine Laufbahn richtige Partei zu wählen. Funder rühmt in seiner Nachrede auf den 1937 Verstorbenen seine blendende Erscheinung, hohe Bildung, glänzendes Wissen, rasche Auffassungsgabe, und wenn ihn auch mehr verstandesmäßige Erkenntnis als religiös fundiertes Wissen den katholischen Kampfreihen zugeführt hätte, so sei ihm dieses mehr und mehr inneres Bedürfnis geworden. 1917 gelangte er durch eine Nachwahl ins Parlament, wurde der erste Innenminister im Kabinett Renner und später Staatssekretär des Äußeren.

Im Kreis meiner Kusinen interessierten mich besonders die Maler, Leo Delitz, der sie portraitierte, Professor Müller-Hofmann und Luigi Kasimir. Kasimir wohnte mit seiner schönen Schwester, die selbst sehr gut malte, in einer von ihm und nach seinen Angaben erbauten Villa am äußersten Stadtrand, wo damals noch Weinberge den Wiener Wald umsäumten. In meinem Freiwilligenjahr war ich mit meinem Kameraden Erhart eines Abends bei ihnen zu Gast. Es dauerte lange, bis wir in der dunklen Winternacht das Haus fanden.

Zu meinem Freundeskreis gehörte der Maler Armin Horowitz. Mit seinen beiden Schwestern veranstaltete er

Tanzabende im prächtigen Atelier seines Vaters, des damals bedeutendsten Portraitisten Wiens.
War man in industriellen oder finanziellen Kreisen zum Souper geladen, konnte man wetten, dort den polnischen Maler Adjukewicz vorzufinden, den »Nachtmaler«.
In einer Abendgesellschaft begegnete ich Alfred Kubin. Wir begannen ein interessantes Gespräch und zogen uns, um es fortzusetzen, in eine Ecke des Salons zurück. Kubin war ein gut aussehender und man könnte sagen »mondäner« Mann, und niemand konnte ahnen, daß er einmal seine skurrilen und morbiden Träume zu Papier und Leinwand bringen werde.
Einige Male wurde ich einem kleinen musikalischen Kreis zugezogen, der sich um einige Leschetitzky-Schülerinnen sammelte, bildhübsche elegante Amerikanerinnen, mit denen Walzer zu tanzen ein Vergnügen war. Ich erinnere mich an einen Tanzabend, an dem auch die Burgtheaterelevin Annie Schindler teilnahm. Sie war von einer unvergleichbaren Anmut und erregte unser aller Entzükken, als sie einen Solotanz vorführte. Sie wurde die Gattin Roberts von Lieben, des Erfinders der Elektronenröhre.
Im ersten meiner Wiener Winter unternahm ich noch mit meinen beiden Kameraden aus der Reichenberger Zeit, Steppes und Tischler, Skifahrten auf Rax und Wechsel, aber das frühe Aufstehen, um den Zug zu erreichen, und meistens ungünstige Schneeverhältnisse ließen mich bald davon abkommen. In Reichenberg hatte ich unter der Leitung eines Turn- und Fechtlehrers Säbel gefochten. In Wien trat ich in den Residenz-Fechtklub, dessen Präsident damals Graf Hieronymus Oldofredi war, ein und übte mich auf den Rat des Fechtmeisters Werdnik mit dem Florett, das mir weniger lag als der Säbel, aber, wie der Fechtmeister meinte, die Gewandtheit des Säbelfechters

erhöhe. Ich nahm an einem akademischen Turnier an der Universität teil und mußte mich mit meinem Florett mit einer »schäbigen« Medaille begnügen.

In meinen Studentenjahren hab ich viel gelesen. Ich las englisch einen Dickensroman nach dem andern – Dickens blieb für mein ganzes Leben meine Lieblingslektüre –, mit großem Vergnügen Oscar Wilde, französisch Ohnet, Daudet, Dumas, Zola, Balzac und Maupassant und mit dem Vokabelbuch italienisch Dante, der mich langweilte, und Ariost, der mich unterhielt, und unzählige deutsche Bücher. Was die österreichische Literatur betrifft, schätzte ich besonders Gustav Meyrink und Roda Roda. Viel Vergnügen bereitete mir die Fackel. Mich belustigte der Wortwitz des boshaften Karl Kraus, der vielleicht wegen seines galligen Hasses noch heute bewundert und überschätzt wird.

# Bergtouren

> I live not in Myself but I become Portion of that around me, and to me High mountains are a feeling
> *Child Harold Canto 3 st. 72*

Wohl die schönste Landschaft dieser Erde liegt dort, wo alle Gegensätze der Natur sich harmonisch begegnen, der Blick vom ewigen Eis über Felswände, Wälder und Wiesen zu besonnten Reben gleitet: in Südtirol. Ich kannte es, als es noch österreichisch war, zuerst als ich von meiner Englandreise zurückgekehrt, meine Mutter am Karersee und dann in Riva besuchte.

1906 nahm mich Onkel Otto mit in die Berge. Wir bestiegen Scesaplana und Piz Buin und blieben eine Woche im Waldhaus in Vulpera, wo wir eine anregende Gesellschaft vorfanden, den Advokaten Franz Ferdinands, Regierungsrat Rechen mit Frau und schöner Tochter, den gemütlichen Direktor Mikosch von der Creditanstalt, der stets zum Mittagstisch eine Havanna auf mein Gedeck legte, und Professor Francis Pribram, den Historiker. Pribram war ein zartes Männchen und erheiterte uns, wenn er auf Spaziergängen minutenlang neben uns auf einem Beine hüpfte. Er bewohnte ein Turmzimmer in einer Villa, wo er vom Lärm gesichert war, denn er konnte nur bei völliger Stille schlafen. Pribram war ein ungemein unterhaltender Gesellschafter und wußte geschichtliche Anekdoten auf so fesselnde Weise vorzubringen, daß ich hingerissen war. Er stärkte meine Neigung zur Geschichte. Obwohl Jurist, besuchte ich seine Vorlesungen, darunter die über die französische Revolution, und wurde sein

Schüler, lernte von ihm den Vorzug des freien Vortrags und das Einflechten von Anekdoten. Viele Jahre später wurde er neben Srbik mein Prüfer beim geschichtlichen Rigorosum.

Von Vulpera fuhren wir in einer der viersitzigen Pferdekutschen, die zur Kolonne gereiht waren, nach Pontresina. Dort blieben wir eine Woche. Otto bestieg mit mir die Bernina, meinen einzigen Viertausender. Der Abstieg führte nach Sankt Moritz, und nach einer um ein Uhr nachts beginnenden, 16 Stunden dauernden Tour trafen wir wieder in Pontresina ein, vertauschten unser Gewand mit dem Smoking, stärkten uns beim Diner und dann in der Bierstube mit vielen Krügeln.

Nach dieser und anderen Bergbesteigungen rasteten wir in Belaggio, ruderten nach Candenabbia und setzten unsere Touristik mit der Königsspitze fort, die wir von Bormio Bagni aus bestiegen und von der wir nach Sulden abstiegen, wo wir schöne Tage verbrachten. Vor dem kleinen Hotel spielte sich die Bergführerbörse mit den Größen der Alpinistik ab. Hier unterhielten wir uns mit einem Pinggera aus der Familie jenes berühmten Bergführers, der Julius von Payer vor seiner Polarfahrt auf den Erstbesteigungen in der Ortlergruppe begleitete. Zuletzt bestiegen wir noch Angelus und Verdainspitze und dann ging's hinab nach Laas und, nach guter Rast in Bozen, heimwärts.

Die nächste Bergfahrt, im Sommer 1907, begann in Trient. Wir machten uns am Nachmittag auf und stiegen auf einem von glatten Steinen bedeckten Weg, auf dem das Heu auf Schlitten ins Tal gebracht wurde, auf den grasbedeckten Rücken des Monte Gazza. Der Abstieg nach Molveno ging auf sanftem Waldboden. Als wir das Dorf erreichten, war es bereits stockdunkel. Nur in einem Häuschen brannte ein Licht. Es war die Wohnung des Schusters. Er nahm eine Laterne, um uns zum kleinen Hotel zu geleiten. In der Dunkelheit führte er uns zu weit, was er erst bemerkte, als der Weg aufhörte. Wir kehrten um und weckten den Hotelier. Seine Schwester Caterina setzte uns ein Mahl vor und beide leisteten uns angenehme Gesellschaft. Außer uns war im Hotel nur eine Frau mit zwei Kindern zu Gast. Nach Mitternacht hörten wir Alarmschüsse. Sie kamen vom Südende des Sees. Eine kleine Rettungsexpedition ruderte dorthin und nahm den Bezirkshauptmann von Riva auf, der in der Dunkelheit nicht weiter konnte, da der Weg am Ufer noch nicht hergestellt war. Man brauchte ein Boot, um das Hotel zu erreichen.

Caterina, Mitte der Zwanzig, war zum Verlieben und eine ideale grammatica viva, besser als die kleine Grammatik, die ich im Rucksack trug. Es folgten köstliche Tage. Wir ruderten und schwammen und ich übte mich in der Muttersprache Caterinas.

Von Molveno stiegen wir auf die Cima Tosa. Bei Regenwetter erreichten wir Madonna di Campiglio mit dem von Oesterreicher, dem Besitzer des großen Hotels, in Trient erbauten Hotel. Die Saison war vorüber, schon wurden die Matrazen geklopft, und die wenigen Gäste, außer uns ein Ehepaar aus Riga und zwei Mappierungsoffiziere, bildeten mit dem alten Oesterreicher und seinen Töchtern, Frau Walter, die Gattin des Hoteliers »Britannia« in Venedig, und der jüngeren Maria, die später einen Grafen Resiguier heiratete, eine fröhliche Runde, an der auch der junge Arzt des Kurorts teilnahm. Maria glich der Kaiserin Elisabeth, sie war von unsagbarem Reiz und leicht melancholischem Gemüt. Einmal machten wir einen gemeinsamen Ausflug. Tragtiere brachten zur Mittagszeit eine kleine Küche, und der alte Oesterreicher bereitete einen Risotto, wie ich nie wieder einen so köstlichen genoß. Am Abend pflegte

Mappierungsoffizier Baron Mylius uns auf der Violine vorzuspielen.

Der kleine Postwagen sollte uns nach Pinzolo bringen. Auf der Fahrt brach ein Rad. Wir setzten den Weg zu Fuß fort. In Pinzolo fanden wir keine Unterkunft und verbrachten die Nacht auf Tischen der Gaststube schlafend. Bei herrlichem Wetter bestiegen wir Adamello und Presanella. Unvergeßlich ist mir der Blick auf die Brenta vom Val di Genova beim Rifugio Garibaldi. Im Schutzhaus unter dem Adamello trafen wir böhmische Soldaten auf einer Gebirgsübung. Sie lagen in Trient in Garnison und klagten, daß es dort zwar genug Wein, aber kein gutes Bier gäbe.

Die Gebirgswanderung über Edolo endete in Riva. Bevor wir zum Gardasee gelangten, genossen wir die süßen blauen Trauben eines Weingartens, dessen Besitzer dankbar eine Krone entgegennahm und uns noch viel mehr der köstlichen Beeren gegönnt hätte. Den Abschluß des Sommers feierten wir in Mailand. Onkel Otto fuhr nach Reichenberg, ich nach Wien.

## Einjährig-Freiwilliger

Die Wehrpflicht ist eine indirekte Steuer, die der »Freiwillige« mit der durch den Zauber der Montur, das Schwert an seiner Linken und schließlich den Leutnantsstern versüßten Preisgabe eines für ihn verlorenen Jahres leistet. Kam ich abends nach Hause, vertauschte ich die Uniform mit bürgerlicher Kleidung und freute mich, sooft ich einem Offizier begegnete, nicht salutieren zu müssen. Aber das Jahr brachte so viele neue Eindrücke, so viele Freuden, vor allem das Pferd, daß es recht vergnüglich wurde. Wer in der alten Armee diente, lernte sie zu lieben. Es gab in der ganzen Welt kein Heer, das humaner als das kaiserliche war.
Ich diente 1907/8 bei der Artillerie. Schwarze Reitstiefel, blaue Hosen, brauner Waffenrock, rote Aufschläge, gelbe Armborten, um den Offiziersanwärter zu kennzeichnen, blaue Kappe und bei Paraden schwarzer Tschako mit Roßschweif bildeten die Uniform. Als meine Mutter, von einer Reise zurückkehrend, mich bereits eingekleidet vorfand, hielt sie die Farbenzusammenstellung für nicht glücklich und sagte scherzhaft: »Was du dir anschaffst, wenn ich nicht da bin!«
Zur ersten Ausbildung und zur Schule diente die Kaserne am Rennweg und der an die Deutschmeisterkaserne grenzende Exerzierplatz. Zu meiner Wohnung in der Theresianumgasse war es nicht weit. Der Schulkommandant war uns mit Recht verhaßt, der Instruktionsoffizier launenhaft, aber nicht unsympathisch, die Lehrer in den Nebenfächern harmlos. Die Unteroffiziere ließen mit sich reden. Wir hatten einen Leutnant, der das Reitlehrinstitut in Schloßhof absolviert hatte, als Reitlehrer. Mit den

Sattelbauschen konnten meine langen Beine sich nicht befreunden. Erst zwei Jahre später sah ich beim internationalen Concours den bauschenlosen Sattel des vielfach preisgekrönten Russen Dachowski und ließ mir ihn von Wilhelmy in der Führichgasse kopieren. Von nun an war ich mit dem Pferd verwachsen, auf dessen Rücken ich das Glück dieser Erde genoß.

Nach vier Wochen im alten Lager in Bruck an der Leitha wurden wir zum Korporal befördert. Ich wurde dem k. u. k. Feldartilleriregiment Nr. 4, dessen Kaserne nahe dem Prater lag, zugeteilt. Dort langten wir, ich glaube 16 an Zahl, nach einem schönen Ritt von Bruck zum Teil auf dem Treidelweg der Donau und nach kurzer Rast in Fischamend ein. Mit dem Regiment kamen wir noch einmal für vier Wochen ins »alte« Brucker Lager.

Mein Batteriekommandant, Hauptmann Waltl – er brachte es zum General –, hatte während seines Einjährigenjahres sein Jusstudium aufgegeben und sich aktivieren lassen. Da er selbst Einjähriger gewesen war, brachte er diesen volles Verständnis entgegen. Er wurde von der Mannschaft geliebt. Ihm zuliebe herrschte in den Unterkünften und im Stall musterhafte Ordnung, ohne daß er sich viel umsehen mußte. Erst um 11 Uhr zeigte er sich in der Kaserne und nach dem Rapport entfernte er sich wieder. Er war ein großer Jäger, und die Jagd hielt ihn nicht selten vom Dienst fern. Er konnte sich das leisten, denn in seiner Batterie lief alles am Schnürl. Oberleutnant Ferrant, später Generalstäbler, wurde mir ein guter Freund und blieb es in den kommenden Jahren. Leutnant Wettendorfer, ein glänzender Reiter und Pferdekenner, nahm mich einige Male zu einem Spazierritt mit, wobei er mir einen Remonten anvertraute. Bei der Kaiserparade auf der Schmelz bildeten wir Freiwillige der vier Batterien des Regiments Spalier an der Stelle, wo der Kaiser in kurzem Galopp, die Suite hinter ihm, drei Meter vor uns einritt. Den Weg von der Kaserne beim Prater bis zur Schmelz sollten wir zu Fuß zurücklegen. Ich führte meine kleine Abteilung.

Am Stephansplatz nahmen wir im Café Europe ein ausgiebiges Frühstück zu uns und legten die noch vor uns liegende Strecke in Fiakern zurück. Die Stimmung des Regiments nach der Parade war gehoben, denn unser Oberst Laube erhielt vom allerhöchsten Kriegsherrn eine besondere Belobung.

Das Brucker Lager war für uns in den Morgenstunden Truppenübungsplatz und den Rest des Tages vergnügliche Sommerfrische. Meine Kameraden Scheid und Pepi Glanz, Sohn des Gastwirts vom Dominikanerkeller – er fiel im ersten Weltkrieg als Fliegeroffizier –, teilten mit mir die Erlaubnis, nachmittags spazierenzureiten unter der Bedingung, für jeden Ritt einen Sack Hafer zu spenden. Trafen wir einen Weinbauern vor seinem Keller, hielt er uns an und brachte uns einen Trunk. Abends trafen wir uns bei den Zigeunern im Ungarischen Kaffeehaus. Samstag fuhren wir nach Wien und kehrten mit dem letzten Zug am Sonntag zurück. Zur Bahn fuhren wir drei im Fiaker. Einmal hatten wir kein Geld und vertrösteten den Kutscher, indem wir ihm auftrugen, uns am Sonntag von der Bahn abzuholen, wobei wir ihm Hin- und Rückfahrt großzügig begleichen würden. Als wir in dem Nachtzug nach Bruck zurückfuhren, blieb dieser plötzlich stehen. Bei dem heftigen Anprall stieß mein Kopf mit dem meines Gegenübers zusammen. Bei dem Zusammenstoß wurde niemand verletzt, aber viele der mitreisenden Offiziere eilten zum Stationsvorstand, ließen sich den Unfall bestätigen, um einen angeblichen Nervenschock zur Erlangung eines Urlaubs zu verwerten.

Einmal gab es eine Nachtübung, wobei meine Batterie ein Infanterie-Bataillon zu unterstützen hatte. Ich war als Verbindungskorporal dem Bataillon zugeteilt. Dieses besetzte einen Hügel, und ich sollte Hauptmann Waltl melden, er möge mit seinen Geschützen folgen. Ich stieg den Hügel herunter und fand Waltl mit seinen Offizieren in einer Waldlichtung bei einem fröhlichen Picknick. Ich erhielt den Befehl, dem Bataillonskommandanten zu melden, daß es nicht möglich wäre, die Geschütze auf die Höhe zu ziehen. Der Major nahm dies zur Kenntnis, und als ich zurückkehrte, war bereits ein Glas für mich gefüllt. Waltl liebte es nicht, seine Kanoniere und Pferde anzustrengen. Er wußte, im Ernstfall könnte er die höchsten Leistungen von ihnen verlangen.

Im August nahmen wir an Manövern in Niederösterreich teil. Den Höhepunkt bildeten die Tage, die wir in Furt am Fuß von Göttweig im Quartier lagen. Ich war bei einem Weinbauern untergebracht. Die Bäuerin weckte mich mit einer Schüssel Zwetschgenknödel und einem halben Liter Wein. Die Tochter melkte die Kühe. Am Sonntag kleidete sie sich wie eine elegante Dame und spielte nach dem Kirchgang Klavier. Einige Kanoniere der Batterie stammten aus der Gegend, einige Veteranen hatten in unserem Regiment gedient. Es herrschte der Geist der Verbrüderung, an der auch manche Schwester teilnahm. Bei den Manövern war ich als Ordonanzkorporal dem Oberst von Schenk, der ein Regiment Bosniaken befehligte, zugeteilt. Ich ritt in seinem kleinen Stab. Oberst Schenk unterhielt sich zuweilen mit mir. Das Automobil war noch nicht in der Armee eingeführt worden, aber der Oberst sagte mir, im Krieg würde er sich nicht aufs Pferd, sondern in einen Wagen setzen, wo man bequemer disponieren könne. Die Soldaten trugen Fußfetzen. Schenk ließ einen Zug Socken

anziehen, um diese zu erproben, und das Ergebnis zeigte, daß es nur bei den Besockten Fußmarode gab.
Die meiste Zeit der frühmorgendlichen Gefechtsübungen war ich unbeschäftigt. Da ritt ich hinter der Regimentsmusik, die ich immer für das Schönste des Militärs hielt. Kaisers Geburtstag wurde mit einer Parade gefeiert. Meine Batterie sollte daran teilnehmen. Waltl war kein Freund von Paraden und erwies mir die Ehre, das Kommando zu übernehmen. Mit ergriffenem Säbel führte ich unter den Klängen des Prinz Eugen-Marsches den Zug an dem die Parade abnehmenden General vorbei. Erweckt dieser Reitermarsch, wann immer man ihn hört, das Gefühl triumphaler Freude, so kann man mir nachfühlen, wie die brausende Blechmusik, der Rhythmus der Pferdehufe und das Kaiserwetter mit dem Genuß, den Offizier zu spielen, mich mit unbeschreiblichem Glück erfüllten.
Von Furt brachte uns an Nachmittagen der Batteriewagen nach Dürnstein, wo Waltl, Ferrant, Scheid, Glanz und ich von der Terrasse des »Richard Löwenherz« bei edlem Wachauer die Donau an uns vorbeiziehen ließen. Zuweilen labten wir uns im Göttweiger Stiftskeller.
Die Manöver endeten in Königstetten im Tullnerfeld. Es war anfangs September. Waltl hatte uns zu guten Reserveoffizieren herangebildet, wir erhielten eine vorzügliche Beschreibung. Noch hatten wir drei Wochen zu dienen, aber Waltl wollte sie uns erlassen und gab uns Urlaub. Ich verabschiedete mich von meinem braven Kanonier, der mir die Stiefel putzte, um die er mich beneidete, da sie ihm gut passen würden, und da ich die festen Soldatenstiefel nicht mehr zu brauchen glaubte, schenkte ich sie ihm. Er strahlte vor Glück. Als wir urlaubsfreudig zur Bahn fuhren, eilte uns eine Ordonnanz nach. Der Hauptmann ließ uns zurückrufen. Ein Telegramm war eingetroffen,

das Regiment müsse anstelle eines anderen, bei dem eine Pferdeseuche aufgetreten war, an den Manövern in Haimaskar teilnehmen. Ich war nicht neugierig und meldete Waltl, ich hätte bereits meine Stiefel verschenkt, und er beließ es bei meinem Urlaub.

Nur wenige meiner Kameraden in der Freiwilligenschule sind mir im Gedächtnis geblieben. An einige erinnerte mich erst eine Todesanzeige, so an den Halbbruder Alexanders Lernet-Holenia, den Reichsfreiherrn Walter Boyneburgk-Stettfeld, der als hoher Achtziger starb. Er war ein liebenswerter Kamerad. Klassenerster war anfangs ein Handel-Mazetti; ich vermute, er war jener, der ein bedeutender Botaniker und Chinakenner wurde. Ich glaube, er wurde bald vom Dienste enthoben, um sich auf Wunsch des Unterrichtsministeriums der Wissenschaft widmen zu können. Handel-Mazetti war Staatsköstler und trug eine Kommißuniform. Auch der Klassenletzte war Staatsköstler. Er dürfte es nicht zum Leutnant gebracht haben. Er war Serbe aus dem Banat, hieß Swetosar Akimović, saß manche Woche im Arrest und zeichnete sich durch besondere Ungepflegtheit aus.

Zu meinem engeren Kreise gehörte August Popelka, hinter dessen reinem und gepflegtem Deutsch niemand den Tschechen ahnen konnte. Sein Vater war Senatspräsident im Verwaltungsgerichtshof. August Popelka diente, als er mich drei Jahre später in Lissa besuchte, bei der Prager Statthalterei und wurde schließlich der Kanzleidirektor Masaryks. Er war ein vielseitig gebildeter Mann, vorzüglicher Jurist und Meister im Tarock, das in unserem Militärjahr viele Stunden des Tages füllte. Mit Baron Hans Beschi, Sohn eines Feldmarschalleutnants und Artillerieinspektors, traf ich mich in den nächsten Jahren öfter zu einem Praterritt – er ritt die Pferde seines Vaters – und

dreißig Jahre später, als wir beide keine Pferde hatten, gehörte er zu den wenigen Hörern meiner Dozentenzeit.
Zu meinen Freunden gehörte auch Alfred Becker, der später Präsidialist im Finanzministerium und zuletzt Leiter der Finanzlandesdirektion war und mit dem ich die Internierung in England teilte.
Meine besten Freunde aber wurden und blieben Erhart und Gutmann. Karl Erhart Freiherr von Erhartstein war bereits Statthaltereikonzipist, als er die Uniform eines Kanoniers anzog. Er war uns allen überlegen, witzig mit Neigung zum Bohemien, glänzender Schachspieler, leidenschaftlicher Jäger, auch Schürzenjäger.
Erhart zählte unter seinen Vorfahren den Humanisten Paulo Giovio, den Historiker Hormayr, von dem er das glänzende Gedächtnis erbte, und den Verfasser der »schönen wilden Leutnantszeit«, Torresani. Er selbst war dichterisch veranlagt und jedenfalls der einzige, der mich besungen hat, an einem Tage, da ich Kasernwache hielt.

> Vor dem Tore der Kaserne
> Jede Muskel wie von Stahl
> Steht, weit sichtbar schon von ferne
> Benedikt der Korporal.

Das mit den Muskeln war dichterische Übertreibung.
Wieder Zivilist, strengte er sich im Dienst bei einer n. ö. Bezirkshauptmannschaft nicht an, fuhr oft nach Wien oder nach seiner Heimat Baden.
Im Krieg zeichnete Erhart sich durch Mut und treffliche Führung als Batteriekommandant aus und kehrte, reich dekoriert, ins Amt zurück. Er kam als Sekretär zum Verwaltungsgerichtshof, wo er sich mit seinem Kollegen Richard Frydmann von Prawy (Vater von Marcel Prawy)

befreundete. Auch hier mit dem festen Vorsatz, sich nicht zu überanstrengen, stürzte er eines Tages in das Zimmer des Kollegen und überraschte ihn mit der Mitteilung, daß er einige Akten gelesen und dabei entdeckt hätte, wie interessant diese sein können. Er beendete seine Laufbahn als Vizepräsident des Verwaltungsgerichtshofes, allgemein geschätzt wegen seiner Rechtskenntnisse, seiner Bildung und seiner großen Weisheit. Die Vielseitigkeit und Gründlichkeit seiner Bildung waren bewundernswert.
Ein Aperçus des pensionierten Sektionschefs Hugo Jezek von Rittersfeld hielt er in folgenden Versen fest:

> Einst beachteten zu wenig
> Die Gelehrten insgesamt,
> Daß das deutsche Hauptwort »König«
> Von dem »Kohn« der Juden stammt.
>
> Heute lernt man in der Schule
> Neurer Forschung folgend schon
> Das Gedicht vom Kohn in Thule
> Und das Lied vom Erlkohn.

Willy von Gutmann war in der Einjährigenschule einer der allerersten. Er hatte schon, bevor er einrückte, bei einem ausgedienten Unteroffizier das Exerzieren geübt, trug eine vorschriftsmäßige Uniform und legte auch in Zivil keinen Wert auf seine Kleidung. Auch in der Kost war er nicht wählerisch. In der Pause hielt er in der Rechten ein Würstel, in der Linken ein Stück Sachertorte. Man schätzte sein Jahreseinkommen auf fünf Millionen Kronen. Der höchste Satz der Einkommensteuer war 5%. Damals stand das Haus Gutmann auf seiner Höhe. Seine Größe verdankte es Willys Großonkel Wilhelm von Gutmann, der ein für

den Familienkreis bestimmtes Büchlein schrieb. Darin kann man lesen, wie selbst ein Unternehmen, das einem Rothschild ebenbürtig war, wiederholt schweren Krisen ausgesetzt war und von schweren Sorgen für seine Existenz heimgesucht wurde. Beherrscher des Kohlenmarkts und des Stahlwerks Witkowitz, des mächtigen Rüstungswerks der Monarchie, zeichnete sich das wohl größte Industrieunternehmen durch eine nirgends übertroffene Wohltätigkeit aus. Nach dem Ersten Weltkrieg begann der Niedergang, und wie die Monarchie ging das einst weltberühmte Haus »anständig« zugrunde.
Willy war, als sein Vater starb, Familienerhalter. Seine Leidenschaften waren Frauen, Billard, Bridge und Autos. Außer ihm besaß nur noch der Hutfabrikant Hickel aus Neutischein ein Automobil. Mit Gutmann unternahm ich viele Fahrten, meist mit seiner Braut Hedwig von Frydmann-Prawy und ihrer Kusine als Gardedame.
Ludwig von Gutmann, der verstorbene Vater Willys, war mit Babette Günzburg verheiratet, die einem der allerreichsten Häuser Petersburgs entstammte. Ludwig las eines Tages im Residenzklub in der Zeitung vom Zusammenbruch des Bankhauses Günzburg, worauf er sich einem neben ihm sitzenden Bekannten zuwandte: »Ich lese soeben, daß ich aus Liebe geheiratet habe.« Das war nur ein Scherz, denn Babette war eine wunderbare Frau. Sie hatte ein vollendet schönes Gesicht. Ihrer Ehe entstammten zwei Söhne und sechs Töchter. Nanny, die älteste, heiratete Peter Habig, den für den elegantesten Wiener Jüngling geltenden Hutmacher, Grete den Artilleriehauptmann Otto Krause, dessen zweite Gattin die Sängerin Lotte Lehmann wurde, die dritte einen anderen Artilleristen, der Stallmeister eines ägyptischen Pascha wurde, die vierte einen Generalstäbler, die fünfte den Arzt

Dr. Reiher und die Jüngste, Lutti, einen sonst unbedeutenden Pferdeliebhaber, der in den kommenden Zeiten der Not Rennleiter von Maison Lafitte wurde. Alle Töchter waren liebe und herzensgute Wesen, alle hübsch, Nanny eine Schönheit. Sie ist in Frankreich das Opfer der Nazi geworden.
Sonntag abend verbrachte ich meistens im Hause Gutmann am Schwarzenbergplatz (zwischen Schwind- und Gußhausstraße). Man saß an langer Tafel, an der Spitze Mama Babette, zu ihren Seiten ihre Freunde, der Burgschauspieler Reimers und der Hausarzt Dr. Porges, der von sich sagte:

Was der Krupp in Essen
Ist der Porges im Fressen

und anschließend die 8 Kinder mit ihren Gouvernanten, dem Hauslehrer Kapralik, einem hervorragenden Hebraisten, dem jungen Fritz Reimers, der vorzüglich Klavier spielte, Luki Fischer, der schöne Mann, Hans von Wurzian und andere Freunde der Kinder.
Georg Reimers war die vollendete Heldengestalt des Burgtheaters, der auf Wunsch der Kaiserin Elisabeth als Achilles für die Statue im Achilleon auf Korfu Modell stand. Von der Hofreitschule wurde ihm für seine Spazierritte ein Pferd zur Verfügung gestellt. Er erzählte einmal mit seiner sonoren Stimme in seiner Stammtischrunde, zu welcher der witzige Fechner gehörte, er sei auf der Rückkehr vom Prater dem offenen Wagen des Kaisers begegnet, habe sein Pferd zum Stehen gebracht und die Ehrenbezeigung geleistet. Der Kaiser hätte den Gruß erwidert und sich im Weiterfahren nach ihm umgedreht. »Wohl nach dem Pferd«, bemerkte Fechner.
Hans von Wurzian, dessen Adel von seinem Urgroßvater, dem Leibarzt Radetzkys, stammte und der einen Siegelring

mit dem Äskulapstab im Wappen trug, war der Sohn eines Hüttenwerksdirektors in Mährisch Ostrau und der engste Freund und steter Begleiter Willy Gutmanns. Dem bürgerlichen Leben zurückgegeben, wurde er zum Doktor der Rechtswissenschaften promoviert, übte aber keinen Beruf aus, sondern führte ein angenehmes Leben im Gutmannschen Hofstaat, bis er nach dem ersten Weltkrieg die Direktion der Tobischauer Zuckerfabrik übernahm. Er machte den Gutmann-Töchtern der Reihe nach den Hof, ohne Erfolg, und seine Mühe wurde erst belohnt, als ihm Hedy, die geschiedene Frau Willys, nach langer Wartezeit die Hand zu einer Ehe reichte, in der beide glücklich wurden.

Im Hause am Schwarzenbergplatz lernte ich einen Vetter von Mama Babette kennen, den russischen Staatsrat Rosenberg, Witwer nach einer Günzburg. Er war ein schöner eleganter Mann mit weißem Haar und dunklem Bart, stets ein Monokel im Auge und stets ohne Hut, weshalb er Monoklides Barhaupt genannt wurde. Monoklides hatte kein ständiges Domizil, lebte in London, Paris und an der Riviera und kam, wenn ihn seine Schulden drückten, nach Wien, wo er so lange bei Mama Babette wohnte, bis sie ihn sanierte. Hans von Gutmann, ihr jüngerer Sohn, ein bildschöner, liebenswürdiger junger Mann, der als Verschwender unter Kuratel gesetzt wurde, heiratete eine bekannte Kurtisane von außergewöhnlicher Schönheit, mit welcher nur ihre Schwester konkurrieren konnte. Babette weigerte sich, die Schwiegertochter aufzunehmen, aber Monoklides verkehrte bei ihr und ihrer Mutter. Er war von deren Küche so begeistert, daß er die Versöhnung zustande brachte. Die junge Frau pflegte mit unendlicher Liebe den Gatten in der Krankheit, die ihn im blühenden Alter dahinraffte.

Einmal lud Rosenberg Willy und Hedy, Otto und Hedi von Redlich, meine Frau und mich ins Chapeau rouge, einem in Mode stehenden Nachtlokal, wo die Kapelle Haupt spielte. Damals brachte jede Nacht ein Verkäufer Blumen, die er aus Nizza bezog, in die Nachtlokale. Kaum zeigte er sich, bedeutete Rosenberg mit einer Handbewegung, den ganzen Inhalt seines Korbes – es waren Rosen – an seine Damen zu verteilen. Der Mann holte aus seinem Wagen einen zweiten Korb, gefüllt mit Veilchen. So ging es weiter mit Nelken und Mimosen, Tischchen mußten neben uns gestellt werden, um die Blumenfülle aufzunehmen und noch tagelang blühten sie in unserer Wohnung. Als es zum Aufbruch kam, zog Monoklides seinen Neffen Willy zur Seite und bat ihn, die Rechnung zu übernehmen, die außer den Blumen den französischen Champagner und noble Trinkgelder einschloß.

Rosenberg, der, um seinen Gläubigern auszuweichen, ein unstetes Leben führte, trennte sich nie von seiner Bibliothek, die aus Gründen der Zweckmäßigkeit nur aus Miniaturausgaben bestand. Keine Miniaturausgabe war seine hochgewachsene schlanke Tochter, die Idealgestalt einer Reiterin. Wir beschlossen, uns beim Concours hippique im Paarreiten und Springen zu zeigen und ritten jeden Morgen Schulter an Schulter im Prater meine beiden guten Springpferde. Damals, bis knapp vor Ausbruch des Krieges, ritten Frauen im Damensattel, und als sie begannen, zum Herrensitz zu wechseln, trugen sie bis zu den Zehenspitzen reichende geteilte Röcke, die sehr kleidsam waren. Ich weiß nicht, was aus Vera Rosenberg geworden ist, die ihr Leben dem Vater, der ihr mütterliches Erbe verzehrte, in treuer Liebe widmete.

## Die letzten Vorkriegsjahre

Als ich von Reichenberg nach Wien kam, lernte ich eine Kusine zweiten Grades kennen. Ihre Mutter Angelique war die Tochter von Joseph Mauthner, einem der Brüder meiner Großmutter Betty. Wenn jemand seinen Namen verdient, war es die engelsgleiche, unendlich gütige Angelique. Mein Vater, dessen Kusine sie war, verehrte sie, und als sie siebzehn Jahre zählte und die Eltern einen Hausball gaben, fuhr mein Vater von Heidelberg, wo er studierte, nach Wien, um die Gelegenheit, sie zu sehen, zu nutzen. Ihr Gatte Michel Benies, ein richtiger Selfmademan, war mit leeren Taschen nach Australien gezogen und hatte es mit einer Seifenfabrik zu einem kleinen Vermögen gebracht. Er wurde von seinem Bruder Heinrich nach Prag berufen, um mit ihm böhmische Zuckerfabriken zu übernehmen. Michel wurde die technische Leitung anvertraut. Die Brüder pachteten die kaiserlichen Fabriken Smolenoves und Smiřič, kauften die Rohzuckerfabriken Lissa an der Elbe und Cernočić bei Königgrätz und bauten die große Raffinerie Rossitz bei Pardubitz. Nach dem Tod seines Bruders wurde Michel Alleinchef der Firma und Vormund seiner beiden Nichten.
Mit Evi, der Tochter von Michel und Angelique Benies, verband mich eine Freundschaft, die bald zu einer tiefen Liebe wurde. Wir sprachen lange nicht über eine Heirat, aber wir wußten, daß wir zueinander gehörten. Den Zeitpunkt der Verlobung bestimmte der Dackel Schlupfer. Als er rettungslos erkrankte, pflegte Evi ihren kleinen Liebling, und als ich einmal seinen rührenden Blick auf sie, der die Tränen herabliefen, und die liebevolle Hand, mit

der sie ihn streichelte, sah, wußte ich, daß sie sobald wie möglich meine Frau werden müsse. Wir heirateten im Juni 1910. Ich zählte 23, Evi 20 Jahre. Am Tag vor der Hochzeit bestand ich mit Auszeichnung die zweite Staatsprüfung. Damals trug man zur Prüfung den Frack, und die Prüfung zog sich bis zum Abend hin. Ich fuhr, ohne mich umzukleiden, zum Polterabend beim Sacher.
Die Hochzeitsreise ging im Auto nach Lilienfeld und am nächsten Tag nach Salzburg (Hotel Europe) und dann per Bahn nach Paris. Wir stiegen im Ritz ab, aßen in den teuersten Restaurants, gingen jeden Abend ins Theater, fuhren am Nachmittag ins Bois, um in Pré-Catelan, Chateau Madrid oder Armenonville den Tee zu nehmen oder zu den Rennen von Longchamp, Auteuil oder Maisons Laffitte. Evi kaufte Kleider, ich schöne Ausgaben von Rabelais und andern Größen. Nach zehn Tagen fuhren wir nach Dinard und genossen das Meer. Für das Rigorosum mußte ich den Stoff der Staatsprüfung wiederholen. Ich tat es am Strande, mich sonnend und dazwischen vor den Badehütten ruhende Leute in mein Skizzenbuch eintragend, das ich auch mit Ansichten von Saint Malo und Saint-Servan, wohin wir uns jeden Nachmittag auf dem Fährboot übersetzen ließen, füllte. Wir besuchten Mont-Saint-Michel und Dinan und tranken in einem Bauerngarten Cidre.
Die Heimfahrt unterbrachen wir für mehrere Tage in Paris und für eine Nacht in Linz. Am Morgen beim Fenster sitzend, hielt ich in meinem Skizzenbuch als letztes Bild der Hochzeitsreise den Pöstlingsberg fest. Dann fuhren wir nach Lissa.
Ich liebte meine Frau und wir beide liebten Lissa. Wir verwurzelten in der böhmischen Erde, und wir beide liebten die Pferde. Ich hatte einen Remonten erworben

und begann ihn zuzureiten, als ich durch hohes Fieber und ein stark geschwollenes Knie ans Bett gefesselt wurde. Der Fabriksarzt, Dr. Lipa, zog den berühmten Prager Chirurgen Professor Jedlicka heran, und dieser bereitete mich schonend vor, daß vielleicht mein Bein oberhalb des Knies abgenommen werden müßte. Einstweilen steckte man es in einen Gipsverband. Kaum hatten die Ärzte sich entfernt, ließ ich durch unseren Diener – hinter dem Rücken meiner Evi – den Gipsverband abnehmen. Als am nächsten Morgen Dr. Lipa nach dem Patienten schaute, erklärte ich ihm, ich müßte in einer Woche wieder meinen Remonten besteigen und er müsse mich gesund machen. Er tat dies auf meine Verantwortung, ging zum Waschtisch, nahm den Gummischwamm, drückte ihn aus, bis er staubtrocken war, legte ihn auf das Knie und hielt ihn mit einer Lage über der anderen von Leukoplast nieder. Eine Woche später saß ich wieder zu Pferde. Professor Jedlicka, den ich besuchte, befahl mir, mich sofort niederzulegen, wenn ich nicht für mein Leben ein Schlotterbein behalten wolle. Ich tat es nicht und weiß nicht mehr, ob es das rechte oder das linke Knie war.

Als Dr. Lipa noch in einem Wiener Spital arbeitete und eines Tages auf dem Eislaufplatz seine Kreise zog, stürzte Erzherzog Karl und zog sich eine Verletzung zu. Man rief nach einem Arzt. Lipa verband die Wunde und fragte Seine Kaiserliche Hoheit, ob es schmerze. Der junge Prinz antwortete: »Ein Soldat kennt keine Schmerzen.« Lipa hatte sieben Geschwister. Er erzählte mir, daß sie als Kinder in Schubladen schliefen, welche aus einer Kommode gezogen wurden. Er war ein weiser Arzt, der von keiner Arznei außer Chinin etwas hielt. Natürlich mußte er Rezepte schreiben, um nicht sein Ansehen zu verlieren. Der Fabriksarzt war eine segensreiche Einrichtung. Täglich holte der Fabrikswagen Lipa zum Krankenbesuch bei den Arbeitern ab. Verordnete er den Kurgebrauch in Karlsbad, trug die Fabrik die Kosten. Oft besuchte Evi mit einer Flasche Rotwein und einem Huhn die Kranken.

Das Verhältnis zu den Arbeitern, meistens Kleinhäuslern, war ein patriarchalisches. Meine Schwiegermutter fragte einmal den Maschinisten, warum ich, wie ihr erzählt wurde, bei der Arbeiterschaft beliebt sei, und erfuhr, daß der Grund vor allem darin liege, daß ich Männer und Frauen bei ihrem Namen anspreche und mich bemühe, mit ihnen tschechisch zu reden. Die Gewohnheit, mir die Namen der Arbeiter zu merken, dürfte ich mir bereits als Gymnasiast in der Fabrik in Grottau angeeignet haben, ohne die cena Trimalchionis zu kennen.

> ... et quam benignus resalutare, nomina omnium
> reddere, tamquam unus de nobis

In No. 2 des »Spectator« (1711) schreibt Neele von einem Herrn:

> When he comes into a house he calls the servants by
> their names, and talks all the way up to a visit.

Wie Ogier Ghiselin von Busbeck in seinen Briefen aus der Türkei berichtet, grüßte der Sultan das Volk zuerst, und auch der Maler Schödl pflegte beim Grüßen dem Gegenüber zuvorzukommen. So klagte er einmal einem Bekannten: »Was sagen Sie dazu, da begegne ich meinem Hausherrn und seh ihn nicht gleich. So ein ungezogener Mensch, dankt er mir nicht einmal.«

Meine Lust zu zitieren, ist eine Folge meiner Bequemlichkeit, die mich der Mühe enthebt, meine Weisheit zu formulieren, und mir ermöglicht, mich auf Weisere zu berufen, mit denen mich zu unterhalten so viel Freude macht, ohne mich anzustrengen.

Zwar bemühte ich mich, mit den Arbeitern tschechisch zu

reden, aber es gelang mir nicht, denn nach der tschechischen Begrüßung sprachen die Arbeiter deutsch, das sie aus der Militärzeit kannten. Tschechisch lernte ich bei mir selbst. Zu meinem letzten Rigorosum bereitete ich mich bei einem Einpauker vor, einem Tschechen, der mir riet, ein Buch von Maupassant, das gerade in Übersetzung erschienen war, zu lesen und den französischen Text daneben zu legen. So lernte ich im »Maison Tellier« tschechisch. Ich brachte es so weit, daß ich in den ersten Jahren der Republik die Zbirka zakonu, das amtliche Gesetzblatt, fließend übersetzen konnte, was solange von Vorteil war, wie der deutsche Text noch nicht verlautbart wurde.

Im Oktober 1910 trat ich zum judiziellen Rigorosum an. Baron Schey ließ es sich nicht nehmen, mich, den Freund seines Sohnes Fritz, und selbst mit meinem Onkel Edmund wie auch mit meiner Mutter befreundet, zu prüfen, obwohl er stark erkältet war und zu Hause hätte bleiben sollen. Er stellte schwere Fragen, um sich zu überzeugen, ob ich das ABGB im Kopfe hätte, und war zufrieden. Professor Grünhut prüfte Handelsrecht. Seine erste Frage war »Wie wars auf der Hochzeitsreise?« Damals pflegten Studenten noch nicht zu heiraten und deshalb sprach sich meine Hochzeit unter den Professoren herum. Einige Wochen später bestand ich das rechtshistorische Rigorosum. Die kürzeste Prüfung war bei Wlassak. Der große Romanist ließ mich die Pandekten aufschlagen. Die Stelle begann mit der Überschrift: »De doli ac contra.« Ich übersetzte »die Dolusklage und Gegenklage«. »Endlich einer, der die Stelle verstanden hat«, bemerkte Wlassak und empfahl sich. So einfach verdient man selten eine Auszeichnung.

Noch stand das staatsrechtliche und volkswirtschaftliche

Rigorosum vor mir. Ich bereitete mich darauf im Februar 1911 in Monte Carlo vor. Wir reisten mit einem zweiten Ehepaar, Evis Kusine Beni und Hugo Kostersitz, und bezogen im Hotel Beau Soleil ein Appartement, Salon, zwei Schlaf-, zwei Badezimmer. Bedient wurden wir von Evis Kammerzofe, der schönen Julie, Tochter unseres böhmischen Gärtners. Ich stand zeitig auf, setzte mich im Salon an einen Tisch, genoß die Aussicht auf die unten liegende Stadt und das Meer, griff wiederholt in den neben den Büchern liegenden Korb frischer Mandarinen und bereitete mich so auf das Rigorosum vor, was mich täglich eine volle Stunde in Anspruch nahm. Wir mieteten ein Auto, besuchten La Turbie, die Reserve de Beaulieu mit der köstlichen Boullabaisse, Cap Martin, Nizza, Cannes, die Insel Sainte Marguerite und pflückten in der Straußenfarm zu Cannes reife Mandarinen, als gerade über unseren Häuptern Bleriot seine Kreise zog. Es war das erste Flugzeug, das wir sahen. Im Casino zeigten wir uns selten und immer nur für ein paar Minuten, mehr die Spieler betrachtend als das Spiel. In den Restaurants, am liebsten im Café de Paris und Chez Ciro, ließen wir es uns gut schmecken. Nach vier Wochen unter der Sonne der Riviera schifften wir uns in einem holländischen Küstenfahrer nach Genua ein. Es war ein herrlicher Tag, völlige Windstille und spiegelglatte See. Unserer Zofe Julie gelang es als einziger unter den Passagieren, seekrank zu werden. Sie wollte aussteigen. Der Kapitän ließ sich gewinnen, in San Remo anzulegen. Wir nahmen das Mittagessen im Hotel ein und erkundigten uns, ob wir ein Auto mieten konnten, das uns fünf mit dem Handgepäck – die Koffer hatten wir per Bahn befördern lassen – nach Genua brächte. Wir hatten Glück. Der Hotelier führte uns zu einem eben angekommenen funkelnagelneuen großen französischen Wagen mit einem italienischen Chauffeur, der bereit war, uns nach unserm Ziel zu bringen. Die Fahrt war kein Vergnügen. Immer wieder mußten wir vor herabgelassenen Bahnschranken halten, die erst geöffnet wurden, wenn eine Lira in die Hand des Schrankenwärters fiel. In Savona versperrte eine Kette den Weg durch das Stadttor. Zwei Carabinieri ergriffen den Chauffeur und führten ihn ab. Ich intervenierte, und wie durch ein Wunder ließ man den Mann nach Abnahme seiner Personalien einstweilen laufen, das heißt fahren. Als wir San Pier d'Arena durchquerten, befiel den lieben Hugo die Angst. Er gab mir den Revolver, den er meistens bei sich trug und verlangte von mir, ihn schußbereit zu halten, um den Weg durch das berüchtigte Hafenviertel wenn nötig mit Gewalt zu sichern. In Genua hatte ich noch ein Geplänkel mit dem Chauffeur, der einen unverschämten Preis forderte, inbegriffen den Ersatz für die Ängste, die ihn verfolgten, da die Polizei hinter ihm her war, denn den schönen neuen Wagen hätte er in Frankreich gestohlen. Genua genoß ich mehr als die Riviera. Hier war echtes Leben, kein gekünsteltes Getriebe und so viel im geschäftigen Hafen und so viel an Kunst in der Stadt zu sehen. Auch war es eine Erholung, im Restaurant des Teatro San Carlo anstelle der raffinierten, aber auf die Dauer ermüdenden französischen Küche italienische Kost vorgesetzt zu bekommen.

Auch das letzte Rigorosum bestand ich reibungslos, wenn auch keineswegs glänzend. Im März 1911 durfte ich den Dr. vor meinen Namen setzen. Damals war der »Doktor« nicht so verbreitet wie heut, wo man ihn mit wenigen Kenntnissen einer Pseudowissenschaft erwerben kann. Auch der Titel Professor hat seinen Glanz verloren, seit ihn das Ministerium wie eine Medaille verleiht. Dabei holt

das Ministerium in der Regel ein Gutachten der Universität ein. Ein solches sollte ich für einen Philharmoniker, einen Oboisten, abgeben. Ich wußte nicht, wie das Instrument aussieht, wollte nicht lügen, aber auch nicht die Ehrung verzögern. So lautete mein Gutachten einfach: »Ich habe nie einen besseren Oboisten gehört.«
Am 13. Dezember 1911 um 1 Uhr Mittag, gerade als ich die Suppe löffelte, wurde mein Sohn Rudolf geboren. Damals spielte sich eine Geburt noch zu Hause ab.

# Lissa

Wir zogen alljährlich im Mai aufs Land und kehrten erst im November nach Wien zurück. Wir hätten die große Welt bereisen können, aber wir zogen ihr unsere kleine Welt im böhmischen Lissa an der Elbe vor. Das große Areal der Zuckerfabrik war, wie bei allen Zuckerfabriken, von einer Mauer umschlossen, damit die Finanzwache die ausgehenden Zuckermengen, die mit K 38 per 100 kg, etwa zwei Fünftel des Preises, besteuert waren, kontrollieren könnte. Die Einfahrt ging über die Brückenwege der Rübenfuhren durch ein Tor, das mit dem Kutschierwagen in flotter Wendung zu nehmen Geschicklichkeit erforderte. Auf der einen Seite des Tores lag das Kanzleigebäude mit der Wohnung des Verwalters. Auf der andern Seite das einstöckige geräumige Wohnhaus der Schwiegereltern, in dem meine Frau mit mir zwei große Zimmer und eine Terrasse bezog, bis mein Schwiegervater uns im Garten eine Villa bauen ließ, die nach seinem Wunsch recht modern ausfiel. Sie hatte übermäßig dicke Mauern, weil der Architekt-Baumeister, wie es mein geschäftstüchtiger Schwiegervater wollte, die Berechnung des Honorars nach dem verwendeten Material vorzunehmen hatte. Aber der Baumeister war noch geschäftstüchtiger.
Blumenbeete zur Seite der zum Eingang führenden Stufen und Ampelops, welcher den rosafarbenen Edelputz der Mauern verdeckte, zierten das einen Kubus bildende Haus. Das Innere entsprach allen Anforderungen einer Luxusvilla. Auf dem flachen Dach, das ich mir gewünscht hatte, verbrachten wir mit unseren nie fehlenden Gästen Sommerabende bei einem Glas Chablis moutonne, den ich

mir aus Frankreich kommen ließ, oder einem roten Burgunder. Vom Dach übersah man den großen Garten, an dessen Ende, die Mauer beschattend, ein Baum mit einem Storchennest stand. Man sah ins Nest hinein, wohnte den Flugstunden der jungen Brut bei mit dem Jahr für Jahr gleichen Lehrplan. Zuerst flogen die kleinen Störche zum nächsten Baum, dann zum Kalkofen und zum Schluß auf den hohen Schornstein. Ein Storchenkind fiel durch diesen und brach einen Flügel. Er konnte den Eltern nicht nach dem Süden folgen, blieb zurück, lustwandelte im Garten und bezog ein Winterquartier neben dem Gärtnerhäuschen. Ging der Sommer zu Ende, versammelten sich die unzähligen Störche des weiten Umkreises auf den Elbewiesen und rüsteten sich zum Flug in die Ferne, woher die alten Störche im Frühling auf ihre alten Plätze zurückkehrten.

Der große Garten mit Tennisplatz war der Bereich unserer beiden Söhne und ihrer Bonnen und wurde von den Großen meist nur, um ihn Gästen zu zeigen, betreten. Dagegen besichtigten wir täglich das Glashaus, wo auch Orchideen gezogen wurden, die für unsere Villa bestimmt waren. Vom Lust- zum Gemüsegarten ließ ich eine breite Obstallee anlegen. Der Stolz des Gemüsegartens, der auch die Beamten versorgte, waren Spargeln, die in dem sandigen Boden besonders gediehen, und allerlei Melonen. Inmitten des weiten schattigen Gartens stand das Gartenhaus mit der Gärtnerwohnung und einem großen Zimmer, in welchem der Fabrikschemiker Fleischer wohnte. Während der Campagne, die keine hundert Tage währte, machte er fleißig Analysen, und die langen Ferien waren ihm so lieb, daß er jedes Avancement zum Adjunkten mit der Aussicht auf einen Direktorsposten von sich wies. Die freie Zeit widmete er der böhmischen Geschichte und

Kunstgeschichte. Als ich nach vier Kriegsjahren wieder mein Arbeitszimmer betrat, fand ich alles so vor, wie ich es verlassen hatte, nur ein Buch fehlte, das ich, als ich in den Krieg zog, auf dem Schreibtisch hatte liegen lassen: den Petronius, im Original! Fleischer tat sich am Gastmahl des Trimalchio gütlich. Ich gönnte es ihm. Sein Tschechentum ließ ihn entdecken, daß der Buchdruck eine tschechische Erfindung sei, denn Guttenberg müsse aus Kuttenberg, der alten böhmischen Bergstadt, gekommen sein, und Fust oder Faust sei doch nichts anderes als die Übersetzung von Stiasny ins Latein.

Mein Arbeitszimmer, dessen Wände mit Sporck'schen Kupferstichen geschmückt waren, enthielt eine gute Bibliothek, vor allem Bohemica, darunter alle Sporck-Drukke, die ich bei Antiquaren auftreiben konnte.

In vollen Zügen genoß ich das Glück des Reitens, im Winter in Wien, im Sommer in Lissa. In Wien ritt ich im Prater und wenn der Boden gefroren war, in der Reitschule, in welcher meine Pferde unter der Obhut meines Reitburschen standen. Die Reitschule, die in der Nähe des Praters lag, gehörte zwei größeren Pferdehändlern, nennen wir sie Weiß und Braun. Wohl ihr größter Kunde war der Fürst Esterhazy, und darüber war eine Anekdote im Umlauf: Als eine frische Partie von irischen Jagdpferden eingetroffen war, fuhr Braun nach Eisenstadt und machte ein gutes Geschäft. Der Fürst drückte ihm gleich den Kaufpreis in die Hände, es waren neun Tausendkronen-Noten. Auf der Rückfahrt überzählte Braun die schönen Scheine und sah, daß der Fürst sich geirrt hatte, denn es waren nicht neun, sondern zehn Scheine. Jahre gingen vorüber und Braun lag im Sterben. An seinem Bett kniete sein Sohn. Der alte Braun sammelte seine letzten Kräfte. »Sei immer ehrlich«, sagte er und erzählte ihm von den

Gewissensbissen, welche ihm die irrtümlich bezahlten tausend Kronen bereitet hätten. »Und siehst du, mein Sohn, die Ehrlichkeit hat gesiegt. Weiß hat seine Hälfte bekommen.«

Aber tausendmal schöner als im Prater waren die Ritte in Lissa. Um 5 Uhr früh kam aus dem Städtchen der Fotograf Leiner. Sein Ahnherr war mit vielen seiner Landsleute aus Westfalen im Herzen Böhmens vom Reitergeneral und Türkensieger Johann Sporck, der die Herrschaft Lissa erhielt, angesiedelt worden. Leiner kam nicht, um mich zu fotografieren, sondern zu rasieren. Vor dem Haus wartete der Stallbursch mit den Pferden. Der Ritt ging über die Elbewiesen mit ihren springbaren Gräben und durch die herrlichen Lissaer und Brandeiser Föhrenwälder mit ihren langen Durchschlägen auf sandigem Boden, prächtigen Galoppierbahnen. Meine liebste Gangart war der flotte Trab im ³/₄-Takt des Walzers. Oft ritt Evi mit mir. War ich mit dem Reitburschen allein, durchforschte ich die Gegend, und dabei entdeckte ich das Jagddenkmal Karls VI. von Matthias Braun, das Franz Anton Sporck dem Kaiser errichtete, mitten in einem Kornfeld und inmitten eines undurchdringbaren künstlich angelegten Gehölzes den schlichten Stein, der die Stelle bezeichnet, an der Fürst Adam Karl Schwarzenberg von der Kugel Karls VI. tödlich getroffen wurde, weil er ihn für einen Bock gehalten hatte. Der Kaiser war untröstlich und blieb es auch, als das Opfer des Jagdunfalls ihm versicherte, er empfinde es als höchste Ehre, sein Blut für Seine Majestät zu lassen. In der Familie des Opfers allerdings erhielt sich eine andere Version, eine recht derbe Äußerung des Be- und Getroffenen. Ich liebte die Gegend, die Felder und Wälder, ihre Dörfer, ihre Flüsse, Elbe und Iser, den Blick auf das auf einem die Landschaft beherrschenden Hügel thronende Schloß, die Wenzels-Eremitage in Waldesmitte, das barocke Lustschloß Bonrepos und beschloß, die Geschichte der Landschaft zu schreiben.

Aus der Biographie der Landschaft wurde die Biographie des einstigen Schloßherrn von Lissa und Bonrepos, Franz Anton Graf von Sporck, dessen Tagebücher und Briefe im Prager Nationalmuseum die Hauptquelle für diesen sonderbaren Mann boten, dessen Leben ich aber erst nach dem Krieg beschrieb.

Manchmal führte mich der Morgenritt nach Brandeis zur Alten Mühle, die von dem Eigentümer des Prager Tagblattes, Wilhelm Mercy, zu einem reizenden Sommersitz umgestaltet war. Seine bildschöne Frau begrüßte mich zu früher Stunde in Schlafrock und Spitzenhäubchen und kredenzte zu einem Gansleberbrötchen ein Glas Champagner als Reitertrunk. Die drei Töchter, eine schöner als die andere, waren vorzügliche Reiterinnen, von ihrem Vater herangebildet, und im Stall der Mühle standen mindestens 6 Pferde, betraut von einem Freund des Hauses, Baron Rummerskirch, als Stallmeister. Herrlich waren unsere gemeinsamen Ritte. Mimi, die älteste Tochter, heiratete meinen Schwager Max, die jüngste, Lisi, meinen jungen Freund Edgar Morawitz (in zweiter Ehe einen Grafen Nostitz). Die mittlere starb in jungen Jahren. Wilhelm Mercy, ein hochgewachsener blonder Mann, war ein guter Reiter und Herrenfahrer, der im Viererzug von Prag nach Alt-Aussee, wo er eine Villa hatte, fuhr. Den Winter verbrachte er zum Teil an der Riviera. Er war ein Lebenskünstler. Im Hause Mercy in der Prager Herrengasse gab es die beste Küche und zu jedem Gang den richtigen Wein. Als sein Vater, der Gründer des Prager Tagblattes, starb, rief der Erbe die Redakteure zu sich. »Wie heißen Sie?«, fragte er den ersten. »Kohn.« – »Sie heißen von heute an Keller.« Zum nächsten: »Wie heißen Sie?« – »Kohn« – »Von heute an nennen Sie sich Christian.« Und so ging es weiter. Keller gestaltete das Blatt zu einem der größten und besten der Monarchie, gründete den Schulbücherverlag, baute die Druckerei aus, gab während des Krieges die im Kriegsgebiet verbreitete Ostrauer Zeitung heraus und erfreute sich eines ausgezeichneten Stabes von Mitarbeitern. Mercy überließ der Redaktion die Arbeit. Alle Angestellten und Arbeiter liebten ihren Chef, seine Großzügigkeit, seinen Verstand, wenn er einmal selbst eine Entscheidung treffen mußte, seine Noblesse. Und während er durch die Brandeiser Wälder ritt, überflügelte das Prager Tagblatt die »Bohemia«.

Selten hat ein Grandseigneur ein Unternehmen so glänzend geführt wie Mercy. Er ließ es nämlich andere und die Richtigen führen.

Die Zuckerfabrik hatte einige Höfe des Schloßherrn von Lissa, Graf, später Fürst Rudolf Ferdinand Kinsky, gepachtet, einem Herrenfahrer und Reiter, dessen Hindernisbahn in seinen Wäldern uns zur Verfügung stand. Er überließ uns einmal einen irländischen Fuchsen, den meine Frau ritt und der auch zur Ausfahrt vor einen Dogcart gespannt wurde, wobei ihm künstliche Veilchenbouquets an die Schläfen gesteckt wurden, wenn Evi kutschierte. Den Wagen ließ ich als Geschenk für sie bei Armbruster in Wien bauen.

Einmal ersuchte mich Kinsky, den Plan zu einer Straße, die wir von einem Meierhof zur Fabrik bauten, zu ändern, da ihr einige alte Eichen zum Opfer fallen würden. Wer heute die Straße benützt, dürfte sich wundern, warum sie in dem völlig ebenen Terrain so viele Biegungen aufweist.

Nach dem täglichen Morgenritt, der drei bis vier Stunden

dauerte – wir ließen am nächsten Tag die Pferde rasten und bestiegen die ausgeruhten –, gab es ein ausgiebiges Frühstück und anschließend ein langes Schwimm- und Sonnenbad in und an der Elbe mit ihrem Strand aus Granitsand, in den wir uns vergruben und der, standen wir auf, nicht an uns klebte, sondern abrollte. Die starke Strömung gestattete nicht, gegen den Strom zu schwimmen und nötigte, die durchschwommene Strecke auf grasigem Boden zurückzugehen. Im Bootshaus hing an festen Gurten der 7 m lange, in der Mitte 70 cm breite Sculler, den ich in Dresden erstand und in dem ich zuweilen Tagestouren unternahm. Dabei wechselte ich mit meinem jeweiligen Gefährten stündlich Rollsitz und Steuer. Talaufwärts gegen Nimburg ruderten wir von 6 Uhr früh bis 6 Uhr abends, mit einigen Rasten, und ließen uns dann in weniger als einer Stunde nach Hause treiben. Glitt das Boot lautlos dahin, boten sich Wildenten und Rehe, Kaninchen oder eine Fischotter unbekümmert unserem Blick. Zuweilen flog ein Fischreiher über uns. Weniger anstrengend als die Bergfahrt war die Fahrt elbeabwärts nach Brandeis, die ich vorzog, wenn ich eine Frau oder ein Fräulein am Steuer hatte. In Brandeis erwarteten uns dann ein Kutschierwagen und ein Ochsengespann, auf den der Sculler verladen wurde. Die Aulandschaft der Elbe und die Wälder erscheinen mir noch zuweilen im Traum, wobei ich sie im flotten Trab durchreite. An keiner Landschaft hängt mein Herz so stark wie an diesem böhmischen Garten Eden.

Noch sei ein kleiner Vorfall aus meiner böhmischen Zeit erwähnt. Eines Tags erhielt ich ein kurzes Schreiben, vermutlich mit einem in Tinte getauchten Streichholz geschrieben, in welchem ich aufgefordert wurde, einen rechten hohen Betrag an einer bestimmten Stelle zu

erlegen, und zwar inmitten einer größeren versumpften Wiese. Die mit »Die schwarze Hand« gezeichnete Zuschrift übergab ich der Prager Polizeidirektion. Der Polizeirat, mit dem ich sprach, schüttelte den Kopf, denn die Schrift schien ihm bekannt zu sein, aber der Schreiber mußte sich noch, wie der Polizeirat meinte, im Gefängnis in Jung-Bunzlau befinden. Er riet mir, an der bezeichneten Stelle ein mit Papierschnitzeln gefülltes Säckchen zu hinterlegen. Der Erpresser, der mir drohte, im Falle, ich seinem Wunsche nicht entspreche, mich und meine Familie ins Jenseits zu befördern, ging nicht in die Falle, vielleicht dadurch entmutigt, daß er an dem Tage, an welchem ich das Geld hinterlegen sollte, einen Gendarmen in voller Ausrüstung in die Fabrik kommen sah, was übrigens ohne Zusammenhang mit dem Drohbrief war. Es handelte sich um die Fahndung nach einem wegen Desertion verfolgten Arbeiter. Mein Fall, an sich nicht besonders interessant, brachte mir bei meiner Vorsprache in der Polizeidirektion die Bekanntschaft mit Polizeidirektor Wenzel Olić. Leider konnte ich damals nichts von seiner späteren Berühmtheit ahnen.
Der Hofrat Olić war schon damals berühmt. Es war ihm die Aufdeckung der Anarchistengesellschaft »Omladina« gelungen, wobei er sich des Spitzels Mrva bediente, der den Verschwörernamen Rigoletto von Toscana führte. Mrva wurde von zwei Omladisten am Weihnachtsabend, als er das Bäumchen schmückte, erdolcht.
Olić ist der Polizeirat Alois Otschin in Gustav Meyrinks »Golem«. Meyrink hatte einen Offizier gefordert, ihm in einer Ehrensache Genugtuung zu geben. Der Ehrenrat des Regiments sprach Meyrink die Satisfaktionsfähigkeit mit der Begründung ab, er sei als unehelicher Sohn einer Schauspielerin nicht satisfaktionsfähig. (Angeblich war

Meyrink der Sohn eines Wittelsbachers.) Meyrink führte in vielen Petitionen Klage gegen das Regiment. Da erschien eine tief verschleierte Dame, die ihren Namen nicht nennen wollte, bei dem Herrn Hofrat und beschuldigte den Bankier Meyrink schwerer Unterschleife. Meyrink kam in Untersuchungshaft, das Banklokal wurde verriegelt, und als der völlig unschuldige Häftling entlassen wurde, war sein Bankgeschäft zugrundegerichtet. So gebührt dem Hofrat Olić das Verdienst, daß Meyrink einer der fruchtbarsten deutschen Schriftsteller wurde. Um ihn versammelte sich im Café Frohner (heute Imperial) eine Runde, welcher der Polyhistor Eckstein und der Dichter Paul Busson angehörten. Meyrink unterhielt den Kaffeehaustisch mit seinen fantastischen, köstlichen Geschichten, ohne daran zu denken, sie niederzuschreiben. Eines Abends, als die Kellner bereits die Lichter löschten, begleiteten die beiden genannten Freunde Meyrink zu seiner Stube im obersten Stock eines Hauses in der Kärntnerstraße, sie legten auf den Schreibtisch einen Stoß Papier und ein Dutzend gespitzter Bleistifte, sperrten die Türe von außen ab, nachdem sie ihm erklärt hatten, die würden sie erst wieder aufsperren, wenn er zwei seiner Erzählungen niedergeschrieben hätte. So geschah es, die Manuskripte wurden an Langer eingesandt und Meyrink wurde der Liebling der Leser des Simplicissimus.

In Olić steckte ein in österreichischer Uniform verkleideter tschechischer Patriot. Der Polizeidirektor hatte eine Tochter, die von Frau Benesch gewonnen wurde, ihre Wohnung der »Maffia« zu Abhaltungen ihrer Sitzungen zur Verfügung zu stellen. Benesch selbst übergab ihm 20 Kisten der Schriften und Korrespondenz Masaryks, der bereits Prag verlassen hatte, zur Aufbewahrung. Die Verbindung des geschätzten Polizeidirektors kam auf, als ein Mann namens Maresch die Aufmerksamkeit des österreichischen Grenzpostens wegen wiederholten Überschreitens der Schweizer Grenze erregte. Bei der Visitation durch den österreichischen diensthabenden Offizier fiel diesem auf, daß die Knöpfe an Mareschs Rock mit Stoff überzogen waren. Beim Auftrennen kamen winzige Papierstreifen zum Vorschein, deren Entzifferung wichtige Mitteilungen der tschechischen Emigranten an die Mitglieder der Maffia ans Licht brachten. Maresch fauchte, als ihm die Knöpfe abgetrennt wurden, empört den Offizier an und drohte, ihn bei seinem Auftraggeber, dem Polizeidirektor, zu verklagen. Der ahnungslose Bote glaubte, er wäre nur ein braver Kurier im schwarz-gelben Dienst. Olić entging dem Galgen durch die von Kaiser Karl gewährte allgemeine Amnestie, und so empfing der k. k. Hochverräter die höchste Auszeichnung, welche die neue Republik zu vergeben hatte: die Revolutions-Medaille.

In den letzten Friedensjahren, in denen ich so köstliche Sommer und Herbste in Böhmen verlebte, verspürte ich nichts von den in Parlament und Landtagen stattfindenden Nationalitätenkämpfen, von denen in den Zeitungen zu lesen manchmal recht lustig war. Immerhin hatte ich einmal die Gelegenheit zu sehen, wie in der Staats- und Landesverwaltung die Tschechen bereits die Oberhand über die Deutschen Böhmens gewonnen hatten. Im Rübeneinzugsgebiet unserer Zuckerfabrik Černožic, nahe von Königinhof, lag das Gut Kukus. Es war Eigentum einer Stiftung jenes Grafen von Sporck, dessen Biographie meine erste historische Arbeit sein sollte. Das Erträgnis des Gutes fiel einem »Spital« zu, dessen Pfründner noch in der pittoresken Kleidung des Barocks ein sorgloses Alter verbrachten.

Die Stiftung schrieb eine Neuverpachtung aus. Es meldeten sich mehrere Bewerber, und ich reichte namens unserer Firma ein Gesuch ein, in dem diese erklärte, jedes Angebot überbieten zu wollen. Ich sprach bei der Statthalterei, der Aufsichtsbehörde über Stiftungen, vor, wiederholte die schriftlich erteilte Zusage, konnte aber nichts erreichen, da der Referent erklärte, aus politischen Gründen die Pacht nur einem Tschechen zuschlagen zu können. Ein solcher erhielt auch die Pachtung des Gutes Kukus, zwar zu einem angemessenen Zins, aber dieser wurde immer wieder sehr erheblich herabgesetzt. Die armen Pfründner aber hatten unter ihrer Ausbeutung durch einen von Politikern protektionierten Tschechen zu leiden.

Die Beamten meiner Firma waren fast ausnahmslos Tschechen, fleißige Arbeiter, tüchtig, mit ganzer Seele mit dem Geschäft verbunden, man hätte keine besseren finden können. Daß es Tschechen waren, konnte man nur ihrem Bekenntnis entnehmen, denn sie alle sprachen deutsch als ihre oder wie ihre Muttersprache. Wir hatten einen Güterdirektor, den man für einen Deutschnationalen hätte halten können. Er schickte seinen Sohn ins deutsche Gymnasium und später ins tschechische Gymnasium, wo man über seine Schwächen hinwegsah. Er wurde dort zum tschechischen Chauvinisten.

Unsere Beamten waren Muster der Ehrlichkeit. Nur einmal entdeckte ich bei einem, daß ich in einem Zeugnis ihm nur die Note 605 (nicht ganz ehrlich) hätte geben dürfen. Die große Verlockung für die Beamten waren Provisionen von Lieferfirmen. Die Grundrente des Gutsherren, der sein Gut verpachtete, bewegte sich um 4%, der Pächter konnte, unter sehr günstigen Umständen, bis zu 10% des von ihm investierten Kapitals verdienen. Die großen Fideikommisse mußten oft sich mit einer sehr mäßigen Grundrente abfinden.

Einmal erstand ich für unsere Meierhöfe eine Strohpresse bei einer Fabrik landwirtschaftlicher Maschinen. Vorher hatte ich mich bei einem mir befreundeten Gutsbesitzer erkundigt und dieser riet mir, einen 15%igen Rabatt zu verlangen, wie ihm selbst eingeräumt worden war. Als ich dann über den Preis verhandelte, zeigte mir der Verkäufer die von ihm ausgestellte Rechnung über 10 Strohpressen an eine fürstliche Güterdirektion, ohne daß irgendein Rabatt gewährt wurde. Dabei handelte es sich vielleicht weniger um die 15%, die dem Fürsten vorenthalten wurden, als um das hinausgeworfene Geld für die 10 Strohpressen, von denen neun unausgenützt in einer Scheune verrosteten.

# Industrieller und Landwirt

Obwohl ich Gesellschafter der Zuckerfabriken der Familie meiner Frau war und mein Schwiegervater mich zum Mitarbeiter heranzog, nahm mein Beruf nur wenig Zeit in Anspruch. Nachmittag ritt ich nach dem Meierhof Šibic, dem Sitz unseres Güterdirektors Bondy, der mir Unterricht in der Landwirtschaftslehre gab. Er hatte noch an der Technik Bodenkultur studiert. Ich lernte nach den vier Bänden von Kraft Ackerbau, Viehzucht, Maschinenbau und Betriebslehre und glaube, ich hätte die Prüfungen an der Hochschule für Bodenkultur bestanden. Als Sohn meines Vaters beschäftigte ich mich auch, wenn auch nur theoretisch, mit Vorliebe mit organischer Chemie. Natürlich erwarb ich mir auch Kenntnisse in der Zuckerfabrikation, aber mein eigentliches Gebiet war die Rechtsberatung, die Abfassung von Verträgen, die Mitwirkung bei den Bilanzen, die Verfassung der Steuererklärungen. Ich nahm an den Verband- und Kartellsitzungen teil und ergriff hie und da, noch recht schüchtern, wie es der Jugend geziemte, das Wort.
Mein besonderes Interesse galt, wie gesagt, der Landwirtschaft. Wir hatten vom Grafen (später Fürsten) Rudolf Ferdinand Kinsky die Meierhöfe der Herrschaft Lissa gepachtet. Damals standen zwar Dampfpflug, Sämaschinen und Dreschgarnituren im Dienst, aber ohne daß die Viehhaltung Einbuße erlitt. Unsere Milchkühe kauften wir auf dem Markt in Leibnitz in Steiermark oder im Montafon, auch in der Nähe von Dresden, wo wir eine Herde der milchreichen friesischen Kühe erstanden, einmal aus Neugierde von einem niederösterreichischen Landwirt 20 shorthorns aus Guernsey.

Im Frühjahr 1914 begleitete ich unseren Ökonomiedirektor nach der Murinsel, um Pferde, und nach Siebenbürgen, um Zugochsen zu kaufen. Wir wurden an einer Bahnstation in der Nähe von Klausenburg von dem Viehzüchter empfangen und auf seine Puszta geführt. Wir musterten die bereits wartende Herde der langhörnigen Rinder und übernahmen deren zweihundert. Über den Preis aber wollte der Verkäufer erst nach dem Mittagessen sprechen. Dabei wußten beide Teile, welcher Preis herausschauen werde. Aber ein vorhergehendes Handeln war einmal unabänderliche Sitte. Die Familie Pap bewohnte ein stattliches Bauernhaus mit vielen gut eingerichteten Zimmern. Dahinter lag ein Hof für das Gesinde. Ich sah einige sehr hübsche Mädchen in schmucker rumänischer Tracht, die vermutlich den Harem der Haussöhne bildeten. In einem weiteren Hof stand der Stall der Büffelkühe, die zwar sehr wenig, aber eine köstliche Milch geben. Siebenbürgen, das war ein Land, in dem man leben sollte. In dieser fruchtbaren, waldreichen und bergigen Landschaft lebten in bunter Harmonie »Sachsen«, Magyaren, Szekler, Armenier und Rumänen. Hier erhob sich die westliche Kultur im orientalischen Gewand zur letzten Steigerung. Das Mittagessen war eine harte Prüfung, die den Schweiß von meiner Stirne tropfen ließ. Am Tisch saßen die vier Brüder Pap; der älteste besorgte die Landwirtschaft, der zweite den Viehhandel, der dritte die große Käserei. Für den Vierten war kein Platz in der Wirtschaft mehr frei. Man ließ ihn Jus studieren und kaufte für ihn ein Abgeordnetenmandat im Budapester Parlament. Ich habe die vielen Gänge, die aufgetischt wurden, nicht gezählt. An der Tafel thronte die Mutter der vier Söhne, eine Maria Theresia, in schwarzer Seidenrobe. Nach dem Gansbraten, der als Nachspeise dem Beefsteak folgte, zündete sie sich eine Virginia an. Das habe ihr der Arzt verordnet, damit sie nicht zuviel esse. Ich revanchierte mich mit einem Abendessen im Hotel New York in Klausenberg. Dazu spielte eine Zigeunerkapelle, die als beste in Ungarn galt. Klausenburg-Kolosvar! Eine wunderbare Stadt. Schon die Ankunft entzückte. Verließ man den Bahnhof, setzte man sich in einen der vielen Fiaker und dann begann auf der breiten Straße ein Wettrennen der flinken Traber, Musik der Hufe und Genuß der Geschwindigkeit.

In der Fruchtfolge lösten Rübe, Wintergetreide, Sommergetreide und Klee einander ab. Mehr aus Gefälligkeit und um der Wissenschaft zu dienen, richteten wir in Lissa eine Saatzuchtstation für Weizen und vor allem für Gerste ein, wofür Professor Erich Tschermak-Seysenegg, der Wiederentdecker der Mendel'schen Gesetze und Gründer der Pflanzenzuchtstation in Groß-Enzersdorf, die Anleitung gab. Während des Krieges wurden die Getreidepreise amtlich festgesetzt, wobei für Saatgetreide ein erheblicher Aufschlag genehmigt wurde. Wir verdienten damit ein gutes Stück Geld, auch zur Freude des Professors, der am Gewinn beteiligt war. Als die Republik zu wirken begann, wurde unser Saatgut bemängelt und nicht mehr anerkannt, weil die Gutachten von einem österreichischen Professor stammten. Wir halfen uns, indem wir ein tschechisches Gutachten einholten, das wir so gut honorierten, daß das angezweifelte Saatgetreide wieder einwandfrei wurde.

Auch die Tätigkeit als leitender Verwaltungsrat der mährischen Zuckerfabrik Doloplass drückte mich nicht. Ich fand mich täglich nachmittags im Wiener Bureau dieser Gesellschaft in der Elisabethstraße zu einer Besprechung mit dem Präsidenten Robert von Schoeller ein. Ich fungierte als Vizepräsident. Mit Robert von Schoeller zusammenzuarbeiten, war ein Vergnügen. Sein klarer

Verstand, seine Kenntnisse der vielen von ihm geleiteten Betriebe, seine Bescheidenheit, seine Liebenswürdigkeit bleiben allen unvergeßlich, die das Glück hatten, mit ihm zu arbeiten. Bei meiner Tätigkeit für Doloplass verdiente ich mir in Kartellfragen und besonders als Steuerjurist die Sporen.

Doloplass konnte sich der besten Mastochsen der Monarchie rühmen. Sie lieferten dem Kaiser und Rothschild den Tafelspitz. War eine Partie von gegen 100 Ochsen aufgemästet, wurde sie vom kaiserlichen Rat Schedl (Neumayer am Hof) besichtigt und dann in Wien mit ihm verhandelt. Dabei bedienten wir uns als Mittelsmann eines Agenten, namens Rosenberg. Er war ein eleganter Mann, stadtbekannt durch seine von einem erstklassigen Schuster stammenden und liebevoll gepflegten Schuhe. Er durfte sich dank der ihm mühelos zufließenden Provisionen dies und andres leisten. Rosenberg nannte mir den erzielbaren Preis, z. B. K 100 für 100 kg Lebendgewicht. Wie es das Zeremoniell vorschrieb, verlangte ich K 101 und der kaiserliche Rat bot K 99. Nach einer Stunde einigten wir uns auf K 100. Ein einziges Mal verkauften wir eine kleinere Partie, um Schedl zu zeigen, er möge sich keine Monopolstellung anmaßen, einem andern Abnehmer. Dabei lernte ich die Schliche von Viehhändlern kennen. Daß ich mich ihnen entziehen konnte, verdankte ich meinen noch wachen Kenntnissen des Strafgesetzes, dessen Erwähnung genügte, um die Gauner einzuschüchtern. In der Zeit der ärgsten Inflation begegnete ich einmal Rosenberg, dem arbiter elegantiarum. Er war völlig niedergeschlagen und wollte sich das Leben nehmen, sein Vermögen war dahin, die Schande der Verarmung wollte er nicht ertragen. Ich suchte ihn zu trösten. Er brauche sich nicht zu schämen, wie ich höre, stehe sogar der Castiglione vor der Pleite. Damit richtete ich Rosenberg auf, und neue Lebenslust schien in ihm zu erwachen.

Über die Lage auf dem internationalen Zuckermarkt unterrichtete uns ein witziger Agent, namens Frankl. Eines Tages erschien er in tiefer Trauerkleidung, schwarz von oben bis unten. Auf die Frage, ob er einen Todesfall in der Familie hätte, antwortete er: »Wissen Sie nicht, daß sich heute der Tag jährt, an dem Amerika entdeckt wurde?« Damals war von New York eine Baisse in Zucker ausgegangen, welche dem österreichischen Export Verluste brachte.

Unsere mährischen Pachtungen bestanden in den Gütern Doloplass, Dobromelic, Vicomeric und Mährisch-Pruss. Das Gut Doloplass gehörte Baron Ulm-Erbach, einem lieben Herrn von über 80 Jahren. Das alte Schloß war abgebrannt, und an seiner Stelle stand ein nüchterner, geschmackloser Neubau. Die Versicherungssumme mußte nach den Bedingungen der Brandschadenversicherung zum Wiederaufbau verwendet werden. Der alte Baron und seine Gattin kamen alljährlich zu einem nur zweitägigen Besuch. Ihr Sommersitz lag in der mährischen Walachei, wohin ich einmal anläßlich der Verlängerung des Pachtvertrages kam. Zu dem Waldgut gehörte ein Tiergarten, in dem Damwild gehalten wurde. Der alte Herr lud mich ein, einen Bock zu schießen. Als ich gestand, kein Jäger zu sein, machte ihn die Freude darüber um Jahre jünger. Er wollte mich, seit er den Wildbestand nicht gefährdet sah, gar nicht fortlassen.

Das Gut Doloplass war mit einer fideikommissarischen Substitution belastet. Zu den Nacherben gehörten Graf Brandenburg-Zeppelin und Hans Freiherr von, zu und auf Bimbach. Der letztgenannte, einst deutsche Marineur und später k. u. k. Rittmeister im Dragonerregiment Nr. 6,

wollte wie auch die andern Beteiligten nicht noch lange auf das Ableben des völlig gesunden alten Herrn warten, und meine Gesellschaft löste ihre Ansprüche ab, wobei wir das Gut großzügig bewerteten. Als nach dem Krieg der alte Ulm-Erbach starb, war das Geld, das die Erben Jahre vorher erhalten hatten, nur mehr einen verschwindenden Bruchteil wert. Wir leisteten eine noble Nachzahlung. Zu dieser Zeit erhielten wir einen Brief von Baron Fuchs, in dem er bat, bei der Mährischen Eskomptbank zu intervenieren, die von ihm die Bezahlung der von ihm gezeichneten und wie üblich von der Nationalbank belehnten Kriegsanleihe forderte. Das drohte ihn an den Bettelstab zu bringen. Wir sprachen in Brünn mit dem Bankdirektor, und die Forderung wurde gestrichen. Während des Gesprächs ließ der Direktor einen Brief des Rittmeisters holen: »Sehr geehrte Herren, ich ersuche Sie zur Kenntnis zu nehmen, daß ich nicht, wie Sie mich anreden, Hans Fuchs heiße, sondern Hans Freiherr Fuchs von und zu Bimbach. Was würden Sie sagen, wenn Sie Kanalgitterbestandteil hießen und ich Sie mit Herr Kanal anredete?«
Dobromelic hatten wir vom Olmützer Domkapitel gepachtet. Die Pacht lief ab; es gelang nicht, sie zu verlängern, obwohl wir erklärten, jedes Offert überbieten zu wollen. Die Pacht erhielt ein tschechischer Fleischhauer, der in einem nordmährischen Städtchen lebte, zu so günstigen Bedingungen, wie wir sie nie erhalten hätten. Im Domkapitel dominierten die Tschechen, welche eine Verpachtung an eine deutsche Firma nicht wünschten. Der neue Pächter erkaufte von einem unserer Großaktionäre ein Aktienbündel, womit er in unseren Verwaltungsrat kooptiert wurde. Er gewann unser volles Vertrauen, und wir übertrugen ihm die Oberleitung der landwirtschaftlichen Betriebe, worin er sich vorzüglich bewährte.

Dobromelic war, ehe es vom Domkapitel erworben wurde, Defours'scher Besitz. Gräfin Defours lebte nun mit ihrer Schwester Gräfin Bukowsky in einem Bauernhaus. Ich kannte sie durch meinen Onkel, ihren Rechtsfreund. In dem Schlosse, das nur mehr als Schüttboden diente, gab es einst ein großes Zimmer, dessen Boden, in seiner Gänze von einem Matratzenlager bedeckt, als Bett diente. Das war zur Zeit der jungen Liebe. Eines Tages nahm der Graf seine Kinder, einen Knaben und ein Mädchen, entführte sie nach Amerika und blieb verschollen, bis mein Onkel seinen Aufenthalt feststellen und die Kinder nach Europa bringen konnte. Der Sohn wurde im Theresianum erzogen und übernahm das der Familie gebliebene Gut in Nordböhmen, die Tochter, eine schöne aristokratische Erscheinung, wurde Ärztin.

Die Herrschaft Prödlitz gehörte dem Grafen Kalnoky, Vicomeric Clementine Metternich und ihrer Schwester Gräfin Öttingen-Wallerstein, den Töchtern von Pauline Metternich. Der Kanzler hatte schon dort Rüben gebaut – Doloplass war eine der ältesten Zuckerfabriken in der Monarchie – und sich auch als Gutsherr darüber gefreut, daß er als Schutzpatron der Zuckerrübe über Kolowrat den Sieg davontrug, der sich für den Rohrzucker und die Interessen des Triester Hafens eingesetzt hatte.

Mährisch-Pruss gehörte zur Kaunitzschen Herrschaft Austerlitz. Es eignete sich wegen seiner höheren Lage und guten Weidebodens zu Pferdezucht. Von allen unseren Meierhöfen war keiner so oft und schwer vom Hagel betroffen wie dieses Gut.

Wir hätten noch gern ein anderes Gut gepachtet. Gräfin Jennison hatte sich mit ihrem Pächter zerstritten und begann, mitten im Krieg, es selbst zu bewirtschaften. Als ich im nahen Olmütz in Garnison lag, besuchte ich sie. Es war mitten im Winter. Sie empfing mich im ungeheizten Salon, da sie keine Kohle hatte. Sie war seit einigen Jahren Witwe. Graf Jennison verliebte sich in sie, als sie, eine gefeierte Sängerin, in Agram glänzte. Sie erschien, eine sehr reizvolle Erscheinung, in einem kostbaren Pelz, und wir begannen eine ganz allgemeine Konversation, die sie mit Geist und Witz führte. Ich wollte nicht mit der Tür ins Haus fallen, und da sie mir sagte, sie wolle nächstens auf ein paar Tage nach Wien fahren, bat ich sie, mit mir bei Sacher zu soupieren. Da öffnete sich die Tür, und es erschien ein zwei Meter hoher, schlanker Montenegriner in seiner Nationaltracht, eine Augenweide für Bildhauer und Maler. Er stellte sich mir vor, nahm an unserer jetzt französisch geführten Unterhaltung teil, ließ mich nicht mehr mit der schönen Frau allein, und so empfahl ich mich, von dem Montenegriner aus dem Feld geschlagen. Ich erfuhr dann, daß die elegante Frau auch eine tatkräftige Gutsfrau sein konnte. Sie hatte vor kurzem auf einem entlegenen Markt Vieh gekauft und es selbst zu ihrem Hof getrieben und ein andermal ein Gefangenenlager besucht, um Arbeiter aufzunehmen und dabei den Montenegriner entdeckt.

## Schwager Max Benies

Meine Reiterei wurde von meinem Schwager Max weit übertroffen. Er besuchte die Realschule im 3. Bezirk als ein schwacher Schüler, dem es aber glückte, immer durchzukommen. Im Frühjahr 1911 gab es den großen internationalen Concours hippique auf dem Trabrennplatz im Prater. Max begann seine Reiterei in Lissa auf einem Vollblütler, den der Rothschildstall, weil das Pferd zu klein war, um K 400 verkaufte. Es war ein herrliches Rennpferd und vorzüglicher Springer. Max schwänzte die Schule und nahm an der Springkonkurrenz auf »Baba« unter 70 Reitern teil. Die ersten Plätze besetzten große internationale Reiter. Den vierten Preis erhielt Max. Die kaiserlichen Offiziere kamen erst hinter ihm. Obwohl ausgezeichnete Reiter, hatten sie noch nicht den neuen, in Italien erprobten Stil angenommen und verloren dadurch den Ruhm, den sie als Sieger in Turin vor wenigen Jahren erritten hatten. Max erhielt vom Preisrichter, unserem Grafen Kinsky, den Ehrenpreis, einen silbernen Pokal. Evi und ich verfolgten mit großer Aufregung das Springen und fuhren mit Max im Triumph nach Hause. Die ahnungslosen Eltern waren höchst überrascht, als sie den Sohn im roten Frack und weißen Hosen, den Pokal in der Hand, statt im Schulanzug mit Schulbüchern vor sich sahen.
Zwei Jahre später studierte Max an der Technischen Hochschule in Charlottenburg. Ob er außer bei der Immatrikulation dort zu sehen war, bezweifle ich. Der Herausgeber des »Sankt Georg«, ein berühmter Reiter, fand solches Gefallen an ihm, daß er ihn in die Hand nahm und ihn in der italienischen Springtechnik perfektionierte,

die Max zu vielen Siegen führte. In der Pardubitzer Steeple Chase war er zweimal Zweiter. Später wechselte er zum Rennreiter über und zog sich, wie es bei Herrenreitern üblich ist, nach seinem 100. Sieg zurück.

Im Februar 1914 verbrachte ich mit Evi zwei Wochen in Paris, wo wir von Vater Michel einen Brief empfingen, wir möchten über Berlin zurückfahren, um bei Max nach dem rechten zu sehen. Max wohnte in einer vornehmen Pension »Unter den Zelten«. Evi fragte, ob er nicht weniger Geld ausgeben könne. Ich bemerkte auf seinem Toilettentisch eine lange Reihe von Monokeln. Auf meine Frage, ob er alle brauche, meinte er, sie seien sein einziger Luxus.

Nach dem Tod seines Vaters erbte er ein stattliches Vermögen, das er bald durchbrachte. Als Hitler das Leben in Böhmen unerträglich machte, telegraphierte Fürst Adolf Schwarzenberg einem Londoner Gütermakler: Kauft je ein Gut in Canada und Afrika. So erstand er in Kenya einen großen Landbesitz, mit dessen Verwaltung er Max betraute. Die Wirtschaft beruhte auf großen Rinderherden. Die Milch wurde verbuttert und in Blechdosen auf dem Luftwege nach England gebracht. Max erfuhr zum ersten Mal in seinem Leben, wie Butter erzeugt wird, und war bald der anerkannte Butterfachmann Afrikas. Schwarzenberg, der mit einer Luxemburger Prinzessin verheiratet war und ihn mit seiner Frau besuchte, war glücklich, einen so glänzenden Verwalter zu besitzen. Im Krieg zog er die englische Uniform an. Der kleine Mann mit dem Jockeygewicht zog sich unter der Last der Ausrüstung ein Beinleiden zu. Das Bein wurde eingegipst und mußte ihm schließlich abgenommen werden. Es wurde durch eine Prothese ersetzt. Nach kurzer Zeit konnte man selbst bei seinem raschen Gang – er trug keinen Stock – nichts von dem fehlenden Bein merken. Als die Mau-Mau ihr

Unwesen trieben, wurde er das Haupt einer freiwilligen Polizei. Ein Tropenleiden, das ihn befiel, benützte er als Vorwand, in Addis Abeba im russischen Spital aufgenommen zu werden, wo es ihm durch die List gelang, sich als echten Tschechen auszugeben. Hier konnte er mit eigenen Augen sehen, wie die Mau-Mau zu ihren Mordtaten ausgebildet wurden. Wieder auf seiner Farm, begegnete er einem baumstarken Neger, der aus seinem Lendenschurz eine Pistole zog. Max kam ihm mit seinem Revolver zuvor und streckte ihn nieder. Der Tote war ein gefürchteter Mau-Mau-Häuptling.
Alle paar Jahre kam Max nach Wien. Er hatte sich sehr verändert und glich in seinem Äußeren immer mehr seinem Vater, auch in seinem Humor, in philosophischer Weisheit und Menschenverstand. Er wohnte im Sacher und traf dort einige seiner Jugendgefährten, bereits ergraute »Sacherbuben«. Es langweilte ihn in der Gesellschaft, in der er sich einst wohlgefühlt hatte, er brach seinen Urlaub ab und kehrte nach Afrika heim. Dort war seine Heimat, die seine Tochter mit ihm teilte. Dort ist er gestorben.
Mein Schwiegervater konnte die Vormundschaft seiner Nichten aufgeben, als diese heirateten. Es war sein Wunsch, die beiden Ehegatten zur Mitarbeit im Geschäft heranzuziehen, aber beide waren der Ansicht, ich würde als Stütze meines Schwiegervaters genügen.
Friedrich Haymerle, der eine der beiden Nichten heiratete, war ein Partner, wie man sich keinen besseren wünschen konnte. Nur selten kam er ins Büro, um sich beim Onkel seiner Frau sehen zu lassen. Dann spielte er mit mir eine Partie Schach, wobei er öfter als ich gewann.
Das Ehepaar Haymerle lebte in dem Palais in der Argentinierstraße, das in den ersten Jahren der Zwischenkriegszeit dank meiner Vermittlung, zu welcher meine

Freundschaft mit dem hellenischen Botschaftsrat Triantaphilides den Anstoß gab, an die griechische Botschaft verkauft wurde.

Was die Leitung der Zuckerfabriken betrifft, verließ er sich auf den Onkel und mich. Sein Ehrgeiz trieb ihn, zu zeigen, was er als eigener Unternehmer leisten könne. Im Anfang blieben die Erfolge aus, aber als er nach Trennung seiner Ehe auf sich selbst angewiesen war und ohne Kapital dastand, erwies er sich als geradezu genialer, einfallsreicher Pionier der Wirtschaft.

An der Spitze der österreichischen Erdölförderung und als Präsident der Versicherungsgesellschaft »Nordstern« sowie als langjähriger Berater der Deutschen Botschaft war er eine hervorragende Erscheinung im Wirtschaftsleben.

Noch möchte ich eine nur wenigen seiner Freunde anvertraute nicht uninteressante Begebenheit aus seinem Leben erwähnen. Noch als Gatte einer Millionenerbin wurde er vom Erzherzog Franz Ferdinand Este, dem designierten Thronerben, ins Belvedere gerufen, der ihn aufforderte, eine Zeitung, die ihm als Organ seiner politischen Meinungen dienen sollte, zu finanzieren. Es handelte sich um einen sehr großen Betrag. Haymerle, dem die Pflicht, die Interessen seiner Frau zu wahren, näherstand als die Gnade des Thronfolgers, lehnte höflich aber entschieden ab.

Ganz anders als Haymerle war sein Schwager Hugo Kostersitz von Marenhorst geartet. Ein braver Beamter im Patentamt, trat er, als er heiratete, noch keine dreißig Jahre alt, in den Ruhestand. Seine Beschäftigung bestand im Nichtstun, und sein Verweilen fern von allen Geschäften und finanziellen Transaktionen führte dazu, daß seiner Frau Vermögen gleichen Schritt mit der Zeit hielt, bis in der Zwischenkriegszeit die Rückwärtsbewegung einsetzte.

Beni, eine kluge, ja weise Frau, mit der er ein wunderbares Zusammenleben führte, suchte alle seine Wünsche, mochten sie noch so bizarr sein, zu erfüllen. Sie erstanden das Palais der Fürstin Oettingen-Wallerstein, einer Tochter von Pauline Metternich, in der Jacquingasse, stellten einen Viererzug aus Lippizanern zusammen, mit dem sie auch uns in Lissa besuchten, und rüsteten im Krieg einen Malteserzug zur Beförderung von Verwundeten aus. Diese Stiftung gestattete ihm, die Malteseruniform zu tragen, und ich vermute, er ließ auch in sein Nachthemd das Malteserkreuz sticken.

Hugo war kein Jäger, aber er wollte doch Ruhm im edlen Waidwerk erlangen, und so kam er auf die Idee, in Grönland Moschusochsen zu jagen, nach dem Vorbild des Grafen Ernst Hoyos, der dort eines dieser im Aussterben begriffenen Tiere zur Strecke brachte. Hugo kaufte in Tromsö ein wunderschönes schneeweißes Schiff, genannt Laura, und lud meine Frau und mich ein, an der Expedition teilzunehmen. Ich vermutete, daß Grönland ein sehr ödes Gebiet sei, wo es kein Kaffeehaus gäbe. Ein solches brauchte man zwar nicht zu besuchen, aber es diente zur Beruhigung, daß es ein solches gäbe. Das konnte Hugo mir nicht versprechen, und so lehnten Evi und ich die Teilnahme ab.

Hugo und Beni, ein Freund (ein Herr von Herber) und ein aufgenommener Arzt schifften sich in Tromsö ein und gelangten nach Grönland. Die »Laura« geriet ins Packeis, das sie zu erdrücken drohte. Man mußte sich an den Gedanken gewöhnen, im Eis zu überwintern, improvisierte ein Lager und suchte Trost in dem überdimensionierten Depot an Lebensmitteln. Eine Konserve wurde zur Probe geöffnet. Ihr Gewicht versprach einen gewichtigen Inhalt. Bald stellte sich fest, daß alle Behälter mit Wasser gefüllt waren. Der norwegische Reeder hatte wohlweislich den schwimmenden Sarg hoch versichert und zweifelte nicht daran, die Versicherungssumme zu erhalten. Glücklicherweise konnte die Laura bei einem Umschlag des Wetters eine eisfreie Rinne erreichen.

Während die kleine, bereits als verschollen vermutete Gruppe die Zeit in dem improvisierten Lager verbrachte, wurde ein Eisbär nach dem andern erlegt, aber kein Moschusochs ließ sich sehen.

Die vielen Bären gelangten nach Wien, wurden vom Präparator Hodek ausgestopft und in den langen Gängen des Hauses in der Jacquingasse aufgestellt, einer neben dem andern in Habachtstellung.

Jahre vergingen, das Haus in der Jacquingasse wurde im zweiten Weltkrieg durch Fliegerbomben beschädigt, und als ich es nach langer Zeit wieder betrat, waren die Bären nicht mehr da, sei es, daß sie zum Fraß der Motten wurden, sei es, daß sie während des zeitweise unbewohnten Hauses Liebhaber für ihre Pelze gefunden hatten.

Das Haus wurde wieder hergestellt. Im Hochparterre wohnt Fürst Karl Schwarzenberg mit seiner Familie, und vor der Wohnungstür hält der letzte der Grönländer Bären Wache. Es war das einzige Mal, daß ich dem hochverehrten Historiker und Slavisten etwas erzählen konnte, was er noch nicht wußte: die Geschichte vom Eisbären in der Jacquingasse.

# Die erste Italienreise

1912 verbrachten wir die Frühlingswochen in Paris, anschließend wenige Tage in Ouchy am Genfersee. 1914 zog es uns im März wieder nach Paris. 1913 aber unternahmen wir mit Otto und Luise Strauß eine italienische Reise, im Auto Ottos, der damals Generaldirektor der Puchwerke in Graz war. Der Wagen erregte, wo immer wir hinkamen, wegen seiner Leistungen Aufsehen. Er war eine gute Reklame für das Grazer Werk, das sich mit einer fremden Feder schmückte, dem eingebauten Knight-Motor. Otto chauffierte abwechselnd mit dem Chauffeur. Padua, Bologna, Florenz, Siena und Viterbo waren längere Zwischenstationen auf der Fahrt nach Rom, wo wir eine lange Osterwoche genossen. Wir stiegen im seither niedergerissenen Hotel de Russie, via Balbuino ab. In dem blumengeschmückten Hof, der an den Pincio grenzte, saßen Richard Strauß und Hugo Hofmannsthal, in regem Gespräch begriffen. Sie dürften an der Josephslegende gearbeitet haben.

Damals war das Hotel Excelsior in der Via Veneto eröffnet worden. Wir besprachen, dort den Tee zu nehmen, aber Evi und unsere Freunde fürchteten, wir würden, wenn man mich in meinem durch das Herumstreichen in den Altertümern schäbig anzusehenden Anzug sähe, keinen Tisch bekommen. Da erspähte ich den Laden eines Optikers, kaufte ein Monokel, klemmte es ins Auge und sah so vornehm aus, daß wir von den Kellnern mit Ehrerbietung empfangen wurden.

Als wir uns dem Eingang zum Hotel näherten, fuhr eine Equipage vor. Ein Lakai sprang vom Bock, öffnete den

Wagenschlag, half einem Herrn im Cutaway beim Aussteigen und führte ihn zusammen mit einem Hotelbediensteten zu einem der gedeckten Tische. Es war Conte Giuseppe Creppi, der seine Memoiren unter dem Titel »Mei primi cent'anni« veröffentlichte. Die elegant gekleidete Mumie nahm den Tee an einem Tische, wo sie von zwei sehr hübschen Frauen erwartet wurde. Später erzählte mir eine in Wien verheiratete Triestinerin von außergewöhnlicher Schönheit – sie hat zum Vorhang des Triester Theaters Modell gestanden – sie hätte den alten Herrn in Viareggio kennengelernt und seiner Einladung zum Souper Folge geleistet. Creppi hatte einen jüngeren Bruder, der schwer erkrankt seinem Ende entgegensah. Creppi und die Triestinerin saßen auf der Hotelterrasse in wundervoller südlicher Nacht, Champagner füllte die Gläser, Heiterkeit das Gespräch. Da erschien Creppis Kammerdiener und brachte auf silbernem Tablett ein Telegramm. Es konnte nichts anderes als die Todesbotschaft des Bruders bedeuten. Creppi öffnete es nicht, sondern rief dem Diener abwehrend zu: dopo cena! – Wer die Memoiren Creppis liest, erfährt das Geheimnis, 100 Jahre alt zu werden: man darf sich nicht aufregen und darf nicht arbeiten. Er ist 1921 mit 102 Jahren gestorben.

# Waffenübungen

Für den Reserveoffizier waren Waffenübungen ein Urlaub, in dem man neue Landschaften, neue Provinzstädte, romantische Dörfer kennenlernte, in lustiger Gesellschaft von Kameraden und in Kontakt mit der Mannschaft, die man durch Verständnis und Freundlichkeit so leicht gewann, vielleicht vor allem bei den berittenen Truppen, die sich aus der Landbevölkerung rekrutierten und bei denen Offiziere und »Gemeine« durch eine gemeinsame Liebe verbunden waren, das Pferd.
1909 kam ich nach Lobzow, einem Vorort von Krakau. Jeden Nachmittag brachte uns der Batteriewagen in die Stadt, wo wir nachtmahlten und dann im Café von dem Wagen abgeholt wurden. Am Vormittag sah man uns manchmal bei Hawelka, wo man wie nirgends sonst sich mit den erlesensten Delikatessen gütlich tat, Kaviar, Langusten, galizischen Krebsen, guten Weinen und Likören. Nach einigen Tagen begann der Marsch nach dem Schießplatz Freudenthal. Beim Regiment, das wir ablösen sollten, war eine Pferdeseuche ausgebrochen, und mitten auf dem Marsche erhielten wir den Befehl, unsere Ankunft in Freudenthal um einige Tage zu verzögern. So zogen wir jeden Morgen bloß zwei Stunden weiter.
In Myslenice, nahe der russischen Grenze, war ich bei einem Juden einquartiert, der im Gegensatz zu den vielen in dieser Kleinstadt lebenden Glaubensgenossen sich, wohl mit Erlaubnis des Rabiners, keine Seitenlocken wachsen ließ. Er war Pferdehändler und hatte oft in Russisch-Polen zu tun, wo die Juden bereits die Locken verbannt hatten. Seine besten Einkünfte verdankte er

russischen Deserteuren, die ihm zu einem Spottpreis das über die Grenze gebrachte Pferd verkauften. Hier wie überall in Galizien verhielt sich das Militär zu den Juden freundschaftlich. Bei Einquartierungen in einem jüdischen Haus war man gut aufgehoben. Hier herrschte Gastlichkeit und Reinlichkeit, auch gab es in jedem größeren Ort eine Art Sauna. Die Juden waren die Kulturträger Galiziens. Sie pflegten die deutsche Literatur. Die Töchter lasen französische Romane und die deutschen Klassiker, und die Offiziere wußten, daß sie außer einem konventionellen Gespräch nichts von ihnen zu erwarten hatten. Wenn es zwischen Lemberg und Krakau ein kaisertreues Volk gab, waren es die Juden.

Ein anderes Städtchen, in dem wir rasteten, war Oswiecim. Es war ein heißer Augusttag, und ich führte die Mannschaft zum Baden, zu welchem die Sola einlud. In diesem breiten, aber kaum einen halben Meter tiefen Fluß herrschte eine starke Strömung, die uns zwang, auf dem von glatten Kieselsteinen gebildeten Grund sitzend, uns von der kristallklaren Flut treiben zu lassen.

Dieser einst so friedliche Ort, in dem die Zeit stillzustehen schien, ist ein Menschenalter später unter dem Namen Auschwitz zum ewigen Schandfleck des Hitlerwesens geworden.

Vor der Kettenbrücke zwischen Biala und Bilitz hielt mein Batteriekommandant, der liebenswerte Hauptmann Taidinger, eine kurze Ansprache an die Mannschaft, in der er sie aufklärte, daß sie nun den Boden Schlesiens beträte und die Grenze durch die letzte galizische Laus, welche inmitten der Brücke aufgehängt sei, bezeichnet sei. Wo immer wir in Schlesien rasteten oder übernachteten, verbrüderten wir uns mit den Einwohnern. In Polnisch-Ostrau wohnte ich mit einem Leutnant in der schönen Villa eines Spiritusbrenners, der uns köstlich bewirtete, während Pferde und Mannschaft im Meierhof des Grafen Wilczek gut aufgehoben waren. Bergingenieure aus Mährisch-Ostrau veranstalteten ein vergnügliches Gelage. Der liebste meiner Kameraden war der Adjutant, Oberleutnant Machatschek, mit dem ich während des Krieges wieder zusammenkam. Nach dem Krieg erschien er mit seinem Schwager in meinem Bureau. Sie baten mich, ihnen bei einer Bank zu einem Kredit zu verhelfen, mit dem sie ihre kleine, Messer und Bestecke erzeugende Fabrik in Oberösterreich, die im Krieg stillgelegt wurde, wieder in Betrieb setzen zu können. Sie nannten die Höhe der benötigten Summe. An diesem Tage lag, wie ich wußte, ein größerer Betrag in der Kasse, so daß ich die Notenbündel gleich übergeben konnte. Eine Bestätigung nahm ich nicht an, für Freundesdienste braucht man keine Urkunde auszustellen. Nach einiger Zeit brachten mir Machatschek und sein Schwager das Geld zurück und überreichten mir statt der von mir verbotenen Zinsen eine kunstvolle Kassette mit einem von ihnen angefertigten Eßbesteck für 12 Personen. Ich freute mich über die Bestätigung meiner Ansicht, man brauche, wenn man borgt, nur auf das Gesicht zu sehen und dürfe sich nicht, wie es die Banken tun, auf Bilanzen verlassen.

In der Nähe von Freudenthal liegt Karlsbrunn, und der viel besuchte Kurort lockte die aktiven Offiziere. Ich kam nie dorthin, denn der jeweils Diensthabende bat mich, ihn zu vertreten, da er nach Karlsbrunn wolle. Der Dienst, den ich übernahm, bestand einzig und allein darin, den Befehl zu verlesen und mich nicht aus dem Ort zu entfernen. Ich verbrachte daher die Nachmittage beim Hofzuckerbäcker und Kammerlieferanten des Erzherzogs Eugen. An den Seiten des Hauptplatzes, der ein Quadrat bildete, hatte ein

Zuckerbäcker neben dem andern seinen Laden. Ihr Gewerbe bestand darin, die Jahrmärkte aller Königreiche und Länder der Monarchie zu beliefern. Einige Male suchte ich den Schloßverwalter auf, der mich in die Burg des Hoch- und Deutschmeisters führte, dem Sommeraufenthalt des Erzherzogs Eugen. Da sah man eine Reihe schöner Kupferstiche, die Napoleon und Erzherzog Karl darstellten und eine große Bibliothek. In dieser fiel mir eine Reihe von Bänden durch ihr ungewöhnliches Format auf. Sie waren 8 cm hoch und sechsmal so lang. Es waren Ausschnitte aus dem Umschlag der »Illustration française« mit Bildstreifen des Karikaturisten Camus. Viele Jahre später erwähnte ich im Gespräch mit dem Erzherzog meinen Besuch im Schloß Freudenthal und die »Semaine Camique«. Doch davon später.
Auf meiner zweiten Waffenübung lernte ich das Herzogtum Krain kennen. Mein Freund Otto Strauß riet mir, seinem Beispiel zu folgen und die Übungen als Automobilist zu leisten, da genieße man alle Bequemlichkeiten des fahrenden Ordonnanzoffiziers und brauche statt für einen Monat nur für ein paar Tage zur Manöverzeit einrücken. Der Fiat wurde mit dem braven Chauffeur Josef von Lissa nach Görz per Bahn verfrachtet. Ich fuhr nach Prag, um den Berlin-Triest-Schnellzug, der dort um Mitternacht durchfuhr, zu besteigen. In Prag traf ich einen Kameraden aus dem Freiwilligenjahr, der sich erbötig machte, die Wartezeit mit mir zu teilen und, um diese zu verkürzen, mich zu GOGO führte; so hieß die Abkürzung von Goldschmid, dem renommierten Prager Puff. Hier sammelten sich Kaufleute, die den späten Nachtzug benützten, deutsche und tschechische Literaten, die hier ihre Ideen austauschten und Offiziere in Zivil. Ein Klavierspieler sorgte für leichte Musik, man trank ein Glas Wein oder

guten Kaffee, aß ein Paar Würstel oder ein Käsebrot und verbot den sich züchtig benehmenden Freudenmädchen jede Zudringlichkeit.
Am Morgen erwachte ich in Görz, damals noch Station der unter Rothschild stehenden Südbahn. Deutsche, Italiener und Slovenen stritten sich um die Aufschrift des Bahnhofs. Die Südbahn, die den Vorteil hatte, keine Staats-, sondern eine Privatbahn zu sein, fand eine gute Lösung des Sprachenstreits, sie ließ den Bahnhof unbenannt.
Nach einem reichlichen Frühstück im Garten des Südbahnhotels und sonnigem Bad im nahen Schwimmbassin, brachte mich Josef mit dem die Bahnfahrt gut überstandenen Auto nach Karfreit, gerade rechtzeitig, um die Schlacht von Caporetto vorzuüben. Der Generalstäbler, dem ich zugeteilt war, Eisner-Bubna, unterhielt sich gern mit mir, und dieser Bekanntschaft verdankte ich im letzten Kriegsjahr meine Berufung nach Wien. Unsere nächste Station war Bischoflack. Es waren Korpsmanöver, die für die Truppen sehr anstrengend waren. In einem Bataillon machte sich eine stärkere Unlust bemerkbar. Ein kluger Regimentsarzt meldete dem Oberst des Regiments von einigen choleraverdächtigen Fällen. Das Bataillon blieb in Quarantaine, bis sich nach dem Abblasen der Manöver herausstellte, daß der Verdacht unbegründet war. Der Bataillonskommandant konnte mit berechtigtem Stolz auf das prächtige Aussehen seiner wohl ausgeruhten Mannschaft blicken.
Für zwei Tage wurde ich dem Leiter der Manöver, Korpskommandanten Feldzeugmeister Baron Leithner, zugeteilt. Es waren seine letzten Manöver. Zum Armeeinspektor ernannt, starb er noch vor Kriegsausbruch. Je höher ein Offizier, desto liebenswürdiger ist er. Ja, Leithner war so charmant, als hätte er eine Vorahnung, daß

mein Sohn Michel seine Großnichte Maresi Mac Neven heiraten werde. Wir nachtmahlten in Laibach im Hotel Union. Zu unserer Gesellschaft gehörten Leithners Adjutant, ein Graf Salis, und ein Jägerhauptmann, der vom Garnisonskommando kommandiert worden war. Der Jäger, den eine besondere Unterhaltungsgabe auszeichnete, weshalb die Wahl auf ihn gefallen war, erzählte Jagdgeschichten, womit er Seiner Excellenz, auch dieser ein Freund der Jagd, aufwartete. Am nächsten Abend fehlte der Hauptmann an unserem Tisch. Leithner fragte nach ihm. Ich vermutete ihn im Kaffeehaus und fand ihn auch dort in lustiger Gesellschaft. Meiner Aufforderung, sich zu Seiner Excellenz zu begeben, leistete er keine Folge, da es ihn langweile, mit einem General zu sprechen, der über so kindische Jagdanekdoten, wie er sie erzählte, lachen könne. Er blieb sitzen, und ich meldete, daß der Hauptmann nicht zu finden sei.

Den Abschluß der Manöver erlebte ich im Stab des bald darauf zum Korpskommandanten in Graz ernannten Feldmarschalleutnants Colerus. Die Feindseligkeiten begannen um Schlag 12 Uhr Mitternacht. Colerus ging um 10 Uhr schlafen, im Nobelzimmer des Hotels Union. Um 6 Uhr früh frühstückte der ganze Stab an langer Tafel, den Korpskommandanten erwartend, der kurz grüßte und, während er seinen Kaffee trank, gräßliche Flüche ausstieß. Seine schreckliche Laune war begreiflich. Fünf Minuten nach Mitternacht, also gleich zu Beginn des gespielten Krieges, stieg ein Leutnant vom Dragonerregiment Kaiser Nikolaus Nr. 5, der durch das Laibacher Moor kam, das längst kein undurchdringliches Moor mehr war, wie auf der Generalstabskarte verzeichnet, vor dem Hotel ab und fragte den Nachtportier nach dem Zimmer des Excellenzherrn, dem er eine Meldung zu überbringen hätte. Er ließ zwei Dragoner absitzen und postierte sie vor der Türe des Generals. Dann betrat er das Zimmer, weckte ihn und erklärte ihn als seinen Gefangenen. Stolz, den Oberbefehlshaber der feindlichen Armee gefangen genommen zu haben, ritt der Leutnant zu seiner Schwadron zurück. Colerus tobte: »Im Krieg hätt' ich ihn mit meiner Pistole auf dem Nachtkastl erschossen.«

1913 war meine dritte Übung fällig. Ich hatte mir den Sommer nach ihr eingeteilt, wartete aber vergeblich auf die Einberufung. Ich telegrafierte an das Kriegsministerium und erhielt postwendend meine Bestimmung zu den Kaisermanövern in Böhmen, die nicht mehr der Kaiser, sondern der Thronfolger abhielt. Ich wurde dem Manöver-Gäste- und Attachéquartier zugeteilt, dessen Aufgabe darin bestand, Armeeinspektoren und Korpskommandanten, die an den Manövern nur als Gäste teilnahmen, und die Militärattachés zu betreuen. Rangältester der Gäste war Erzherzog Friedrich. Die Mahlzeiten wurden in einem großen Zelt im Hof des Schlosses in Roth-Zahor unweit Tabor – ich glaube, es gehörte einem Baron Nadherny – an einem Tisch mit gegen achtzig Gedecken eingenommen. Adjutanten und ich vom Gastquartier saßen am untersten Ende. Speise und Trank stellte die Hofküche bei. Mit diesen Mahlzeiten und einigen kleinen Fahrten mit meinem Vorgesetzten General von Kaltenborn waren meine Dienstleistungen erschöpft. Der Krieg führte mich wieder mit ihm zusammen, und wir blieben noch lange durch Freundschaft verbunden. Ihm zur Seite stand Generalstabshauptmann von Ghizi, ein charmanter Ungar, mit dem mich auch der Krieg wieder treffen ließ und der unter Horthy Militärattaché in Rom wurde.
Erzherzog Franz Ferdinand brachte der Salonwagen von

Konopišt zu der kleinen Bahnstation unweit des Schlosses. Eine militärische Abordnung war zu seinem Empfang gestellt. Der hohe Herr richtete beim Abschreiten der Reihe an einige Offiziere das Wort, darunter an einen Hauptmann, zu dem er sagte, er müsse ihn schon einmal gesehen haben – »ja, jetzt weiß ich's. Vor ein paar Jahren, da sah ich Ihr Regiment in Innsbruck.« Der Hauptmann war hoch beglückt, auf den Thronfolger einen bleibenden Eindruck hinterlassen zu haben, aber man hielt ihm entgegen, der Erzherzog hätte nicht ihn, sondern das Regiment in der Erinnerung behalten und, daß er ihn in Innsbruck gesehen hätte, konnte er aus der Farbe des Aufschlags annehmen. Nun war damals der Hauptmann tatsächlich in Innsbruck, aber seither gehörte er nicht mehr zu dem in Innsbruck liegenden Regiment und trug ganz andere farbige Aufschläge. Dies möge als Beispiel für das Personengedächtnis des Erzherzogs dienen.
Zweck der Manöver war, den früheren Kriegsminister und nunmehrigen Armeeinspektor Auffenberg von seinem Manövergegner Brudermann einkreisen zu lassen und zu nötigen, seinen Abschied zu nehmen. Als die Feindseligkeiten begannen, hatte die Armee Brudermann in ihrer Ausgangsposition die Armee Auffenberg bereits halb umklammert, und Auffenberg wäre bei dem von ihm erwarteten Vormarsch sedanisiert worden. Aber Auffenberg tat etwas ganz Unerwartetes und in der kaiserlichen Armee geradezu Verpöntes: er trat den Rückzug an und operierte derart, daß auf Befehl des Thronfolgers schon am ersten Tag die Manöver abgeblasen wurden, um die völlige Niederlage Brudermanns zu vermeiden. Ich lief zu der Stelle, an welcher der Erzherzog die Besprechung ansagte. Erwartungsvoll umstanden Hunderte von Offizieren den hohen Herrn, da verkündete ein Befehl allen vom Haupt-

mann abwärts, sich schleunig zu entfernen. Die Besprechung war vorbei, als ich Auffenberg inmitten einer Gruppe von Stabsoffizieren sah. Er glich einem kleinen beweglichen Börsianer, und dies und sein Taufname Moritz bestimmten seine Aufnahme in den Semi-Gotha, obwohl er einem alten Tiroler Geschlecht angehörte. Mit der Börse hatte er allerdings eine Beziehung. Er war mit einer Frau befreundet, die gute Beziehungen zu einem Bankdirektor hatte. Als Kriegsminister hatte Auffenberg vor den Delegationen die Neuarmierung der Artillerie zu vertreten. Er vereinbarte mit Frau R. einen Schlüssel für Mitteilungen, die er von Budapest, wo die Delegationen tagten, an sie richtete. So erfuhr Frau R. als erste von der Bewilligung der Rüstungsforderungen und spekulierte in der Gewißheit der kommenden Hausse für sich und für ihn. Unvorsichtigerweise zeigte sie die verschlüsselte Postkarte mehreren Leuten, und so erfuhr der Thronfolger davon, der ihm bereits seine Gunst entzogen hatte.

Als ich gegen Kriegsende dem Kommando des Kriegspressequartiers zugeteilt war, erhielt meine Abteilung einmal den Besuch des bereits verabschiedeten Auffenberg. Er unterhielt sich mit uns u. a. über die Chinesen, deren Pazifismus, wie er meinte, darauf beruhe, daß sie so lange brauchten, um alle Schriftzeichen zu lernen, bis sie für den Kriegsdienst zu alt wären.

Die Abberufung des Siegers von Komarow bedeutete die Entfernung eines der allerbesten Generäle. Ich war zufällig an jenem Tage in Bielitz, an dem Auffenberg, nach Wien beordert, dort übernachtete. Damals befand sich das Kriegspressequartier in dieser schlesischen Stadt, und mehrere Journalisten wollten bei ihm vorsprechen. Nach längerem Widerstand empfing er einige Herren, sagte aber, er werde eine einzige Frage beantworten: Die Frage war:

»Warum begeben Eure Excellenz sich nach Wien?« Die Antwort: »Um zu erfahren, ob ich krank bin.«
Die Manöver von Tabor waren zu Ende. Aber man mußte die vorgeschriebene Dauer einhalten. Da befahl Franz Ferdinand eine Attaque der gesamten Kavallerie gegen ein gestecktes Ziel. Das Schauspiel war für die Herzogin von Hohenberg und ihre Kinder bestimmt, die vom nahen Konopist gekommen waren. Herzogin Sophie, eine schöne, vornehme Erscheinung in weißem Sommerkleid, stand mit den Kindern und vom Fürsten Thun, dem Statthalter von Böhmen, begleitet, auf einem Hügel, und einige Meter davon in respektvoller Entfernung standen wir drei, Kaltenborn, Ghizi und ich, der ganze Stab des Manövergastquartiers. Das Schauspiel der Attaque enttäuschte. Das abschüssige Terrain bestand aus bereits gepflügten Äckern, Stoppelfeldern und vereinzelten Grünflächen, die sich Roß und Reiter zu spät als versumpfte Wiesen zu erkennen gaben. Es häuften sich die Stürze. Ein Pferd blieb mit gebrochenem Bein liegen. Bei jedem Trompetensignal suchte es sich aufzurichten. Ich werde den Anblick nie vergessen.

## Der Krieg

> bien apurada la cosa, burla fue y pasatiempo
> 
> *Don Quijote cap. XXI*

Im Lauf der Jahre verblassen die Erinnerungen an trübe Zeiten, während die schönen Stunden an Leuchtkraft gewinnen. Adrienne Gessner, die große Schauspielerin, bemerkte einmal zu einem meiner Bekannten, ich sei immer heiter und unbekümmert. Sie könne das nicht verstehen, denn an sich sei ich doch ein gescheiter Mensch. So ähnlich könnte auch ein Leser dieses Kapitels denken und den Eindruck gewinnen, ich hätte alles Elend, alle Greuel des Kriegs vergessen.

Sprechen Veteranen vom ersten Weltkrieg, scheinen sie den nassen kalten Schützengraben, das Knattern der Maschinengewehre, die Einschläge der Granaten vergessen zu haben und erzählen von den schönen Zeiten während einer Retablierung, von kleinen Abenteuern, von Eindrücken aus ihrer Heimat fernen Gebieten, aber sprechen sie von Schlachten, die sie mitgemacht, geschieht es mit nicht wenig Stolz, daß sie dabei waren. Überstandene Gefahren lassen ein Wohlgefühl zurück, und die weißhaarigen Veteranen denken immer wieder an ihre Kriegsjahre, ihre große Zeit, in der es ihnen oft besser ging als im folgenden Frieden.

Vom ersten bis zum letzten Tag des Kriegs stand ich im Dienst, und diese Jahre waren auch für mich keine reine Freude, auch wenn sie mir nach 60 Jahren eine köstliche Zeit vorgaukeln.

Der Krieg kam mir nicht unerwartet. Kurz vor seinem

Ausbruch kam es zu dem Streit der Regierung mit der Canadian Pacific Company[1], die beschuldigt wurde, durch Anwerbung von Auswanderern, darunter von Wehrpflichtigen, die Monarchie zu »entvölkern« und die Erreichung der nötigen Rekrutenzahl zu bedrohen. Obwohl die Schiffe der Canadian nur einen Bruchteil der Auswanderer beförderten, nur die Hälfte der vom norddeutschen Pool betreuten Auswanderer, wurde nur gegen sie, zudem recht brutal, unter der sehr aktiven Patronanz des Erzherzogs Franz Ferdinand vorgegangen. Der Verhetzung der Canadian durch das Kriegsministerium stellte sich allerdings Sektionschef Riedl vom Handelsministerium entgegen. 1913 wurde der Geschäftsbetrieb der Canadian suspendiert, der Generalrepräsentant verhaftet. Das Foreign Office griff ein, und der britische Botschafter betraute meinen Onkel Edmund mit der Rechtsberatung. Anfang Juli 1914 wurde die Ausübung der Konzession der Canadian wieder freigegeben, das Verfahren gegen den Generalrepräsentanten eingestellt.

Als Rechtsbeistand der Canadian führte mein Onkel wiederholt Gespräche mit Botschafter Maurice de Bunsen, und daraus entstand eine persönliche Freundschaft. Als ich zu Beginn des Sommers, kurz bevor ich nach Lissa an der Elbe fuhr, um die nächsten Monate dort zu verbringen, meinen Onkel besuchte, erzählte er mir, es wäre gerade Bunsen bei ihm gewesen, um sich vor dem Antritt seines Urlaubs zu verabschieden. Als beim letzten Händedruck mein Onkel »Auf frohes Wiedersehen im September« rief, sagte der Botschafter: »Da wird es in Wien keinen britischen Botschafter mehr geben.« Diese Worte konnten

---

[1] Hans Chmelar: Höhepunkte der österreichischen Auswanderung, 1974, S. 144–52, Die Kanadaaffäre.

nur einen kommenden Krieg andeuten. Da ließ ich mir, zu Beginn der heißen Jahreszeit, Flanellhemden machen. Die könnte man im Krieg brauchen.

## Beim Armeeoberkommando

Der Krieg war meine große Zeit. Sie lag in den beiden Jahren, in denen ich mit für einen jungen Reserveleutnant (seit 1. 9. 1915 Oberleutnant) ungewöhnlichen Aufgaben betraut war, dank meiner Berufung in die Nachrichtenabteilung des Armeeoberkommandos. Ich verdankte dies keiner Protektion, sondern einer Reihe von Glücksfällen. Als Artillerist hätte ich bei meinem Regiment einrücken müssen, wäre ich nicht Jahre zuvor dem Rat meines Freundes Otto Strauß, Generaldirektor der Grazer Puchwerke, gefolgt und dem Motorfahrerkorps in Graz beigetreten. Das Motorfahrerkorps bestand wie das Automobilkorps aus Autofahrern und unterschied sich von diesem dadurch, daß es nach den Armeekorps organisiert war, gleichsam den Länderpartikularismus gegenüber dem Wiener Zentralismus vertrat. Ich war einer der wenigen Nichtsteiermärker im Grazer Korps und der einzige Automobilist, der kein Auto lenken konnte. Ich wollte nur den Vorteil genießen, die Waffenübungen auf wenige und angenehme Tage zu verkürzen. Ich faßte, als der Krieg ausbrach, den Entschluß, aus dem Wagen, den der Chauffeur lenkte, auszusteigen und mich als reitender Ordonnanzoffizier aufs Pferd zu setzen.
Beim dritten Armeekorps waren die steirischen Ordonnanzoffiziere bereits untergekommen bis auf wenige Überzählige, die mit mir von Graz nach Klosterneuburg geschickt und dem Kriegsministerium zur Verfügung gestellt wurden, darunter ein Graf Schall-Riancourt und ein Graf Schlick, der den Burenkrieg mitgemacht hatte und eine Medaille trug, die uns sehr imponierte. Nach zwei

oder drei Tagen kam der Befehl, einen von uns an das Evidenzbureau des Generalstabs im Kriegsministerium abzugeben. Meine Kameraden fanden bei ihrer Erwartung ruhmreicher Schlachten diese Zuteilung nicht verlockend, ließen sich durch das Wort Evidenzbureau abschrecken und meinten, ich als Wiener würde lieber nach Wien gehen als in Klosterneuburg auf unbestimmte Zeit bleiben.
Im Evidenzbureau, aus welchem im Krieg die Nachrichtenabteilung des AOK hervorging, fand ich eine Gruppe fahrender Ordonnanzoffiziere vor, lauter Kavalleristen. Der einzige, den ich kannte, war Josef Radetzky, Urenkel des Feldmarschalls, der, als ich in Reichenberg studierte, im Hause seines Großvaters Baron Liebig wohnte.
Wir lösten uns im Dienst, der im Warten bestand, ab. Kam ich an die Reihe, las ich »Forse che si forse che no« von Gabriele D'Annunzio. Memoirenschreiber sollen ihre Lektüre, die ihnen in ungewohnten Lagen zum Zeitvertreib dienten, erwähnen, um zu zeigen, wie die Gewohnheiten des Alltags sich nicht unterdrücken lassen. Als ich von dem Kanzleioffizier, einem Hauptmann, gerufen wurde, welcher meine Personaldaten aufnehmen wollte, bemerkte ich, daß er, den Aufschlägen nach zu schließen, dem Reichenberger Regiment angehöre. Der Hauptmann, eine stattliche Erscheinung mit aufgezwirbeltem Schnurrbart, verriet mir im Vertrauen, daß er dort ein herrliches Liebesabenteuer erlebte. Das Mädchen war jene Erika, die ich in meinem Reichenberger Kapitel erwähnte. Ich sagte dem Hauptmann, daß ich das Mädchen leider nur vom Sehen kannte, aber ihre außergewöhnliche Schönheit bewunderte, und beglückwünschte ihn zu seinem Erfolg. Er war überglücklich, daß es jemand in der Welt gäbe, der seinen Sieg zu schätzen wisse.
An diesem Nachmittag erschien der deutsche Major Herr

von Laffert nach einem Besuch beim Generalstabschef Conrad beim Chef der Nachrichtenabteilung, Oberst von Hranilovic. Dieser entstammte einer kroatischen Grenzerfamilie. Sein Ahnherr Georg Hranilovic, der in den Türkenkriegen die Sichelburger-Truppe der Militärgrenze befehligte, wurde 1603 geadelt.

Herr von Laffert war aus Albanien herbeigeeilt. Er sollte ein Handschreiben Wilhelms II. an König Carol von Rumänien überbringen und bat, ihm eine möglichst rasche Fahrt nach Sinaia, der königlichen Sommerresidenz, zu verschaffen. Hranilovic rief meinen Hauptmann und fragte ihn, der ja die Personalien der Ordonnanzoffiziere kenne, wen er dem deutschen Major zuteilen solle. Der Hauptmann lenkte die Aufmerksamkeit auf mich und meinte, er könne keinen besser geeigneten für die keineswegs einfache Mission vorschlagen. Damit begann meine Karriere.

Conrad erklärte, dem Wunsche Lafferts, daß ich auf rumänischem Boden Zivil trüge, nicht entsprechen zu können. So durfte ich die Grenze bei Predeal nicht überschreiten.

Um 8 Uhr fand ich mich im Sacher zum Abendessen mit Laffert und seiner schönen jungen Frau ein. Gegen 10 Uhr traten wir im offenen Auto die Fahrt an. Ein Gendarm, der uns zugeteilt war, setzte sich neben den Chauffeur Josef. Zum Glück schien der Mond. Die Scheinwerfer leuchten zu lassen, war verboten. So fuhren wir die Nacht durch nach Budapest. Die Dörfer waren durch Fuhrwerke verbarrikadiert. Der Grund für diese unsinnige Anordnung lag in einem angeblichen Goldtransport, der nach dem Ausland hätte geschmuggelt werden sollen und den man aufhalten wollte. Dies verzögerte die Fahrt in der nur durch den Mond gemilderten Dunkelheit noch mehr. Ein

Aufenthalt entstand durch einen unsichtbaren Bahnschranken, der dem Gendarm eine Rippe eindrückte, was ihn nicht hinderte, bei uns zu bleiben, da er »eine so schöne Fahrt«, wie er sagte, nicht aufgeben wolle. Erst gegen 8 Uhr nach einer Fahrt von 10 Stunden kamen wir nach Budapest, wo sich das Ehepaar im neuen Palasthotel etwas Ruhe gönnte, während Josef die beschleunigte Reparatur des leicht beschädigten Wagens in einer Werkstätte beaufsichtigte.

Mit dem deutschen Generalkonsul Graf Fürstenberg besuchte ich in der Ofener Burg Staatssekretär Perenyi. Wir baten ihn um Hilfe für die Fahrt nach Rumänien und zu veranlassen, daß die die Straße verstellenden Heuwagen an den Ortseingängen entfernt würden. Der Staatssekretär bedauerte, daß wir nicht zwei Tage früher gekommen wären, denn damals fuhr der rumänische Kronprinz Ferdinand durch Ungarn, und da wurde die ganze Strecke freigemacht und in Abständen Gendarmen postiert. Ich drang in ihn, die Weisung zu wiederholen, und schließlich willigte er ein. So fuhren wir, diesmal ohne Gendarm mit der eingedrückten Rippe, auf der geräumten Straße wie königliche Hoheiten bis Temeswar, wo wir nächtigten, und weiter bis Predeal, wo ein Wagen von Sinaia zur Ablösung bereitstand. Ich kehrte in einem Hotel in Kronstadt ein und freute mich, ein für mich neues Stück Siebenbürgens kennenzulernen. In dem Brief des Deutschen Kaisers dürfte es sich um Albanien gehandelt haben, dessen Beziehung zu Rumänien durch die Verwandtschaft des Fürsten von Albanien, Prinz Wilhelm zu Wied, mit der Königin von Rumänien, Elisabeth Prinzessin zu Wied (Carmen Sylva), gegeben war.

Als ich auf der gemütlichen Rückfahrt nach Raab kam, wo mich die 5er Husaren zum Nachtmahl einluden, begegnete ich Josef Radetzky, der dem Kommando, dem er als Ordonnanzoffizier zugeteilt war, zueilte. Er überraschte mich mit der Mitteilung, daß ich dem AOK zugeteilt wurde, und beglückwünschte mich herzlich.

In Wien erfuhr ich, daß Major von Laffert in einem Telegramm an Conrad den Dank für die gewährte Hilfe aussprach und meine Verdienste hervorhob. Zugleich traf ein Telegramm des Generalkonsuls Fürstenberg ein, der mitteilte, er habe mich wegen meines Verdienstes um die Beförderung des Kaiserbriefes für das Eiserne Kreuz eingegeben, das ich allerdings erst aus einem anderen Anlaß und viel später erhielt. Fürstenbergs Auszeichnungsantrag war selbstverständlich eine leere Geste, die niemand ernst nehmen konnte.

# Przemysl

Der Nachrichtenabteilung des AOK zugeteilt, rückte ich in Przemysl ein. In den großen Schlafräumen der Kaserne, wo bisher die Mannschaft des bereits im Felde stehenden Regiments untergebracht war, litten wir in den heißen Augusttagen unter der Fliegenplage und in den galizischen Nächten unter der Kälte. Mein Bettnachbar war Baron Guido Sommaruga, Hofrat im Ministerium des Innern, Rittmeister der Reserve, ein liebenswürdiger unterhaltender Gesellschafter, der wie die meisten klugen Leute sich vom Ausgang des Krieges nichts Gutes versprach. Als ein Kamerad ihn fragte, ob er sich darauf freue, nach dem Kriege wieder in Reichenau, seinem Landsitz, seinen Viererzug zu kutschieren, bemerkte er, er werde dann nur noch Kanarienvögel einspannen können.
Die Nachrichtenabteilung amtierte im Erdgeschoß der Kaserne. Die Beschäftigung der Ordonnanzoffiziere bestand vor allem in der Chiffrierung und Dechiffrierung von Depeschen an und von den Militärattachés. Im Zimmer, in dem die Ordonnanzoffiziere saßen, fand sich auch Prinz Gottfried Hohenlohe-Waldenburg, früher Militärattaché in St. Petersburg, ein, der ohne Erlaubnis eine stadtbekannte, unterhaltende und geistreiche Kurtisane namens Steffi Richter geheiratet hatte und deswegen in Disziplinaruntersuchung gezogen wurde. Als einer meiner Bekannten die frischgebackene Prinzessin mit Steffi anredete, bedeutete sie ihm, »es habe sich ausgesteffelt«. Sie machte später noch viel von sich reden, als Agentin Hitlers und als Freundin Lord Rothermeres, dem sie die Stefanskrone zu verschaffen suchte und gegen den sie 1939 in

England eine Klage einbrachte. Vorher, von Hohenlohe bereits geschieden, genoß sie die Freundschaft eines Erzherzogs und eines prominenten Sozialisten.

Von den Aristokraten wegen seiner Ehe gemieden, zog sich Hohenlohe in unser Kasernenzimmer zurück. Mit mir spielte er Schach. Er war meist schweigsam und mürrisch. Nicht lang blieb er bei uns. Er hatte zum Kommando Hindenburgs zu fahren, um im Auftrag des AOK militärische Fragen zu besprechen. Zur Fahrt wurde ihm Major der Reserve, Baron Alexander Lago zugeteilt, einer der liebenswürdigsten Menschen, die mir je begegneten. Im Auto, das Hohenlohe ins deutsche Quartier bringen sollte, befanden sich Lago, ein Gendarm und als Fahrer ein Ordonnanzoffizier. Als sie durch die menschenleere Ebene fuhren, wurden sie von einem Juden aufgehalten, der sie vor den Russen warnte, die im nächsten Dorf lagen. Major Lago strich sich, wie es seine Gewohnheit war, mit dem Zeigefinger den Nacken unter dem Kragen und sprach mit seiner zärtlichen, etwas singenden Stimme, »ich übernehme das Kommando«. Er befahl, sich zu bücken und sich in eine gerade vorbeiziehende in eine Staubwolke gehüllte russische Schlachtviehkolonne zu schmuggeln, und so kamen sie nach dem Rezept des Odysseus durch das von den Russen besetzte Dorf. Als sie wieder auf freiem Felde sich von den Ochsen gelöst hatten, befahl Lago »Schwarmlinie« und alle liefen, was sie konnten, und erreichten schließlich einen deutschen Vorposten. Hohenlohe war ein Unglück passiert. Er hatte den Kopf verloren und beim Aussteigen aus dem Wagen, der zur Beute der Russen wurde, die Kartentasche liegen lassen, und darin lag der deutsche Chiffreschlüssel. Das mußte natürlich Ludendorf gemeldet werden. Die Versetzung Hohenlohes vom AOK zu einer Truppendivision war die geringste

Strafe für die Sinnesverwirrung eines Generalstabsoffiziers.

Alexander Lago war als aktiver Dragoneroffizier und vorzüglicher Reiter ins Reitlehrinstitut kommandiert worden, wo er einen schweren Unfall erlitt. »Und da bin ich auf den Kopf gefallen und Diplomat geworden.« Er wurde ein sehr guter Diplomat, in Portugal, Dänemark und zuletzt in St. Petersburg in Verwendung. Er besaß zwei Güter in Galizien. Eines seiner Schlösser stand bei Przemysl und wurde, da es im Festungsrayon lag, zu Anfang des Krieges rasiert, das andere, weiter westlich, ein Jahr später, als die Russen einzogen, ausgeraubt. Lago erhielt einen mehrtägigen Urlaub, fand alles weggetragen, selbst Tür- und Fensterstöcke ausgerissen. In Begleitung zweier Gendarmen brachte er alles zusammen, denn, wie vorauszusehen, waren nicht die Russen, die sich begnügten mitzunehmen, was sie brauchten, ein Hemd, eine Hose und etwas Trinkbares, sondern die Dorfbewohner die Plünderer, die jetzt angaben, sie wollten nur die Hauseinrichtung des Gutsherrn in Sicherheit bringen.

Nach dem Kriege wurde Lago polnischer Gesandter und mit Verhandlungen in China wegen Rückführung dort gelandeter Kriegsgefangener betraut. Er hat darüber in seinen leider unveröffentlichten Erinnerungen berichtet, aus denen mir ein Erlebnis in Erinnerung geblieben ist. Als er in Peking den kaiserlichen Palast besichtigte und durch einen offenen Gartenpavillon gehen wollte, hielt ihn ein Soldat der chinesischen Republik auf und bedeutete ihm, daß nur Mitglieder des Kaiserhauses den Pavillon betreten dürfen. Diese Achtung vor der Tradition regt zu gewissen Vergleichen an.

Während des zweiten Weltkriegs nahm sich Lago auf seinem Gute der verfolgten Juden an und rettete vielen das

Leben, wobei ihn der Gauleiter, ein Österreicher, nach Kräften unterstützte. Übrigens brauchten sich die Nazi mit den Juden auf dem Lande nicht allzuviel Mühe zu geben, denn viele waren bereits von den Bauern massakriert worden. Als die Russen sich dem Gute näherten, spannte Lago zwei Pferde ein, belud den Wagen mit einigen Habseligkeiten und kutschierte vom Ufer der San nach Linz an der Donau. Mit ihm fuhr seine Frau, eine polnische Gräfin, und das einzige Kind, eine bildschöne Tochter (die in Krakau als Kunsthistorikerin zum Dr. phil. promoviert wurde und einige Jahre später an einem Lungenleiden in Meran starb). Die Flüchtlinge bezogen eine kleine Wohnung im Verwalterhaus des Schlosses Steyregg, das Verwandten gehörte. Ich habe Lago einige Male besucht und war auch zum Tee in der Burg Steyregg bei seinem Vetter Colloredo geladen. Man betrat eine Ruine, tastete sich über das holprige Pflaster durch das schwarze Gemäuer, gelangte über die halb zerfallene Stiege zu einer mit schönen Möbeln eingerichteten, gemütlichen Wohnung, die einem Ringstraßenhaus zur Zierde gereichen würde. In diesen Räumen war Schubert 1835 Gast des Johann Nepomuk Ungnad von Weißenwolf, der 1848 die Linzer Nationalgarde befehligte. Die Ungnad waren Vorväter Lagos.

Baronin Lago war eine zarte Frau, die ungeachtet der schweren Arbeit den Gemüsegarten betrieb, und der Erlös, den sie auf dem Markt erzielte, erhöhte die kleine Pension, die dem einst österreichischen Diplomaten zuteil wurde. Nie hörte man von Lago oder seiner Frau die geringste Klage. Immer heiter, gottergeben, nie mit dem Schicksal hadernd, glichen sie sanften Heiligen. Lago ist 90 Jahre alt geworden.

Zurück nach Przemysl! Bevor ich den täglichen Dienst

antrat, ritt ich mit dem Stabszug, den Leutnant Baron Feilitsch, Beamter der bosnischen Landesregierung, kommandierte, auf einem ungarischen Ackergaul, der sich geduldig zureiten ließ. Ich war zwar schon vom fahrenden zum reitenden Ordonnanzoffizier umgesattelt, aber es dauerte doch noch eine Weile, bis meine Pferde eintrafen.
In Przemysl gab es für alle Offiziere eine gemeinsame Messe, an der Conrad präsidierte. In unseren späteren Standorten gab es drei Tafeln in getrennten Räumen, eine für den Generalstabschef und seinen engeren Stab und zwei, auf welche die übrigen Offiziere vom General bis zum Leutnant aufgeteilt waren. Die Verpflegung beim AOK, die ich durch volle zwei Jahre genoß, war kaiserlich. Nach alter Tradition stellte der Oberste Kriegsherr die Hofküche bei. Um kein zerbrechliches Porzellan und Glas mitzuführen, aß man von silbernen Tellern und trank den königlich ungarischen Tokayer aus Silberbechern. Kaum hatte man seinen Platz eingenommen, stellte ein Hofdiener die Suppe vor einen hin.
Auf einem Gang durch die Festungsstadt sah ich eine Gruppe ruthenischer Bauern – vielleicht war auch ein Pope darunter –, die zum Galgen geführt wurden. Die bereits verklärten Gesichter werde ich nie vergessen.
Mit Major Ronge, bekannt als der Mann, der Oberst Redl entlarvte, fuhr ich einmal nach Nisko, dem Sitz des 4. Armeekommandos. Das Herrenhaus gehörte dem Grafen Ressiguier. Eine Baumreihe führte dorthin, und an den Bäumen hing noch ein Dutzend Gehenkter. Bei diesem Anblick mußte einem vor dem Wüten der Militärjustiz schaudern.
Einmal ging die Fahrt zum Sitz des 1. Armeekommandos. In Przemysl hatte sich in der Nachrichtenabteilung ein Reserveleutnant, Ingenieur Leon Goebel, gemeldet. Er

vertrat bald nach Beendigung seiner Studien an der Wiener Technik die Böhlerwerke in Tokio und zuletzt die Crucible Steel Works in St. Petersburg. Wir wußten voneinander, ohne uns zu kennen, und befreundeten uns. Er hatte die Bestimmung – er sprach vollendet Russisch – als Kundschaftsoffizier und wurde, wie es die Vorschrift gebot, mit verbundenen Augen seinem Armeekommando zugeführt. Er bewährte sich so vortrefflich, daß er nach wenigen Wochen mit dem Militärverdienstkreuz, einer für einen Leutnant ungewöhnlichen Auszeichnung, dekoriert wurde. Es war meine erste Begegnung mit ihm, der noch mehrere folgen sollten. Das Schloß, in welchem das 1. Armeekommando untergebracht war, hätte drei Sterne im Baedeker verdient, denn es besaß die große Rarität eines WC, dessen Wasserspülung freilich nicht funktionierte. Beim Armeekommando traf ich den mir aus Böhmen – er besaß die Zuckerfabrik Dobrowitz – bekannten Fürsten Sascha Thurn-Taxis, dem ich im letzten Kriegsjahr wieder begegnete, wovon noch die Rede sein wird.
Eindrucksvoll war die im Kasernhof von Przemysl gefeierte Feldmesse, nach welcher die Erzherzoge Friedrich und Karl mit Conrad und großem Gefolge zur Besichtigung der Front fuhren. Nach wenigen Stunden kehrten sie, während der Schlacht von Grodek von Weittreffern gefährdet, schleunigst um. Die Feuertaufe war mißlungen. Den Raum in der Kaserne, in welchem wir mit dem Chiffrencode beschäftigt waren und ich mich an der Schreibmaschine übte, teilte mit uns der deutsche Generalstabshauptmann Hans Hasse, ein Hüne und vortrefflicher Bariton. Wir befreundeten uns, und noch als 80jähriger besuchte er mich von seinem Wohnsitz im bayrischen Murnau alljährlich in Wien. Er heftete mit Reißnägeln eine große Karte der Westfront an die Wand und bezeichnete

mit einer Fülle von nebeneinandersteckenden Fähnchen die täglich vorrückende Kampflinie. Immer weiter rückten die deutschen Fähnchen, bis Hasse die tägliche Neustekkung unterließ. Als ich ihn fragte, ob die Bewegung zum Stillstand gekommen oder keine Meldung eingetroffen sei, forderte er, ohne darauf zu antworten, mich auf, ihn in seinem Quartier in der Stadt zu besuchen. Dort zeigte er mir stumm die deutschen Verlustlisten der Marneschlacht. Hasse verstand es vortrefflich, sich bei den Österreichern beliebt zu machen. Während des ganzen Krieges, zuerst beim AOK, dann bei der Karpatenarmee war er der deutsche Vertrauensmann bei den Österreichern. Besondere Wertschätzung genoß er bei dem »ungarischen« Erzherzog Joseph und dem deutschen Armeeführer Linsingen.

Mein erster besonderer Auftrag, den ich in Przemysl erhielt, führte mich nach einem Ort in den Karpaten, wo die polnische Legion aufgestellt wurde. Ich sollte darüber berichten. Kurz vorher hatte mir ein polnischer Abgeordneter erzählt, der Polenklub hätte die Aufstellung einer polnischen Legion bei der Regierung erreicht, der man vor Augen stellte, viele Tausende von Russisch-Polen würden zu ihr übergehen. Dahinter steckte der Wunsch der Polen, die bereits volle Autonomie in Galizien genossen, gleich der österreichischen Landwehr und der ungarischen Honved eine polnische Landwehr zu erhalten.

In meinem Bericht führte ich an, daß durch die polnische Legion viele Tausende Galizianer der kaiserlichen Armee verlorengingen und im Falle eines Sieges, an welchem sie teilnähme, es in den polnischen Geschichtsbüchern heißen würde, die Polen hätten Österreich gerettet und das wahre Ziel ein selbständiges Königreich Polen wäre.

Mehrmals meldete sich Pilsudski, der russische Revolutio-

när, als Kommandant der Legion bei Hranilovic. Ich hatte die polnischen Angelegenheiten zu behandeln und lernte daher Pilsudski, den späteren Feldmarschall, Ministerpräsidenten und Kriegsminister kennen. Einmal sagte Hranilovic zu mir: »Ich möchte ihn aufknüpfen lassen, aber er ist ein so prächtiger Mann, daß ich ihn bewundern muß und ihm so gern zuhöre.«
Es dauerte nicht lange, und die Legion stellte sich offen gegen die Mittelmächte.
Auf meine Bitte durfte ich das polnische Referat meinem Kameraden Oberleutnant Baron Lothar Podhragy, einem außerordentlich begabten und tüchtigen Reserveoffizier und gleichfalls Dr. jur. übergeben. Ich wollte es loswerden, da ich kein Wort Polnisch verstand, die polnischen Blätter nicht lesen konnte, auch zu voreingenommen war, um die nötige Objektivität zu besitzen.

# Neu Sandec

Als die Gefahr der Einschließung Przemysls durch die Russen näherrückte, übersiedelte das AOK nach Neu Sandec. Mir wurde die Kiste mit den Chiffreschlüsseln anvertraut. Ich verließ Przemysl als erster, in Begleitung des alten Fürsten Karl Kinsky, der als Sieger der Liverpooler Steeplechase sich in England eines hohen Ansehens erfreute und als Botschafter und Kavalier vom Scheitel bis zur Sohle sehr beliebt war. Er soll mit der Mutter Winston Churchills befreundet gewesen sein. In Sandec angekommen, erfuhren wir beim Stationskommando, daß nicht die geringste Ankündigung der Übersiedlung erfolgt sei. So streng war die Geheimhaltung!
Mit zwanzig Stabs- und Subalternoffizieren teilte ich ein improvisiertes Strohlager in einem Schulzimmer, aus dem die Bänke entfernt wurden. Ich konnte mich nicht zur Ruhe begeben, da ich im Gebäude, welches der Nachrichtenabteilung zugewiesen war, Nachtdienst hatte. Als ich wieder das Schulzimmer betrat, war es leer. Die andern Offiziere hatten in der Stadt Quartiere gefunden, bis auf Leutnant Oskar Breycha, einen lustigen Wiener Advokaten, mit dem ich nun das Quartier teilte. Er requirierte einen Tisch und Stühle, kaufte rotes Kreppapier zum Schirm der von der Decke hängenden Petroleumlampe, kurz, er richtete uns gemütlich ein. Im Schulzimmer nebenan ließen sich unsere Diener nieder. Bald zog Breycha aus, er fand ein Quartier mit einem hübschen Mädchen und einem Klavier; er war ein glänzender Improvisator auf dem Flügel.
Mein Diener Method bereitete mir das Frühstück mit

Straßburger Gansleber und Sardinen aus den mitgenommenen reichen Vorräten. Ich hatte gerade den Rest eines Fischleins abgelegt, als eine große Krähe sich daran gütlich tat und dann sich auf meine Schulter setzte. Schließlich flog sie zu einem Haken, der in die Wand geschlagen war und setzte sich darauf. Sie gehörte ohne Zweifel dem evakuierten Lehrer. Ihre größte Freude war, mit den glänzenden Fünfkronenstücken zu spielen, sie mit dem Schnabel hochzuheben und dann auf den Tisch fallen zu lassen. Ich brachte den schwarzen Vogel, der mich an den »Raben«, den Dickens in »Barnaby Rudge« beschreibt, erinnerte, auf einer Dienstreise nach Wien, wo er sich auf dem Klopfbalkon in der Reisnerstraße niederließ. Im Sommer wurde er nach Lissa mitgenommen. Eines Tages war er verschwunden.
Erzherzog Karl, der die Uniform eines Obersten trug, wurde, dem AOK zugeteilt, von Conrad wenig beachtet. Er hielt ihm keine Vorträge und sah nicht gern, daß sich höhere Offiziere mit dem Thronfolger abgaben, der nur auf den Verkehr mit seinen beiden Adjutanten angewiesen war, den Grafen Josef Hunyady (Erster Oberhofmeister des jungen Kaisers) und Künigl. Mit den beiden Herren tafelten die jüngeren Offiziere der Nachrichtenabteilung und die vom Ministerium des Äußeren gemeinsam. Ich saß den Adjutanten des Erzherzogs gegenüber und diese sammelten Witze, um den hohen Herrn zu erheitern. Damals kursierten fast ausschließlich mehr oder weniger harmlose Witze auf den Generalstab. Sie riefen eine unvorhergesehene Wirkung hervor. Erzherzog Karl nahm die Witze ernst und wurde gegen den Generalstab so eingenommen, daß er, als er als Kaiser das Karl-Truppenkreuz stiftete, die Generalstäbler von der Dekorierung ausnehmen wollte. Das war eine schwere, ungerechte und

unnütze Hintansetzung, denn er konnte nicht verhindern, daß sie doch das Karl-Truppenkreuz bekamen, da sie die für seine Erlangung vorgeschriebenen drei Monate irgendwie an der Front verbrachten.

Eines Tages fragte mich Major Ronge, ob ich mit ihm in die Bukowina fahren wolle. Über die Karpaten ging's nach Kaschau, von dort nach Marmaros Szigeth zum Feldzeugmeister Pflanzer-Baltin (scherzweise Baldher-Baldhin genannt) in die luxuriöse Villa des Baron Grödel. Wir besuchten das nahe Jagdschloß des Kronprinzen Rudolf inmitten der herrlichen, herbstlich gefärbten Buchenwälder. Hier waren wenige Tage vorher Kosaken aufgetaucht, und der Verwalter des Jagdschlosses klagte, wie diese gehaust hätten. Gewiß, es war für ihn ein Leid zu sehen, wie die Pferde in der Vorhalle nächtigten, aber nichts war beschädigt und der ganze Raub bestand in einigen Hemden, welche die Kosaken sehr nötig hatten.

Durch das Tal der Goldenen Bystrica und nicht enden wollende Buchenwälder kamen wir nach Kimpolung, wo wir übernachteten. In einem der kleinen Häuser war die von Czernowitz verlegte Telefonzentrale untergebracht. Zwanzig junge Telefonistinnen saßen in einer Reihe vor dem Schaltbrett, alle gleichgeschaltet und alle strickten die gleiche hellblaue Wolle zu Pullovern. Ein idyllischer Anblick.

Am nächsten Morgen erreichten wir bei dichtem Nebel den Bahnhof von Czernowitz, wo wir Gendarmerie-Oberst Fischer[1], den Andreas Hofer der Bukowina, in einem Salonwagen, der einer unter Dampf stehenden Lokomotive angekuppelt war, aufsuchten. Die Russen hatten ein paar Tage vorher Czernowitz besetzt, aber

---

[1] Franz Wolf: Die Bukowina, Der Donauraum 21. Jg. (1976) S. 183

Fischer war es geglückt, sie zu bewegen, die Stadt wieder zu verlassen. An einem dieser russenfreien Tage verhinderte dichter Nebel die Sicht. Die Geschütze schwiegen. Wir begaben uns zum Palais der Landesregierung. Landesregierungspräsident Graf Meran hatte bereits seinen Sitz nach Dornawatra verlegt. Ein zurückgebliebener Diener setzte uns ein vorzügliches Mittagessen mit bestem Burgunder, den er vor den Russen versteckt hatte, vor. Die dort untergebrachten russischen Offiziere hatten nicht nur nichts aus dem Hause mitgenommen, sondern sogar in der Eile ein Ikon, das sie in einem Winkel des Speisesaales aufgehängt hatten, zurückgelassen. An der Mahlzeit in dem Fischer und seinem Stab zur Verfügung gestellten Gebäude der Landesregierung nahmen außer dem Oberst Fischer, Ronge und mir Fischers Stabschef, ein junger Statthaltereikonzipist, dem, da er zu dick war, kein Soldatenrock paßte und der deshalb seine Beamtenbluse trug, und als Chef seiner Operationsabteilung ein jüdischer Landsturmarzt teil, der alle Wege im Lande kannte und ein einfallsreiches Köpfchen besaß. Fischer, der nur mit seinen Gendarmen und wenigen Landstürmern eine 85 km lange Front verteidigen sollte, hatte Geschützstellungen aufwerfen und mit schmalen Gurkenfässern und Weihrauchböllern bestücken lassen, die vom Feind für Feldgeschütze gehalten werden mußten. Die Befehlsvermittlung geschah telefonisch mit in den Wohnungen abmontierten, nach den Schützengräben verbrachten Apparaten. Wir besuchten den griechisch-orientalischen Metropoliten Ripka, der uns segnete, und unternahmen eine Rundfahrt in der Umgebung. Ronge war das Sinnbild dienstlicher Verschwiegenheit. Auf der langen Rückfahrt nach Neu Sandec unterhielten wir uns über allerhand, aber über den Zweck der Reise fiel kein Wort.

Mehrere Kilometer vor Neu Sandec platzte der letzte Reservereifen. Nach langem Fußmarsch, zuerst im Dunkel der Nacht, dann bei Morgendämmerung, erreichten wir unser Quartier. Da trug Ronge mir, der ich mir kaum den lange entbehrten Schlaf aus den Augen streichen konnte, auf, einen Bericht für den Generalstabschef über die von den Russen in der Bukowina verübten Greueltaten zu verfassen. Befehl ist Befehl. Ich setzte mich hin und schilderte alle Greuel, welche mir die Phantasie eingab. Ronge war, als er von seinem Referat bei Conrad zurückkam, mit mir zufrieden, wünschte nur noch, daß ich einen mehr populär gehaltenen Artikel zu Propagandazwecken für die Rumänen im Königreich verfasse.

Nach einiger Zeit kam ein höherer Offizier zu mir und fragte mich, da er wisse, daß ich in Czernowitz war, ob die russischen Greueltaten wirklich so waren, wie er soeben gelesen habe, und zeigte mir das jüngste Heft der Berliner »Woche«. Es war mein Artikel. Ronge hatte mir kein Wort gesagt, daß er die anonyme Veröffentlichung veranlaßte. Es war das erste Mal, daß ich mich gedruckt sah. Nach dem Krieg gab Ronge ein Buch[1] heraus, worin er anführte, daß er als allererster die Pressepropaganda aufgenommen habe, und zwar in dem erwähnten Aufsatz. Nun wollte er doch mich nicht unerwähnt lassen und rühmte mich als schneidigen Automobilisten. Ein solches Lob für eine mir völlig abgehende Fähigkeit erfüllt mich noch heute mit Heiterkeit.

Unter meinen Kameraden gab es einen alten Hauptmann, namens Flattau, als Sprachoffizier für russisch der Nachrichtenabteilung zugeteilt. Ich erfuhr, daß er im Speisewa-

---

[1] Max Ronge: Kriegs- und Industriespionage. Große Ausgabe 1930. Geänderte Volksausgabe 1933 u. 1935

gen des Zuges, welcher das AOK nach Przemysl brachte, seine Tischgenossen durch seine Witze zu so lautem Lachen brachte, daß Erzherzog Karl, der an einem andern Tisch saß, auf ihn aufmerksam wurde und meinte, er müsse Komiker an einem Theater sein. Ein Herr vom Gefolge ging zum Tisch Flattaus und erkundigte sich nach seinem Beruf. Die Antwort »Richter in Tarnow« belustigte den Erzherzog. Er ließ sich den Hauptmann vorführen und liebte es in den nächsten Wochen im Kasernhof von Przemysl und später in Neu Sandec, mit ihm auf und ab zu gehen und sich von ihm unterhalten zu lassen. Er sah dem alten Casanova zum Verwechseln ähnlich, nur daß sein Gesicht verwitterter und sein kurzgeschorenes Haar schneeweiß war. Er verachtete die Arbeit und huldigte dem Schnaps. Alle hatten ihn gern. Flattaus Bruder war Polizeidirektor von Krakau. Als dieser in den Besitz einer Liste kam, in welcher Leute bezeichnet wurden, welche den Russen für ihre Zwecke brauchbar wären, sandte er eine Abschrift seinem Bruder, in der Erwartung, daß sie ihm nützlich sein könnte. Flattau brachte die Liste dem Erzherzog, der sich noch mehr zu seinem Günstling hingezogen fühlte. Als mein Chef, Oberst von Hranilovic, dem Erzherzog über dessen Wunsch Vortrag hielt, erwähnte der hohe Herr die Liste, von welcher der Chef der Nachrichtenabteilung nicht die geringste Kenntnis besaß. Kaum wieder in seinem Bureau, veranlaßte er die Versetzung Flattaus als Sprachoffizier zu einer Division in den östlichen Karpaten als gerechte Strafe für die Umgehung des Dienstweges. Nach einiger Zeit siegte das Mitleid. Flattau wurde als Bahnhofsoffizier nach Vorarlberg geschickt, wo er fern vom Schlachtendonner sein angenehmes Leben fortsetzte.
Nach dem Krieg erschien eines Tages Flattau in meinem

Bureau am Schwarzenbergplatz. Er wollte als kaisertreuer Mann nicht in der polnischen Republik dienen, sondern in Wien bleiben, ohne Pension, ohne Geld. Für die erste Zeit sorgte Markgraf Alexander Pallavicini für den originellen Mann, worüber er aber mir nichts sagte. Ich bot Flattau kameradschaftliche Hilfe an. Er lehnte dankend ab, denn er habe keine Sorgen. »Wenn ich fragen darf, wovon lebst du und wo wohnst du?« »Beim Sacher und dort arbeite ich auch.« Frau Sacher hatte eine Kammerjungfer, die allein es verstand, das Mieder ihrer Gnädigen zu schnüren. Frau Sacher konnte sich keinen Tag von ihr trennen, und so hatte die alte Dienerin seit Jahren keinen Urlaub, auch war sie bereits reif für den Ruhestand. Flattau löste sie ab, war als ständiger Gast des Hotels jederzeit zur Hand und bewährte sich im Schnüren. Dazwischen trank er guten Cognac, ohne damit belastet zu werden, sozusagen als Deputat, und der französische Cognac, der an die Stelle des von ihm in Galizien bevorzugten Ebereschenschnapses trat, erheiterte, aber verkürzte auch sein Leben. Er starb um die Zeit, zu welcher auch Anna Sacher aus ihrer himmlischen Küche abberufen wurde.

In der Nachrichtenabteilung gab es noch einen anderen Sprachoffizier, Oberleutnant der Reserve Victor Marchesetti, Baumeister irgendwo am Bodensee, blaß, blond, einem unbedeutenden Kleinbürger gleichend, der bei näherer Bekanntschaft sich als äußerst gebildeter geistvoller Unterhalter erwies. Sein Vater arbeitete jahrelang in St. Petersburg. Dort besuchte Victor das Gymnasium, so daß er Russisch wie seine Muttersprache beherrschte.

Die k. u. k. Armee besaß eine einzige fahrbare Funkstation, eine Spende des Millionärs Dr. Arnold Hildesheimer, Neffe meiner in der Familiengeschichte erwähnten Großtante Rebekka, geborener Russe, aber Schweizer Staatsbürger. Wenn er mittags auf der Kärntnerstraße promenierte, während des Krieges in der Uniform eines Landsturmleutnants honoris causa mit dem Komturkreuz des Franz Josephs-Ordens um den Hals, betrachtete man den großen dicken Mann wie ein Wahrzeichen Wiens, das man nicht missen wollte. Die Erbschaft nach seiner Mutter, einer geborenen Brodski, bestand aus Stößen bester Aktien und einem Riesenbesitz in der Ukraine und der Krim sowie einigen Zuckerfabriken. Er erbte auch eine Perlenschnur, wohl die wertvollste, die Wien je gesehen hätte, wenn man sie hätte sehen können. Angeblich sterben Perlen, trägt man sie nicht auf der Haut. Deshalb legte Arnold, wenn er zu Bett ging, bevor er das Nachthemd über sich zog, die kostbare Schnur um seinen fetten, den Perlen zuträglichen Hals. Seinen Reichtum genoß er mit Maß und Würde. Er war eine Stütze des Automobilklubs, allgemein beliebt, liebenswürdig und gutmütig, auch fehlte es ihm nicht an Geist. Er heiratete während des Kriegs, als seine Pariser Freundin ihn verlassen mußte, eine vollendet schöne junge Wienerin. Er hätte keine bessere Wahl treffen können, denn seine Frau stand ihm auch in den schlechten Zeiten, die ihn erwarteten, aufopferungsvoll und treu zur Seite. Den beiden Töchtern, die sie ihm schenkte, war er ein zärtlicher Vater. In der Nachkriegszeit schwand sein Vermögen dahin, aus Rußland kamen keine Rubel mehr, er lebte von der Hand in den Mund, immer heiter und freundlich. Er wohnte nicht mehr in seinem Palais, sondern in einer bescheidenen Wohnung. Er blieb ein Feinschmecker, und man sah ihn täglich in den Delikatessengeschäften seine Aktentasche vollstopfen. Die Aktentasche legte er auch, wenn die Geschäfte geschlossen waren, nicht ab, und es begann unter seinen Freunden ein Rätselraten, was darin wäre. Ich nahm den Anlauf, ihn nach dem Geheimnis zu fragen. Er zog mich in einen Hausflur und holte aus der Tasche ein Radio mit Kopfhörern. Er müsse, erklärte er, seine Frau öfter in die Oper oder ein Konzert begleiten und da ihn der Tristan oder die Eroica langweilen, stecke er die Kopfhörer an und ergötze sich an der Czardasfürstin. Als Hitler kam, bewarb er sich um ein amerikanisches Visum. Gewärtig, darauf viele Wochen warten zu müssen, erhielt er es auf der Stelle, da er in Rußland geboren war. Die russische Einwandererquote war zwar hoch, wurde aber nicht in Anspruch genommen, da die Sowjets niemanden hinüber ließen. Hildesheimer pendelte zwischen der alten und der neuen Welt, um Schmuck gefährdeter Freunde in Sicherheit zu bringen, für die er in Amerika auch tat, was er konnte.

Die fahrbare Radiostation fing russische Funksprüche auf. Die Russen hatten viele Sender, selbst die Divisionen erhielten die Befehle über den Äther. Marchesetti verbrachte einige Tage bei unserer Station. Die aufgefangenen Befehle und Meldungen nützten uns nicht, solange wir sie nicht entziffern konnten. Marchesetti arbeitete Tag und Nacht, bis ihm ein glücklicher Zufall den Schlüssel in die Hand gab. In einem aufgefangenen Funkspruch war die Unterschrift in claris erfolgt, statt, wie üblich chiffriert. Die Russen wechselten jeden Monat die Chiffren und Marchesetti unterzog sich der äußerst mühevollen, an den Kombinationsgeist hohe Anforderungen stellenden Aufgabe, hinter die Änderungen zu kommen, was ihm stets glückte. Er wurde außertourlich zum Hauptmann befördert, erhielt die Eiserne Krone und von den Deutschen das Eiserne Kreuz erster Klasse.

Nach dem Frieden von Brest-Litowsk führte Hranilovic, bereits General, in Petersburg Verhandlungen mit Trotzkij wegen Rückkehr der Kriegsgefangenen und anderer Angelegenheiten. Er nahm Marchesetti mit sich. Die Verhandlungen wurden deutsch, russisch oder französisch geführt. Marchesetti führte das Protokoll. Er wurde immer mehr zu den Debatten und endgültigen Formulierungen herangezogen, bis Trotzkij dafür sorgte, daß er von der Protokollführung befreit wurde. Die Aufgabe wurde einer Frau übertragen, die zwar sprachenkundig war, aber nie ein Protokoll geführt hatte, auch nicht stenographieren konnte. Am Ende der ersten Sitzung, an der sie teilnahm, bat sie Marchesetti, ihr zu helfen. Am nächsten Tag fand keine Sitzung statt. Sie bat um seinen Besuch und gab ihm ihre Adresse. Er fand das Haus im vornehmsten Viertel von Petersburg, stand vor einem fürstlichen Palais und dachte, es wären Kommunisten eingezogen oder die Frau, die zwar nicht danach aussah, wäre die Tochter des Hausmeisters. Er läutete, ein Diener öffnete und führte ihn zur Prinzessin Leuchtenberg, die als Geisel für ihre geflohenen Verwandten zurückgehalten wurde. Marchesetti blieb in Petersburg und ehelichte die Prinzessin. Trotzkij trug ihm einen hohen Posten an, aber Marchesetti erklärte, er könne als kaisertreuer Österreicher ihn nicht annehmen, auch huldige er einer anderen Weltanschauung. So bestimmte Trotzkij ihn zum Vorstand der neu errichteten Gorki-Bibliothek. Er korrespondierte, solange dies noch möglich war, mit mir und ich freute mich über seine langen, interessanten Briefe. Seinem Anliegen, Käufer für die Gobelins des Palais Leuchtenberg zu finden, konnte leider nicht entsprochen werden.

General Ronge, Nachfolger von Hranilovic als Chef der Nachrichtenabteilung, verhalf Schober zu seinem Aufstieg zum Polizeidirektor, und dieser bekundete seinen Dank, indem er ihm ein Amt und ein Bureau in der Stiftskaserne verschaffte. Dorthin ließ mich Ronge kommen und erhielt mein Einverständnis, nichts über die Tätigkeit Marchesettis in der Nachrichtenabteilung zu verlautbaren, da dies ihm in Rußland schaden könnte.

Dem Hauptmann der Reserve Victor Marchesetti verdankte die österreichische und zugleich die deutsche Armee die untrügliche Kenntnis der russischen Bewegungen und Stellungen. Er ist vergessen, während England dankbar die Erinnerung an E. W. Winterbotham vom Secret Intelligence Service, der nach zweijähriger Arbeit den Code der deutschen Befehlsübermittlung im 2. Weltkrieg entzifferte, wachhält.

Einige Tage hindurch klaffte zwischen unseren und den deutschen Truppen eine beträchtliche Lücke, welche das deutsche Korps Woyrsch ausfüllen sollte. Aber dieses war nicht zu finden, die Flanke im Norden unserer Armee entblößt. Hauptmann Hasse, der deutsche Verbindungsoffizier beim AOK, wurde mit der Suche nach dem vermißten Korps beauftragt und ich ihm zugeteilt. Wir fuhren stundenlang durch Niemandsland, bis wir auf einen deutschen Vorposten stießen. So kamen wir zum Korps Woyrsch, dessen Reihen in schweren Kämpfen so sehr gelichtet waren, daß einige Kompanien nur mehr einen Zug bildeten. Von den Russen verfolgt, waren ganze Abteilungen gefangengenommen. Mit gegen zwanzig Offizieren nächtigten wir auf Stroh in einer Scheune. Die deutschen Herren hatten außer dem Inhalt ihrer Satteltaschen nichts bei sich und klagten vor allem darüber, daß der Champagner, den sie aus Frankreich mitgeführt hatten, nun vom Feind getrunken werde. Ein Leutnant erregte Aufsehen, als er aus der Satteltasche einen Pyjama zog. Mancher war glücklich, die Zahnbürste gerettet zu haben. Zum Glück hatten wir mehrere Päckchen Zigaretten bei uns, die wir vorsorglich zur Verteilung mitgenommen hatten. Um halb sieben wurden wir geweckt und räumten die Scheune, da die feindliche Artillerie um punkt sieben auf sie zu schießen begann. Noch wurde der Krieg ritterlich geführt und die Nachtruhe nur auf höheren Befehl gestört. Glücklich, das verlorene Korps gefunden zu haben, kehrten wir nach Sandec zurück.

Zu meinen Kameraden in der Nachrichtenabteilung gehörte Legationsrat Graf Otto Czernin, Bruder des späteren Ministers des Äußeren. Er versäumte keine Gelegenheit, an die Front zu fahren und womöglich an einem Gefecht teilzunehmen. Er war bei uns allen sehr beliebt. In seiner Erscheinung glich er mehr einem schönen kräftigen Bauern als einem Aristokraten von altem Geblüt. Zu seinem Ärger wurde ihm die Freude an Fronterlebnissen genommen, als er auf Knall und Fall zur Gesandtschaft in Bukarest zurückberufen wurde, und dies mit Rücksicht auf die schöne Königin Maria. Ein Kavalier genießt und schweigt, und so blieb es bei dem bloßen Gerücht, daß er wiederholt die Leiter zu dem auf kräftigen Baumstämmen ruhenden Pavillon hinaufgestiegen sei, in welchem die Königin Privataudienzen erteilte, wenn sie im Schloß Pelesch bei Sinaia residierte.

Als die Russen sich Neu-Sandec näherten, übersiedelte das AOK nach Teschen. Ich gehörte zu den letzten 2 oder 3 Offizieren, welche das alte Quartier zu räumen hatten. Wir saßen jeden Augenblick reisebereit in der Hinterstube eines bereits gesperrten Gasthauses bei einer trüben Petroleumlampe. Da kam bereits zu nächtlicher Stunde zur gleichen Zeit mit der Meldung, daß der Feind bereits auf der Brücke sei, ein jüdischer Pelzhändler und bat mich, ihm seine Ware abzunehmen, bevor sie von den Russen geraubt würde. Ich öffnete meine Brieftasche und gab ihm, was ich darin an Banknoten fand, nicht viel mehr als einhundert Kronen, und überließ ihm, zu entscheiden, was er mir geben wolle. Es waren Wildkatzenfelle, aus denen meine Frau eine Jacke, eine Mütze und einen Muff machen ließ, Fehbäuche zum Futter eines Mantels und einen mit dem Fell eines Waschbären gefütterten Schlittenpelz. Aus dem bis zur Taille reichenden Pelzkragen wurde eine Damenjacke und mir blieb ein stattlicher Pelz, den ich an strengen Wintertagen anziehe.

# Teschen

Trotz eines fast zweijährigen Aufenthalts in dieser Stadt Schlesiens hab' ich dort nie ein tschechisches Wort gehört und nur einen Polen – den Bezirkshauptmann – kennengelernt. Teschen wurde nach dem Krieg von den Tschechen und von den Polen beansprucht, denn in seinem Gebiet lagen reiche Kohlengruben und mächtige Stahlwerke. Eine militärische Kommission der Alliierten, von britischen, französischen und italienischen Offizieren gebildet, sollte über die Zugehörigkeit des Grenzstreifens entscheiden. Der Vorsitzende der Kommission, ein französischer General, lehnte eine Volksabstimmung ab, von der er nur eine Erhitzung des Streites befürchtete, und begab sich, um festzustellen, ob die Mehrheit der Bevölkerung polnisch oder tschechisch sei, auf den Friedhof in der Annahme, daß wenigstens die Toten die Wahrheit sprächen, und sah dort nur deutsche Grabschriften. So kam es zu einem Salomonischen Urteil, Teschen wurde in zwei Teile zerschnitten.
Der Rückzug von Przemysl nach Neu-Sandec und von Neu-Sandec nach Teschen lähmte die ohnehin schwache Siegeszuversicht, erweckte aber eine leise Hoffnung auf einen baldigen Frieden, wenn er auch mit Opfern erkauft werden mußte, wobei wir Österreicher an die Preisgabe Galiziens dachten. Der deutsche Militärattaché Graf Kageneck ließ sich von mir auf einem Spaziergang – es war im November 1914 – begleiten. Seine Gangart, wenn er spazierenging, war der Eilschritt, und was mich ihm als Begleiter empfahl, waren meine langen Beine. Im Gespräch über mögliche Friedensbedingungen meinte er, der Gegensatz zwischen Deutschland und Frankreich könnte

am besten durch den Tausch von Belgien gegen Elsaß-Lothringen behoben werden.

In Teschen bezog das AOK im Gymnasium Quartier, die Nachrichtenabteilung in der Studienbibliothek, die sich im Parterre befand. In den Kronländern, in denen es keine Universität gab, diente die Studienbibliothek als Landesbibliothek. Hier fand ich schöne alte Ausgaben aus den Bibliotheken der aufgehobenen Klöster und, worüber ich hochbeglückt war, etwas Literatur über Sporck, über den ich später mein erstes Buch schrieb. Ich benützte Arbeitspausen, vor allem den Nachtdienst, zur Lektüre von Seneca bis zu Sacher-Masoch's »Venus im Pelz«, den berühmten Roman, den ich in einer Buchhandlung fand und der mich interessierte, weil er in dem Sandec nahen Badeort Krinica spielt, den ich zur Zeit besuchte, als die galizische Statthalterei dorthin geflüchtet war.

Wir waren noch nicht lange in Teschen, als mir an einem Vormittag von Hranilovic befohlen wurde, für den Chef des Generalstabs einen Bericht über die politische und militärische Lage Schwedens zu verfassen. Ich hatte das Referat am nächsten Morgen abzuliefern. Schweden konnte ich zwar auf der Landkarte finden, aber über die Stockholmer Politik und das schwedische Militär wußte ich nichts. Damals war die Haltung Schwedens noch ungewiß und daher das Interesse Conrads begreiflich. Ich las die Depeschen unseres Militärattachés, erbat von der Vertretung des Ministeriums des Äußeren Einsicht in die Berichte unseres Gesandten, zog auch den Brockhaus zu Rat und begann nach dem Mittagessen zu schreiben. Nachdem ich viele Seiten geschrieben hatte, fand ich es für nötig, das Referat zu kürzen in der Annahme, der Chef des Generalstabs hätte nicht genug Zeit für lange Berichte übrig. Für die Referate gab es eigene Formulare in

Großfolio. Auf der Vorderseite des Bogens war nur die Inhaltsangabe, der Name des Referenten und die zu beteilenden Stellen anzugeben. Auf den inneren Seiten schrieb ich links über die politische, rechts über die militärische Lage, ohne mehr als die Hälfte des verfügbaren Raumes zu brauchen.

Meine zwei Pferde waren eingetroffen. Ich erhielt die Erlaubnis, statt um 8 erst um 9 Uhr im Amt zu erscheinen. So pflegte ich von 7 bis 9 Uhr den Morgenritt in dem unvergleichlichen Reitterrain von Teschen. In dieser Musterwirtschaft des Erzherzogs Friedrich gab es statt Feldwegen Rasenstreifen mit dem elastischen Grasboden, der dem feuchten Klima Schlesiens zu verdanken ist. Hier wurde das Vieh gekoppelt, und das gab Gelegenheit, über die Einzäunungen zu springen. Als ich nach meinem Morgenritt ins Amt kam – mein schwedisches Referat hatte ich am Abend auf den Tisch des Obersten gelegt – teilten mir meine aufgeregten Kameraden mit, der Oberst sei wütend, daß ich mir nicht die Zeit genommen hätte, einen ordentlichen Bericht aufzusetzen, sondern mich mit wenigen Zeilen begnügte. Er drohte, mich streng zu bestrafen. Hranilovic war bereits bei Conrad. Als er zurückkam, führte Ronge mich zum Rapport. Hranilovic empfing mich mit todernster Miene: »Herr Leutnant, ich habe Ihnen die Belobung des Chefs des Generalstabs auszusprechen.« Dann erzählte er mir, Conrad habe, nachdem er das Referat gelesen, gefragt, wer es verfaßte. Auf die Antwort, daß die Generalstäbler der Nachrichtenabteilung mit andern Aufgaben bereits voll beschäftigt waren und daher ein Reserveoffizier herangezogen wurde, bemerkte Conrad: »Sehen Sie, Herr Oberst, so wünsche ich die Referate, kurz und klar. Sprechen Sie dem Leutnant meine Belobung aus.« Die Folge war, daß ich als einziger

Nichtgeneralstäbler und Reserveoffizier das politische Referat als eigene Gruppe erhielt[1].

Damit war ich selbständiger Referent geworden. Mein täglicher Wirkungskreis, der sich immer mehr erweiterte, umfaßte die Zusammenstellung von Auszügen aus der Auslandspresse, die wir aus der Schweiz erhielten, die Berichterstattung über die Mitteilungen der Militärattachés, Übersetzung und Kommentierung der italienischen Kriegsberichte, die ich zuweilen mit einer kleinen Kartenskizze versah, wenn es sich um eine Bergspitze oder eine Hütte handelte. Meine Weisheit schöpfte ich aus dem Baedeker, den ich in meiner Schreibtischlade versteckt hielt und von dem das AOK kein Exemplar besaß. Dazu kam die Durchsicht der von der Briefzensur vorgelegten angeblich wichtigen Interzepte.

Wie gewissenhaft die Post zensuriert wurde, zeigte mir ein aufgefangener Brief der Kriegsberichterstatterin Alice Schalek, die ihres weiblichen Geschlechts wegen mit Unrecht dem Gespött ausgeliefert wurde. Sie hatte einem französischen Offizier durch Vermittlung des Roten Kreuzes einen Liebesbrief geschrieben, aus dem hervorging, daß sie auf einer vom Lloyd subventionierten Reise nach China – es war noch zur Zeit des Friedens – einen Hoteldirektor kennen und lieben gelernt hatte. Darin also bestand ihre Kooperation mit dem Feinde. Ich setzte mein beliebtes aa (ad acta) auf das Schreiben.

Neben der routinemäßigen Arbeit oblag mir das Referat über innenpolitische Vorgänge und gelegentlich die Konzipierung von Briefen für den Generalstabschef, darunter an den ungarischen Ministerpräsidenten Tisza, eine sehr heikle Aufgabe.

---

[1] Clemens von Walzel, Oberstleutnant a. D., Kundschaftsdienst oder Spionage? Erinnerungen eines alten Nachrichtenoffiziers. (1934)

Aus der Schweiz erhielt ich einmal ein dort erschienenes Buch eines rumänischen Offiziers, der die neutrale Haltung seines Landes mit der langen Grenze, zu deren Verteidigung die Kräfte nicht ausreichten, begründete und die Stoßrichtung, die Mackensen später wählte, voraussah. Mit meinem Bericht wurde natürlich auch der Bevollmächtigte General der Deutschen Obersten Heeresleitung beim AOK, August von Cramon, beteilt, der ihn an Hindenburg sandte und mir dessen Dank aussprechen ließ. Als die Kriegserklärung Rumäniens drohte, herrschte Ungewißheit, wann es losschlagen würde. Der deutsche Nachrichtendienst versagte. Nur Hranilovic wurde rechtzeitig informiert. Bei einem gemeinsamen Ritt eröffnete er mir, Rumänien werde am 27. August den Krieg erklären. Ich fragte, ob es sich um den julianischen oder den gregorianischen Krieg handle. »Ja, wenn ich das wüßte«, war die Antwort. Ich erlaubte mir die Bemerkung, daß die Nachricht wohl von einer Dame stamme. Er lächelte.
Hranilovic war vor seiner Ernennung zum Chef des Evidenzbureaus Militärattaché in Bukarest. Dort lernte er eine Frau kennen, die seit ihrer Verheiratung in Wien lebte. Von ihr stammte die Nachricht.
Ihr Stiefvater, ein Schweizer, gehörte zum engsten Kreis des Königs von Rumänien und war als eifriger Förderer der Freundschaft mit den Mittelmächten bekannt. Königin Maria setzte seine zeitweilige Entfernung durch, indem er mit einem Handschreiben ihres Gemahls an seinen Verwandten, den Fürsten Sigmaringen, geschickt wurde, in welchem der König mitteilte, er werde niemals gegen Deutschland zu den Waffen greifen. Als der Brief überreicht wurde, erging die von der Königin betriebene Kriegserklärung. Dies teilte mir nach Jahren eine Enkelin des Schweizers mit.

Am Tag der Kriegserklärung (27. August 1916) war ich mit meiner Frau zum Nachtmahl beim Ehepaar Apponyi geladen, wo sich auch Baron und Baronin Conrad einfanden. Während man bei Tisch saß, wurde Conrad herausgerufen, um eine Meldung zu übernehmen. Ich sagte, das bedeute Krieg mit Rumänien, worüber die Anwesenden sehr erstaunt waren. Auf dem Heimweg ließ Conrad mich an seiner Seite gehen und klagte über die neue Sorge, die ihm der neue Kriegsschauplatz bereite. Ich erlaubte mir, auf die für Rumänien unhaltbare Lage hinzuweisen, wies auf die Schrift des rumänischen Fachmanns und suchte ihn aufzuheitern. Als Hindenburg die Kriegserklärung überbracht wurde, meinte er »Das wird mal ein interessanter Krieg sein«.

Ich bezog mit meiner Frau eine kleine, gut eingerichtete Wohnung, wo wir wiederholt Gäste, darunter Gina Conrad, zum Nachtmahl empfingen. Conrad pflegte seine Frau abzuholen. Einmal unterhielt er sich mit mir lange über Schiller und verblüffte mich, wie gut er ihn kannte. Moltke zog Goethe vor, über den er Vorlesungen an der Berliner Universität hörte.

Conrad hatte vier Söhne, die alle den Rock des Kaisers trugen. Einer fiel in den ersten Kriegswochen, ein anderer starb lungenkrank in Bozen, der dritte, Erwin, war im zweiten Kriegsjahr als Generalstabshauptmann dem AOK zugeteilt, diente im zweiten Weltkrieg als Generalstabsoberst in der deutschen Wehrmacht, der jüngste, Franz, wanderte bald, nachdem er seine Dragoneruniform abgelegt und geheiratet hatte, nach Brasilien aus.

Unter den vier Brüdern hatte er allein Kinder, einen Sohn und eine Tochter, welche meinen Sohn Rudolf heiratete. Man kann sich keinen Vorgesetzten vorstellen, der zu seinen Untergebenen väterlicher, hilfreicher, liebenswür-

diger wäre als Conrad. Aber gegen Höherstehende war er bockig und starrköpfig. Der alte Kaiser geriet schon in schlechte Laune, bevor Conrad zur Audienz erschien. Bei aller Kaisertreue war der Hof für ihn das rote Tuch. Dies erfuhr ich anläßlich der Verfolgung des Fürstbischofs von Trient, Cölestin Endrici[1]. Ich hatte den Akt zu behandeln. Der Bischof wurde einer geradezu an Hochverrat grenzenden Verbindung mit Irredentisten verdächtigt. So lächerlich es auch schien, einem Kirchenfürsten derartiges zuzumuten, fiel sowohl die Innsbrucker Statthalterei als auch das Kommando der Südfront auf die bei ihnen einlangenden Anzeigen herein. Ich konnte feststellen, daß die Angriffe gegen den Bischof von zwei deutschen national befangenen Domherren ausgingen und schlug meinem Chef vor, Conrad zu bestimmen, den Fall auf sich beruhen zu lassen, da keine konkreten Anhaltspunkte vorlägen und die Urheber der Verdächtigungen nicht als unvoreingenommene Zeugen betrachtet werden könnten. Auch äußerte ich die Befürchtung, daß ein Vorgehen des Militärs gegen einen Kirchenfürsten bei Hof übel aufgenommen und die Position Conrads gefährden werde, zumal der Thronfolger gegen Conrad, wie bekannt, eingenommen sei. Conrad folgte zustimmend dem Vortrage des Oberst Hranilovic, bis dieser unvorsichtigerweise sein Bedenken bezüglich des Hofes äußerte. Das war für Conrad entscheidend. Endrici wurde konfiniert.
Auch Erzherzog Friedrich hatte es nicht leicht mit Conrad, aber er wußte ihn durch seine Güte zu gewinnen und schützte ihn wiederholt, wenn vom Hof ein Wechsel in der Person des Generalstabschefs drohte. Als Erzherzog

---

[1] Über den Fall Endrici, Hans Kramer in Mitteilungen des österr. Staatsarchivs 1956 – Christopher Führ, Das k. u. k. Armeeoberkommando und die Innenpolitik in Österreich 1914–1917 (1968) S. 83 f.

Friedrich wenige Wochen nach Kriegsausbruch den Marschallstab erhielt, war er so benommen, daß er den ersten Akt, der ihm nach seiner Erhöhung zur Unterschrift vorgelegt wurde, mit »Erzherzog Albrecht« unterschrieb. Er war der ideale Armeeoberkommandant. Nie störte er die Arbeit des Generalstabschefs, nie griff er in dessen Entschlüsse ein. Er garantierte die Einheit der Führung. Er besaß die Bescheidenheit des Weisen. Nichts war ihm mehr zuwider, als Ansprachen zu halten.
Zu Kaisers Geburtstag, am 18. August 1916, erschien Wilhelm II. in Teschen. Die Offiziere standen vor der Rampe zum erzherzoglichen Schloß. Der Deutsche Kaiser traf am Abend ein, im offenen Auto in strahlender Wehr mit glänzendem Helm und gewichstem Schnurrbart, halb Caesar, halb Lohengrin. Die Mittagstafel zur Kaiserfeier fand auf der breiten Schloßterrasse mit dem Blick auf den Park statt. Des Erzherzogs Kammerherr, Graf Tita Ceschi, setzte mich an einen der Tische, welche die Tafel der hohen Herren umgaben, so vortrefflich, daß ich diese gut beobachten konnte. Wilhelm II. war gebeten worden, keine Rede zu halten. Nur der Erzherzog sollte einen kurzen Toast sprechen. Wilhelm trug die Felduniform eines österreichischen Obersten, den Umschwung schief umgehängt, die Kappe fesch auf ein Ohr gedrückt, es fehlte nur die Virginia zu einem Modell Schönpflugs für die »Muskete«.
In Teschen, wo der König Erzherzog Friedrich besuchte, wurde ein Kinobesuch in das Programm aufgenommen. Ein Saschafilm, ein Kriegsfilm, sollte vorgeführt werden. In dem kleinen Kino gab es eine um eine Stufe erhöhte sogenannte Loge, die durch einen vom Fußboden zur Brüstung reichenden Vorhang von der letzten Reihe des Parterres getrennt war. Ich erhielt den Befehl, mich dort

niederzusetzen, wo ich jedes in der Loge gesprochene Wort hören konnte, und darüber Meldung zu erstatten. Unser Geheimpolizist ließ den Platz für mich freihalten. So saß ich unter dem König und lehnte mich, soweit ich konnte, zurück. Hätte er seine Beine ausgestreckt, hätte es mein Rücken gespürt. Vorgeführt wurde ein, vielleicht im Wiener Prater aufgenommenes Gefecht unserer Kaiserschützen gegen Alpini. Die Alpini waren auf einem sichtlich künstlichen Felsen, der aus dem Magazin eines Theaters stammte, postiert. Nach jedem Schuß der Kaiserschützen fiel ein Italiener vom Felsen herunter und jedesmal fiel zugleich das einzige Wort des Erzherzogs während der Vorführung: »Pumsti«. Es fiel so oft, als ein Alpino herabpurzelte. Ich erstattete die Meldung und »Pumsti« wurde zur Würze der Menage und verbreitete sich von der vordersten Front bis ins hinterste Hinterland und zog schließlich in die »Letzten Tage der Menschheit« ein, wo es von Karl Kraus verwertet wurde.

In der Osterwoche 1916 begleitete ich Major Ronge nach Neu-Sandec. Wir besuchten auf der Hinfahrt das Schlachtfeld von Limanowa. Ronge führte eine längere Besprechung mit dem Kundschaftsoffizier in Sandec, einem Generalstabshauptmann. Dieser litt an Verfolgungswahn, nicht, daß er sich verfolgt wähnte, sondern daß er Unschuldige im Wahne, sie seien Hochverräter, verfolgte, bis er selbst in eine Irrenanstalt gebracht wurde. Der Geist der Verfolgung brachte manchen Harmlosen an den Galgen, woran die Militärgerichte Schuld waren. Ich hatte in der Angelegenheit Kramář, gegen dessen Verfolgung mein Chef Bedenken trug, beim Generalauditor des Armee-Etappenkommandos vorzusprechen und mußte im Vorraum warten, wo ich mich mit einem Major-Auditor unterhielt. Als ich scherzte, er hätte nichts anderes zu tun als Urteile zu bestätigen, zeigte er mir einen Akt: Ein Militärgericht hatte einen polnischen Juden zum Tod verurteilt, weil er, wie die Anklage lautete, mit einer Taschenlampe dem Feind, dessen Spione in Relais aufgestellt hätten sein können, Signale gegeben habe. In Wirklichkeit ging der Mann nach Einbruch der Dunkelheit aus dem Ort nach seiner einige Minuten weit entfernten Behausung und beleuchtete den Weg. Dem gewissenhaften Major-Auditor verdankte der fast vor Todesangst gestorbene Mann sein Leben. Es gab, wie man mir sagte, einige als Auditor dienende Reserveoffiziere, die hofften, durch recht viele Verurteilungen eine Auszeichnung zu verdienen.

In Teschen führte ich ein geselliges Leben. Meine Frau erfreute sich in der Gesellschaft besonderer Beliebtheit. Viele Abende hatten wir Gäste. Evi war eine vorzügliche Hausfrau, sie besaß die Gabe, auch den Verschlossenen zum Reden und zum Lachen zu bringen, was ihr sogar einmal beim Erzherzog Friedrich gelang. Auch sorgte sie mit Hilfe eines Gastwirtes für eine gute Küche.

Ständiger Gast bei uns war der Portraitmaler Hermann Torgler mit seiner schönen und lustigen Frau. Ich führte ihn bei Gina Conrad ein, die sich, ihren Mann und ihre Tochter Teresina von ihm malen ließ. Torgler war auch ein Meister auf dem Klavier, auf dem er die siebzehnjährige Teresina Reininghaus, die vortrefflich Geige spielte, begleitete. Auf dem Klavier improvisierte manchmal Christl Wurmbrand, die Braut des Dragoneroffizieres Baron Zimburg. Sie, ihre Freundin Gräfin Jettl Thun, die später den Hutfabrikanten Karl Habig heiratete, und Teresina waren die jungen Mädchen unserer Gesellschaft. An einem Abend, als in dem einen Zimmer unserer Wohnung musiziert wurde, spielte man in dem andern Zimmer

Bridge. Torgler begleitete am Klavier die Gattin des Generals Kaltenborn, eine geborene Engländerin, die einige Lieder sang. Es war eine warme Sommernacht, die Fenster waren offen. Die Bridgepartie im Nebenzimmer bestand aus Gina Conrad, General Kaltenborn, Oberstleutnant Kavecki, der spätere polnische General und Kavallerieinspektor, und dem Bezirkshauptmann Bobowski. Bobowski glaubte, der Gesang käme aus dem gegenüberliegenden Hause und rief: »Das Luder soll aufhören!«, worauf ihn Kavecki durch einen Tritt unter dem Tisch zum Schweigen brachte. Als sich die Bridgepartie wieder einmel bei uns zusammenfand, aber statt Bobowski ein anderer Herr als Vierter daran teilnahm und wieder die Stimme der Frau von Kaltenborn aus dem andern Zimmer drang, bemerkte Kavecki in seiner polnisch gefärbten Sprache: »Und Bobowski ist wo?«
Eines Abends brachte man in unsere Wohnung einen jungen Soldaten und setzte ihn ans Klavier. Er spielte und dies ganz vorzüglich, etwas für unseren Kontinent noch Unbekanntes: Jazz-Musik. Er hieß Samek und stammte aus Brünn. Er war, wie es mit Taugenichtsen üblich war, nach Amerika geschickt worden und, als der Krieg begann, zurückgekehrt. Viele Jahre später traf ich ihn in London wieder, aber nicht mehr als Samek, sondern als Vic Oliver, den amüsanten Variétékönig und vorübergehend Schwiegersohn von Winston Churchill. In Wien war er damals noch unbekannt im Gegensatz zu seiner Tante Gräfin Triangi, geborenen Samek, die eine komische Närrin war oder nur spielte und verstand, ein Bezirksgericht in eine Lustspielbühne zu verwandeln.
In London kündigte er während einer von ihm geleiteten Revue an, es sei soeben seine Großmutter aus Ägypten gekommen und habe ihn gezwungen, sie auftreten zu

lassen. Ich auf das Ärgste gefaßt: eine alte Samek! Da trugen altägyptische Sklaven auf ihren Schultern einen Sarkophag herbei. Der Deckel öffnete sich und ein fast unbekleidetes jugendfrisches Mädchen sprang heraus.
Zu den Originalen unseres Kreises gehörte Conrads Adjutant, Rittmeister von Schildenfeld. Er spielte hinreißend Violine und war ein Zauberkünstler mit Spielkarten. Schildenfeld hatte eine sehr schöne, gebildete und romantisch veranlagte Frau. Als Zoe verwitwete, führte sie das Haus des Bundeskanzlers Schuschnigg und betreute nachher Erzherzog Eugen. Ihr Buch über den Erzherzog und ihre lyrischen Gedichte legen Zeugnis von ihrer beschwingten Seele. Ihre Wohnung, mit schönen alten Möbeln ausgestattet, beherbergt Erinnerungsstücke und Bilder aus der Erbschaft des Erzherzogs.
Viele Jahre später besuchten mein Kollege Professor Hugo Hantsch und ich mit unseren Seminaristen Innsbruck. Zoe forderte mich auf, nach Igls zu kommen und willfahrte meiner Bitte, Hantsch mitnehmen zu dürfen. Wir wurden um 10 Uhr Vormittag von seiner kaiserlichen Hoheit empfangen. Hantsch wurde vom Erzherzog mit den Worten begrüßt: »Sie sind ja ein alter Bekannter von mir. Als ich vor kurzem meinen neunzigsten Geburtstag feierte, hielt ich Sie in den Händen.« Und nach einer Pause: »Ich wurde nämlich fotografiert und da hielt ich Ihre Geschichte Österreichs in der Hand.« Die Villa, die Erzherzog Eugen bewohnte, bestand im Erdgeschoß aus einer Halle, einem Speisezimmer und einem Wohnzimmer, an das sich ein winziges Kabinett, der Arbeitsraum Eugens, schloß. Bücher von unten bis oben an den Wänden. Meine erste Waffenübung brachte mich nach dem Artillerie-Schießplatz in Freudenthal in Schlesien, wo der Erzherzog als Hochmeister des Deutschen Ordens

eine Residenz hatte. Ich ließ mich einmal durch die Gemächer führen und bewunderte die reiche Bibliothek. Dabei fiel mir eine Reihe von Büchern durch ihr sonderbares Format auf, sie waren ungewöhnlich lang und ungewöhnlich niedrig. Sie enthielten die ausgeschnittenen Streifen des Umschlags der »Illustration« mit den witzigen Karikaturen von Camus »La vie camique«. Ich erinnerte den Erzherzog an seine Bibliothek in Freudenthal, und er erzählte mir von ihrem Katalog. Wenn ihn in einem Buch eine Stelle besonders interessierte, ließ er ein diese Stelle bezeichnendes Schlagwort in den Katalog eintragen. Fand er etwas über einen Hund – er war ein großer Hundefreund – so erfolgte die Eintragung unter »Hund«.
Erzherzog Eugen, trotz seiner 90 Jahre von hoher, aufrechter Gestalt, noch üppigem Haarwuchs und im Besitz seiner Zähne, zeigte eine bewundernswerte geistige Frische und ein seltenes Gedächtnis. Er setzte sich in dem großen Wohnzimmer auf einen Fauteuil und wies, als er meinen Blick dorthin gerichtet sah, auf ein Gestell mit einigen Marschallstäben, Spazierstöcken gleichend, hin und bemerkte, er lege keinen Wert auf den Erzherzog, wohl aber auf den Feldmarschall, denn diesen habe er sich verdient.
Wir wurden mit einem Imbiß und Wein bewirtet. Der Feldmarschall selbst griff herzlich zu und zündete sich eine Havana an, wohl ein Geburtstagsgeschenk, die er bis zum Ende mit sichtlichem Genuß rauchte. Er war ein glänzender Causeur, erzählte amüsante Geschichten, so von einer Begegnung mit König Milan, von Kriegserlebnissen und von seiner letzten Geburtstagsfeier, zu der auch eine Bäuerin erschien. In diesem Dorf gab es eine vom Deutschen Orden gestiftete Schule. Die Bäuerin fragte das öffnende Dienstmädchen, ob sie den Herrn Schulinspek-

tor sprechen könne. Es dauerte eine Weile, bis die Erklärung dieses Titels gefunden wurde: Der Hoch- und Deutschmeister hatte vor vielen Jahren die Schule besucht und dem Kind einen Preis für gut beantwortete Fragen erteilt.

Erzherzog Eugen zeigte uns ein kleines Heft, in welchem alle ihm zu Ohren gekommene Kosenamen, mit denen er bedacht wurde, eingetragen waren. Besonders belustigte ihn der »Deserteur vom Zentralfriedhof«. Zoe hatte mich gebeten, den Besuch nicht in die Länge zu ziehen, aber der Erzherzog hielt uns drei Stunden lang fest. Wir sollten am Abend wiederkommen, mußten aber absagen, da wir einen Vortrag des Jesuiten Rahner anhören und auch den Erzherzog nicht zu sehr ermüden wollten.

Beim Abschied warfen wir noch einen Blick auf die kleine Villa, die ein Stock hoch im oberen Geschoß zwei Schlafzimmer und das Kabinett für die einzige Hausgehilfin enthielt. Der hohe Herr fühlte sich in Igls glücklich und lebte in Erinnerungen an ein glückliches Leben. Er erzählte uns, er habe, als er sich in Igls niederließ, anfangs schlecht geschlafen. In Wien, wo er eine Zeitlang am Graben wohnte, oder bei den Drei Königen in Basel konnte er trotz des Lärmes und der offenen Fenster so gut schlafen. Da fiel ihm ein, was ihm fehlte, der Lärm. Er kaufte eine Kuckucksuhr, und seither konnte er wieder die Nacht durchschlafen.

Wenn man in den Jahren des tiefsten Friedens unter Franz Joseph sich am Sonntag zum Bummel am Kärntnerring einfand und eine alle Köpfe überragende Offizierskappe sah, dann wußte man, daß es die des Erzherzogs Eugen war. Er gehörte zu den schönsten Männern der Kaiserstadt. Es war nicht möglich, nur die geringste Ähnlichkeit mit den andern Mitgliedern des Erzhauses festzustellen.

Einige Eingeweihte hüteten das Geheimnis, das aber doch nicht ganz dicht war. Der Vater soll ein Liebhaber seiner Mutter gewesen sein. Als der offizielle Vater beim Kaiser Klage führte und erklärte, er wolle das Kind nicht anerkennen, wurde es ihm von Franz Joseph befohlen.

Zu meinem täglichen Umgang in Teschen gehörte Graf Adolph Dubsky, der vor dem Krieg als Legationsrat in London diente. Wir befreundeten uns, und noch nach dem zweiten Weltkrieg besuchte ich ihn öfters auf seinem Schloß Neuhaus bei Salzburg, und er kam zu mir, wenn er sich in Wien aufhielt. Er war ein Mann von Geist und zuweilen paradoxen Einfällen. So veröffentlichte er zur Zeit des Abkommens Schobers mit Curtius eine Broschüre, in welcher er für den »Anschluß« eintrat, aber nicht für den Anschluß Österreichs an Deutschland, sondern für den Anschluß Deutschlands an Österreich.

Zu unserem kleinen Kreis gehörte auch Friedrich von Wiesner, der die Untersuchung nach dem Attentat von Sarajevo geführt hatte, beim AOK unter Baron Giesl, dann unter dem früheren Botschafter in Petersburg, Thurn Valsassina, das Ministerium des Äußeren vertrat und nach dem Krieg Führer der Monarchisten wurde.

Die Mittagstischgespräche mit Dubsky, Wiesner, Lago, Podragy, Ferri Kinsky und dem Marineur Emmerich Thun waren höchst vergnüglich. Dem Mittagessen folgte ein Spaziergang am Ufer der Olsa, an dem auch Baron Johann Andreas Eichhoff, der einstige Vertrauensmann Franz Ferdinands, teilnahm. Er vertrat das Ministerium des Innern beim Etappenoberkommando.

Unter den Akten, die ich bearbeiten sollte, befand sich ein Entwurf einer Neuverfassung der Monarchie, beinhaltend die Zweiteilung des Dualismus, beziehungsweise die

Vierteilung des Reichs, den Quadrilismus, hier Österreich–Polen, dort Ungarn–Kroatien.

Der Verfasser war der als Militärauditor im Kriegsministerium dienende Kelsen, der mehr Glück mit der von ihm entworfenen Verfassung der Republik von 1920 haben sollte. In der Annahme, daß es die Aufgabe des Militärs sei, Krieg zu führen, aber nicht eine Verfassung zu begutachten, legte ich den Akt ad acta.

Hranilovic hielt mich für mit Arbeit überlastet und gab mir, der ich bisher das politische Referat allein führte, einen Generalstabshauptmann bei, einen braven, recht beschränkten Mann. Um ihn einzuführen, empfahl ich ihm, die letzten abgelegten Akten durchzusehen. Das Konzept Kelsens beeindruckte ihn tief. Er ließ es zirkulieren, unter anderen bei Eichhoff, der es mit folgender Bemerkung zurückstellte: »Das k. k. Ministerium des Innern kann sich derzeit nicht mit dem vorgelegten Verfassungsentwurf beschäftigen, da es vollauf mit der Ausarbeitung eines neuen Exerzierreglements für die k. u. k. Infantrie in Anspruch genommen wird.« Vermutlich wußte Eichhoff so wenig wie ich, daß Hans Kelsen damals bereits Dozent war und ein Buch über die Hauptprobleme der Staatsrechtslehre veröffentlicht hatte.

Ein Neukömmling war Rittmeister der Reserve, Seutter von Lötzen. Gina Conrad litt darunter, daß ihr Mann, dessen Gutgläubigkeit und naives Vertrauen zu jedem, der das goldene Portepée trug, keine Grenze kannte, der Gefahr von Intrigen ausgesetzt war. Sie zog mich ins Vertrauen und erreichte bei ihrem Mann, daß Seutter, der Conrad als alter Freund treu ergeben war, als Adjutant ihm zugeteilt wurde. Aber von der großen Intrige, die im Mai 1916 in Teschen gesponnen wurde, hat Seutter nichts erfahren.

Mit den Generalstäblern der Operationsabteilung hatten wir von der Nachrichtenabteilung keinen gesellschaftlichen Verkehr. Sie mieden auch die Begegnung mit Baronin Conrad, die sich nur selten sehen ließ, zurückgezogen in ihrer Villa lebte, nie das Dienstauto des Gatten benützte und ihre Abende bei einigen Ehepaaren, die ihre Freundschaft genossen, verbrachte, bis der oft in die späten Abendstunden hinein an seinem Arbeitstisch sitzende Gatte sie abholte.
Soweit ich mich erinnere, dürfte ich unter den Herrn der Operationsabteilung am häufigsten von Edmund Glaise von Horstenau in Gespräche gezogen worden sein. Jedenfalls begegneten wir uns nach dem Krieg einige Male. Er hatte die Freundlichkeit, mein Neapelbuch in eingehender Weise zu besprechen. Ich wollte diese Besprechung in der Neuen Freien Presse unterbringen, was mir ebensowenig gelang wie die Besprechung meines Sporckbuchs aus der Feder von Oscar Mitis, dem damaligen Generalstaatsarchivar. An diesem Mißerfolg und der verlorenen Mühe meiner Gönner war meine Unerfahrenheit schuld. Ich hätte meinen Verleger veranlassen sollen, Rezensionsexemplare an die Zeitung zu senden und dieser die Wahl des Rezensenten zu überlassen.
Näher bekannt war ich auch mit dem Generalstabshauptmann Fedor Dragoilow, der mir sehr unterhaltend erzählte, wie er noch im Frieden als Kundschaftsoffizier in der Verkleidung eines Schafhirten Serbien durchquerte. Während des zweiten Weltkrieges wurde er als General Chef des kroatischen Generalstabamtes.
In der Nachrichtenabteilung gab es einen kroatischen Generalstäbler, den späteren Führer der Ustascha und kroatischen Marschall Slavko Kvaternik. Es gab in der Nachrichtenabteilung keinen ungarischen und nur einen

Offizier, der, wie sich erst später herausstellte, sich als Tscheche bekennen konnte. Dieser Hauptmann des Generalstabs war ein sehr gut aussehender Offizier und ein vollendeter Weltmann. Er blieb nicht lange bei uns, da er vom Kaiser auf Bitte des Königs von Bulgarien diesem als Vertrauensmann zugeteilt wurde, da er persona gratissima der bulgarischen Majestät war. Rudolf Kuerzel-Gizersky sprach ein vollendetes Deutsch und daß er aus Böhmen stammte, erfuhr ich erst aus der Zeitung, nicht aus dem Inhalt, sondern dem Kreuzband, das die Anschrift des Hauptmanns trug. Es waren die tschechischen Jungbunzlauer Nachrichten. Jungbunzlau war die Hauptstadt des Bezirks, in dem Lissa lag, und so hatten wir reichlich Gesprächsthema. In der Zwischenkriegszeit wirkte er als tschechoslowakischer Gesandter in Wien.

Erst während meines Felddienstes lernte ich die Hochachtung vor dem Generalstab und seinen Angehörigen. Diese Wertschätzung steigerte sich, als ich in späteren Jahren so hervorragende Männer wie Percevic, Jansa, Regele, Kiszling und Egon Corti näher kennenlernte. Diese ehemaligen Generalstäbler bildeten eine durch Vielseitigkeit und Gediegenheit in allem, was sie unternahmen, bewundernswerte Elite.

Tagsüber, wenn die Herren der Operations- und der Nachrichtenabteilung bei ihren Schreibtischen saßen, promenierten prominente Schlachtenbummler durch die Stadt: Markgraf Sandor Pallavicini, der grantige Fürst Solms-Braunfels, der allgemein beliebte und liebenswerte Graf Erni Hoyos. Oberst Kavecki, der spätere Generalinspektor der polnischen Kavallerie, benützte die lange Freizeit, die ihm nach der Besichtigung des für die Stabspferde bestimmten Stalles blieb, dazu, Kameraden zu porträtieren.

Die Automobilisten dienten in der Detailabteilung und halfen als Schreibkräfte in Personal- und Ordensangelegenheiten. Sie freuten sich, wenn sie am Volant prominente Gäste, so Sven Hedin oder Fridtjof Nansen, an die Front führen durften oder als Kuriere verwendet wurden.

Unter den Kurieren befand sich auch der Dragoner Oberleutnant Ungnad von Weißenwolf, der letzte dieses Hauses, ein Hüne von Gestalt, welcher 1914 von seinem im Feld stehenden Regiment abberufen und dem AOK zugeteilt wurde, auf Wunsch des Kaisers, vor dem seine Mutter einen Kniefall tat, den letzten Weißenwolf nicht den Gefahren des Kriegs auszusetzen. Auf einer Kurierfahrt durch Ungarn setzte er sich wegen der großen Hitze auf das Dach des Waggons und wurde, mit dem Rücken gegen die Fahrtrichtung die Aussicht genießend, von einem Balken einer Notbrücke erfaßt und getötet. Mütterliche Bitte beim Kaiser erreichte auch für den jungen Grafen Grünne die Zuteilung nach Teschen. Der blutjunge, talent- und hoffnungsvolle Leutnant aber meldete sich im Verlauf des Krieges zu den Fliegern und fand in einem Absturz den Tod. Es gibt keinen Schutz vor dem Schicksal. Der Spezialist in Ordensfragen war Rittmeister d. Res. Hofrat Baron Guido Sommaruga, wohl der einzige Mann, der wußte, in welcher Reihenfolge man auch von noch so weit kommende Auszeichnungen anzustecken hat. Er gehörte zu unserem Kreise, wie natürlich meine alten Freunde Willy v. Gutmann und Hans v. Wurzian und zu denen gesellten sich das uns besonders liebe Ehepaar Satzger und der Maler Trubel, der auf der Feldpresse köstliche Portrait-Karikaturen von Vorgesetzten, Höheren und Kameraden herstellte, die im Heeresmuseum gehütet werden und deren Serie ich von ihm erhielt.

# Im Feld

Im April 1916 erhielt Oberst von Hranilovic das Kommando über eine Gebirgsbrigade an der Tiroler Front. Während seiner Felddienstleistung vertrat ihn Ronge, der später sein Nachfolger als Leiter der Nachrichtenabteilung wurde. Ich bat, mich dem Brigadekommando zuzuteilen, und Hranilovic leitete meine Bitte an Conrad weiter, der aber sagte, er brauche mich, und ich solle in Teschen bleiben. Ich meldete mich bei ihm und stellte ihm vor, daß ich als jüngster Offizier des AOK mich schäme, nicht an der Front gewesen zu sein und er meinen Wunsch, meine Pflicht auch im Felde zu erfüllen, verstehen werde. Ich erhielt die Erlaubnis.
Ich fuhr dank einem für mich als Kurier ausgestellten Schein in einem reservierten Abteil erster Klasse, blieb einen Tag bei Frau und Kindern in Wien und setzte die Fahrt nach Trient fort, die 24 Stunden dauerte und von der ich wünschte, sie dauerte noch länger. Bedient wurde ich von meinem braven Method, der sich im Nachbarcoupé bequem ausstreckte und sich mit einem Leibgardisten befreundete, der die Kurierpost für Erzherzog Karl, der ein Korps an der Südfront kommandierte, bei sich trug.
In Trient wurde ich nach Zambana instradiert, wo ich das Brigadekommando vorfand. Von den 5 Bataillonen der Brigade waren vier in den umliegenden Ortschaften untergebracht, das fünfte stand in Zambana, einem kleinen Dorf unterhalb der Mündung des Noce in die Etsch. Der Stab bestand aus dem Generalstabshauptmann Pollaczek-Wittek, einem liebenswürdigen Herrn und vorzüglichen Offizier, Leutnant Weigand als Artillerieferent, mir als

Adjutant, einem unterhaltenden Regimentsarzt, einem heiteren und die Mannschaft liebevoll betreuenden Feldkaplan, der scherzhaft, wenn er mit Kameraden ein durch eine rote Laterne gekennzeichnetes Lokal betrat, den Mädchen als Kirchenschiffsleutnant präsentiert wurde, einem Rittmeister als Kommandanten des von Husaren gebildeten Stabszugs und einem für das leibliche Wohl sorgenden Proviantoffizier. Unter uns herrschte der Geist echter Kameradschaft.

Die Offensive war für den 1. Mai angesagt. Die Brigade kämpfte bereits zwei Jahre in Serbien, wo es keine Gelegenheit gab, den zur Verpflegung dienenden Fonds anzugreifen. Einkäufe in Bozen und im Landeskeller von San Michele versorgten uns mit allerhand Leckerbissen und Spitzenweinen. Einige Male ritt ich nach Trient, wo ich beim im Hotel Österreicher untergebrachten Armeekommando Dankl zu tun hatte und Gelegenheit fand, ein Bad zu nehmen. Das Café Specchi war der Treffpunkt der Offiziere der Tiroler Front.

Als zur Zeichnung einer neuen Kriegsanleihe aufgefordert wurde, ritt ich nach Mezzo Corona, um die Offiziere des dort einquartierten Bataillons zur Zeichnung zu bewegen. Ein Kamerad begleitete mich. Der Weg führte entlang der Etsch zwischen Weingärten. Soldaten sammelten junge Reblinge, an denen die Tragtiere zu kauen liebten.

Mit der Kriegsanleihe hatte ich im allgemeinen Glück, aber nicht in Mezzo Corona. Dort gab es einen Reserveoffizier, einen Prager Bankbeamten, der den Staatsbankrott voraussah. Mein Einwand, daß davor das Beispiel der sechziger Jahre warne, als die Londoner Börse eine Herabsetzung des Zinsfußes der österreichischen Rente bereits als Bankrott auffaßte und die Rente von der Kotierung strich, konnte ihn nicht umstimmen. Der Bankbeamte sollte

Recht behalten, und in der Folge wurde mein Gewissen belastet, nicht allzu schwer, da die Kriegsanleihe mit 90% von der Nationalbank belehnt war und der minimale Verlust von 10% nicht schmerzte, der schon durch die Geldentwertung gegenstandslos war.

Die Offensive wurde wegen der großen Schneemassen auf den 15. Mai verschoben. Auf einem Spaziergang mit Hranilovic längs der Etsch begegneten wir dem die Nachbarbrigade kommandierenden General mit seinem Adjutanten, Dragoneroberleutnant Fredi Mallmann, meinem Freund aus der Reichenberger Zeit. Wir freuten uns, uns wieder zu sehen, und die beiden Brigadiere warteten geduldig, bis wir unsere Unterhaltung beendeten. Mallmann war Generaldirektor der Maffersdorfer Teppichfabrik und starb, als die Tschechen ihr Verfolgungswerk gegen die Sudetendeutschen aufnahmen, eines unaufgeklärten Todes.

Pollaczek-Wittek wurde anläßlich seiner Beförderung zum Major dem Armeekommando in Trient zugeteilt, erhielt aber vorher die Erlaubnis, im Verbande unserer Brigade eine aus einem Bataillon und einem Halbbataillon gebildete Truppe gegen den Feind zu führen. An seine Stelle trat Hauptmann Fleck, der ein unglaubliches Phlegma besaß. Es schien, als könnte ihn nichts aus seiner Ruhe bringen. Aber bald erkannte man seine feine umfassende Bildung, seinen Verstand, seine Klugheit, und ich glaube, wäre es ihm beschieden gewesen, eine Armee zu befehligen, er hätte sie zum Sieg geführt. Da er aber nur ein Hauptmann war, gelang ihm bloß die Eroberung des Terragnolo-Tals und des Col Santo bis zur Spitze des Pasubio, die erst angegriffen wurde, als er bereits durch einen andern Generalstabshauptmann abgelöst war. Fleck wußte zu jeder eine sofortige Entscheidung verlangende

Lage, was zu tun wäre, und Hranilovic billigte alle seine Vorschläge.

Am 14. Mai ritt der Brigadestab durch das besonnte Etschtal nach Süden. Unterwegs wurde der Rappe Wiegands krumm, er übergab ihn einem Husaren des Stabszuges, um ihn nach dem Pferdespital in Trient zu bringen und bestieg einen Husarengaul. Gegen Abend, als Alpenglühen auf den Bergen lag, ritt Wiegand mit mir voraus, um in einem am Wege liegenden Kastell für ein Nachtlager zu sorgen. Im Vorhof saßen in einer Laube zwei ältere Rittmeister beim Wein. Die Abendsonne, der Frieden, die wie in einem Genrebild beisammensitzenden zwei stillen Zecher bildeten eine unvergeßliche Idylle, den Wunschtraum für seine alten Tage. Die Herren waren nicht erfreut, ihre Ruhe gestört zu wissen, aber glücklich, daß wir nur eine Nacht blieben. Beim Pferdewechsel hatte Wiegand vergessen, auch die Sättel zu tauschen, und in seiner Packtasche war die versiegelte Angriffsdisposition. Wiegand meldete das Unglück Hauptmann Fleck, der seine Ruhe bewahrte und einen Wachtmeister nach Trient reiten ließ, den Rappen zu suchen. Er wurde gefunden und kurz bevor Hranilovic erwachte, war die Tasche wieder in seinem Besitz. Wir hatten eine schlaflose Nacht hinter uns.

Vorbei an der malerischen Ruine Castelpietro und Cagliano bestiegen wir die Höhe und bezogen in dem evakuierten menschenleeren Guarda Quartier, zu dem das armselige Pfarrhaus diente. Im Ort waren nur Ratten zurückgeblieben. Als mein Diener Method am Morgen den Rucksack öffnete, um eine Salami herauszunehmen, sprang zu seinem Schrecken eine fette Ratte heraus. Auf dem kleinen Herd wurde gekocht, auf der Ofenröhre hockte eine Ratte. Die Brigade hatte in Serbien eine

Schreibmaschine erbeutet. Ich mußte die Ordre de bataille an unsere Bataillone und die Meldung an das Korpskommando tippen, eine mühsame Arbeit mit den cyrillischen Lettern.

Einmal mußte ich nach Trient herabsteigen, um dem Armeekommando eine Meldung zu überbringen, und benützte die Gelegenheit, einen Stock zu kaufen. Wiegand ersuchte mich, auch einen für ihn zu besorgen. Als ich in dem Geschäft bereits in jeder Hand einen Stock hielt, trat Erzherzog Karl ein. Meine Ehrenbezeugung fiel recht umständlich aus.

Die Aufgabe der Brigade war, durch das Terragnolotal über den Borcolapaß gegen Vicenza zu stoßen, und dabei folgte sie, ohne es zu wissen, den Spuren Eugens von Savoyen. 1701, zu Beginn des Spanischen Erbfolgekrieges, gleichfalls im Monat Mai, führte er seine Armee nicht, wie die Franzosen erwarteten, der Etsch entlang, sondern über das unwegsame Gebirge, die Kavallerie unter Johann Palffy, in das Gebiet der neutralen Republik Venedig. Die Frucht dieser Verletzung der Neutralität war sein Sieg bei Carpi am 9. Juli. Den Durchzug durch das Terragnolotal wählte auch Graf Laval Nugent-Westmeath, als er Radetzky vor der Schlacht von Santa Lucia Verstärkung zuführte. Am Vorabend der Offensive, die am 15. Mai 1916 begann, bezogen wir einen in einen Felsen gesprengten Unterstand, nahe dem Schützengraben, zur Nachtruhe. Als wir dort eintrafen, meldete ein junger Leutnant den Standort der uns unterstellten zwei Gebirgskanonenbatterien. Ich fragte ihn, wer der Kommandant seiner Batterie sei und erfuhr zu meiner grenzenlosen Freude, daß es Hermann Aubin war, mein bester Reichenberger Freund, damals Dozent in Bonn und zuletzt Doyen der deutschen Historiker. Ich ließ mich zu ihm führen, und wir feierten im Kreise seiner Kameraden, darunter Major Nachtnebel, den ich von meiner ersten Waffenübung her kannte, ein freudiges Wiedersehen.

Am frühen Morgen bezogen wir die Stellung. In der Mitte des Schützengrabens, in welchem eines unserer Bataillone die Landesschützen abgelöst hatte, befand sich ein zu einer Aussichtswarte hergerichteter Unterstand, den Hranilovic, Fleck, Wiegand und ich bezogen. Bald begann ein lebhaftes Feuer. Feindliche Artilleriegeschosse schwirrten rechts und links von uns, aber keines schien sich unseren Unterstand zum Ziel zu nehmen. Erst bei unserem Vormarsch löste sich das Rätsel. Auf dem von hölzernen Säulen getragenen Dach über unseren Häuptern war Gras gewachsen. Der Feind mußte beim Anblick dieses einem Gartenpavillon gleichenden Vorsprungs annehmen, daß nur ein Narr dieses weithin sichtbare grüne Ziel inmitten des weißen Gesteins als Deckung benützen könne.

Am bösesten war das Maschinengewehrfeuer von der Höhe des Campanile von Piazza, das 300 m tief zu unseren Füßen lag. Ein Gebirgsgeschütz wurde herangebracht, ein Stück der Brustwehr des Schützengrabens niedergerissen, und der Korporal, der es bediente, brachte, wie ein Jäger auf einen Bock visierend, mit einem Schuß das Maschinengewehr zum Schweigen. Je lebhafter das Feuer wurde, desto mehr fühlte Hauptmann Fleck sich in seinem Element. Er erwachte aus dem Phlegma und disponierte mit Ruhe und Sicherheit. Wir übersahen, als führten wir vor 100 Jahren Krieg, jede eigene Bewegung und jede des Gegners. Über unsere Bitte erhielten wir einen Schuß aus dem bei Roverto postierten 30,5 cm Mörser, dessen Motorisierung Ferdinand Porsche konstruierte. Er traf nicht Piazza, war zu kurz und füllte nur mit einer riesigen Staubwolke das Tal, dort wo sich keine Menschenseele aufhielt. Aber die Italiener mußten fürchten, es könnte ein zweiter, besser gezielter Schuß folgen.

Unsere Soldaten drängten ins Tal, aber dem feindlichen Feuer ohne Deckung ausgesetzt, wurden sie für einen Nachtangriff zurückgehalten. Bei Einbruch der Dunkelheit gings den steilen Hang hinab, der Kugelregen wurde stärker und stärker, bis er von unserer Seite ganz schwach wurde. Die Soldaten hatten aus übler Gewohnheit die schwere mitgeschleppte Reservemunition weggeworfen. Der vielversprechende Angriff hätte abgeblasen werden müssen. In unserer Nähe befand sich ein Munitionslager. Ich eilte hin, rief den Fähnrich, dem das Depot anvertraut war, befahl ihm, seine Leute zu rufen und genügend Munitionskisten zu der kämpfenden Truppe zu tragen. Der Fähnrich und seine Leute verweigerten unter allerhand Ausflüchten, so, daß das Depot leer sei, den Gehorsam. Ich griff zu meiner Revolvertasche – sie war mit Zigarren gefüllt – und drohte dem Fähnrich, ihn auf der Stelle zu erschießen, als besondere Gnade, um ihm das Kriegsgericht zu ersparen, und schüchterte wie ein Stier brüllend die uniformierten Feiglinge so ein, daß sie die Kisten holten und sich vor mir, der ich die Revolvertasche festhielt, den Berg hinunter treiben ließen. So konnte mit verstärktem Feuer der Angriff fortgesetzt werden, und gegen Mittag war Piazza in unserem Besitz.

Am Nachmittag ritt der Brigadestab, nachdem Minensucher vorausgegangen waren, auf der Straße hinab ins Tal. Wir rasteten im Pfarrhof von Piazza, wo wir noch das unberührte Mittagmahl der geflohenen Offiziere und den noch warmen Kaffee vorfanden. Der Ritt ins Tal bei strahlender Sonne, das Gefühl des Sieges und des Vormarsches erregten einen Glücksrausch, der keiner Steigerung fähig ist.

Major Polaczek-Wittek führte ein aus einem Bataillon Bosniaken und einem deutsch-böhmischen Halbbataillon bestehendes Detachement auf den Col Santo und nahm ein Alpini-Bataillon gefangen. Die Alpini leisteten tapferen Widerstand, ein ihnen zugeteilter serbischer Offizier schoß sich eine Kugel durch den Kopf, um nicht in die Hände der Österreicher zu geraten. Hranilovic fürchtete, die Bosniaken könnten die Italiener massakrieren und befahl mir, schleunigst ihnen entgegenzueilen. Ich stieg den Bergpfad, der zum Col Santo führte, so rasch ich konnte, hinauf. Schon auf halbem Wege kamen mir die Bosniaken und ihre Gefangenen entgegen. Ein herzerfreuender Anblick. Jeder Bosniak und jeder Alpino hatte eine offene Konservenbüchse in der Hand und nährte sich daraus. Sie hatten ein Proviantdepot erbeutet, und das Mahl verbrüderte Feind und Freund. Ich verhörte die italienischen Offiziere, von denen ich erfuhr, daß sie vom Beginn unserer Offensive auf Tag und Stunde genau unterrichtet waren. Wir begrüßten uns mit Händedruck, denn wir waren Kameraden, wenn wir auch auf entgegengesetzten Seiten standen. Das einzige, das wir ihnen abnahmen, waren die Stahlhelme und die Bajonette. Die Helme waren schwer und wurden bald weggeworfen, aber wir österreichische Offiziere trugen statt des Säbels das schmucke italienische Bajonett, bis dies verboten wurde.

Am nächsten Tag erhielt ich den Befehl, der Brigade des Generals Fürsten Schwarzenberg entgegenzureiten und sie zu warnen, daß eine Stelle ihres Wegs vom Feind eingesehen werde. Mein Weg führte entlang des Berghangs am rechten Ufer des Terragnolo. Der schmale Karrenweg mitten in dem ein Jahr lang Niemandsland war mit Gestrüpp verwachsen. Das Pferd, das ich vom Stabszug nahm, ein träger Ackergaul, den ich mangels Sporen mit den Nägeln meiner Bergschuhe antrieb, um es in Trab zu bringen, ließ ich in Schritt fallen, als eine Maschinengewehrabteilung entgegenkam. Ich wich den Tragtieren mit ihrer rechts und links herabhängenden Last aus, indem ich das Pferd zum Rand des Berghangs trieb. Es verlor den Halt und stürzte mit mir hinab. Ich verdanke meinem Schutzengel, daß ich nicht 200 m hinabstürzte, sondern auf einem vorspringenden Felsen landete. Der Gaul lag auf dem Rücken, alle vier Beine in der Luft. Ich war vom Sattel geglitten. Die Leute mit den Maschinengewehren zogen mit Stricken das Pferd hinauf, es war heil, ich ließ es durch einen Soldaten zum Stabszug führen und ging, völlig unverletzt, zu Fuß weiter. Fürst Schwarzenberg lud mich ein, an seiner Jause teilzunehmen. Wir tranken Tee, und ich bekam ein Schinkenbrot. Seine Brigade war frisch angekommen und hatte noch Vorräte, die uns bereits ausgegangen waren. Unsere Nahrungsreserve aber bestand aus einer an Maul- und Klauenseuche leidenden, zum Skelett abgemagerten Kuh, die zu schlachten wir von Tag zu Tag verschoben. Der Tee wurde aus Maulbeerblättern zubereitet. Wir lebten von verschimmeltem Brot und der frischen Bergluft und fühlten uns gesund und wohl.

Das nächste Lager wurde auf einer Höhe von 1600 m, knapp unter der Baumgrenze, aufgeschlagen. Der Brigadier hatte ein großes Zelt, in dem ich auf einem Klappsessel sitzend Befehle und Meldungen niederschrieb. Ich aber hatte ein noch größeres Zelt zur Verfügung, das Zelt der Feldpost. Der Postbeamte hatte während seiner militärischen Dienstzeit als Zugführer die Expedition des internationalen Korps in Kreta mitgemacht und wünschte sehnlichst, statt im Tal, wo die Feldpost untergebracht war, einige Gefechtstage in der Nähe des Kommandos zu erleben. Er wandte sich an mich, und ich versprach, mich für eine Auszeichnung an ihn einzusetzen, falls er mir sein Zelt überließe. Als ich wieder in Teschen war, wandte ich mich an Hofrat Böhm, der beim Etappen-Oberkommando unter dem Generalpostmeister Posch das Feldpostwesen leitete, und dieser erwirkte für den Postmeister aus Cilli, als ich ihm das große Verdienst um meine Bequemlichkeit schilderte, den Franz-Joseph-Orden, eine für seinen Rang ungewöhnlich hohe Auszeichnung.

In dem geräumigen Zelt bereitete mir Method ein Lager. Auf Latschen und Laub lag mein Schlafsack, in den ich nicht hineinkroch, da ich mich mit einer Pferdedecke zudeckte. Unter meinem Kreuz spürte ich ein angenehmes Krabbeln von Waldmäusen, welche die Wärme genossen. Am Morgen brachte Method zwei Tränkeimer mit Wasser, und ich wusch mich splitternackt vor dem Zelt im Regen, der zwei Tage ununterbrochen andauerte. Ich blieb tagsüber, wenn ich nicht zum Brigadier gerufen wurde, liegen. Method brachte das Essen. Ich verlautbarte im Tagesbefehl, daß ich einen Mann suche, der gegen gute Belohnung mich rasieren käme, eine Kunst, die ich erst während des zweiten Weltkriegs lernte. Ein baumhoher Bosniak meldete sich, und ich erlebte das seltene Schauspiel, den tapferen Krieger in großer Angst vor meinem Bart zu sehen. Seine Hände zitterten, und nach vollendetem Werk sah ich wie ein Couleurstudent nach harter Mensur aus.

Es folgte ein Angriff auf dem Schneefeld des Col Santo. Unserm Kommando war ein Jägerleutnant, ein Ungar, als Führer zugeteilt. Von Beruf Maler, zeichnete er einige schöne Blätter, Ansichten unseres Lagers, des Ortes Piazza und des Terragnolotales, die er Oberst von Hranilovic widmete, von dem ich sie erbte. Hranilovic wollte dem Gefecht, das nach den Schüssen, die wir hörten, bereits im

Gang war, beiwohnen. Der Leutnant führte uns über einen Felsengrat, bis er gestand, sich nicht mehr auszukennen. Er wurde zurückgeschickt, und ich mußte die Führung übernehmen. Wir kletterten, Hranilovic hinter mir, über den Grat der Buse di Bisorte, und da ich ein halbwegs geübter Alpinist war, nahmen wir den richtigen Weg. Der Oberst trieb mich an, was mir bei meinen langen Beinen nur willkommen war, da ich ein rasches Tempo liebte. Nach Wochen stellte sich heraus, daß das Herz Hranilovic's angegriffen war, und das Herzleiden begann, die Ursache seines frühen Todes, der ihn 1934 ereilte.
Als wir zum Schneefeld herabstiegen, bemerkte Hranilovic einen hinter einem Felsen versteckten rumänischen Soldaten, den er mit kräftigen Stockschlägen vorwärts trieb. Das aus siebenbürgischen Rumänen gebildete Bataillon war das schlechteste unserer Brigade. Die beiden besten waren das bosnische und das sudetendeutsche, das erste unvergleichlich im Angriff, das andere im zähen Widerstand.
Unser Lager wurde nach der Buse di Bisorte vorgeschoben. Hier fanden wir die Reste des italienischen Lagers vor, bauten aus Brettern aus den verlassenen Schützengräben zwei Hütten, eine für den Brigadier und den Hauptmann, eine für Wiegand und mich. Wiegands Diener, ein bosnischer Kutscher, verstand trotz Wind und Regen, auch im Freien aus nassem Holz ein Feuer zu erwecken. Wir stellten in unserer Hütte einen irgendwo gefundenen primitiven Eisenofen auf, dessen Röhre allein schon genügend Wärme spendete, was sehr nötig war, da täglich Schnee fiel. Wir saßen auf den mit den Schlafsäcken gedeckten Betten, dessen Matratzen durch Latschen ersetzt waren und spielten in den langen Mußestunden Schach. Wir hatten ein Tragetier mit zwei Strohkörben

und konnten je 40 kg verpacken, überreichlich für die Garderobe und das Schachspiel. In den verlassenen Schützengräben fand ich zwei Bücher, die Institutionen des Römischen Rechts, die ein Student hatte liegenlassen, und das überaus selten gewordene Werk über Südtirol von Cesare Battisti[1]. Als Fleck das Buch sah, war er als früherer Kundschaftsoffizier in Trient von dem Fund so entzückt, daß ich es ihm überließ. Als ich wieder einmal Fleck im Dienst ablöste, fand ich auf seinem Tisch neben dem Telefon, das uns mit der Truppe verband, den aufgeschlagenen Plutarch, was meine Verehrung für den Generalstabshauptmann noch steigerte.

Jeden Morgen überflogen feindliche Flugzeuge nicht höher als 100 m unser Lager auf dem Flug nach Trient. Hranilovic ließ einen Zug Infanterie auf der nächsten Höhe aufstellen und sie aus dem Gewehr beschießen, ohne daß wir einen einzigen Treffer wahrnehmen konnten. Während wir in Schnee und Nebel, hungrig und gelangweilt, nicht mehr wußten, wie uns die Zeit vertreiben, wuchs die Sehnsucht nach dem Frühling. Hranilovic war um seine Rückberufung besorgt, mit gutem Grund, und schickte mich nach Trient, um beim Armeekommando mit Teschen zu sprechen. Ich nahm Method mit. Am späten Nachmittag stiegen wir nach Rovereto hinab. Wir hörten lebhaftes Feuer von den von Italienern besetzten Hängen der Coni Zugna und Zugna torta, und Method bat mich zu laufen. Ich beruhigte ihn. Als wir am nächsten Tag dieselbe Stelle passierten, fanden wir einen mächtigen Granattrichter vor. Rovereto war völlig ausgestorben. Zwischen den gegenüberliegenden Häusern gespannte Strohmatten schützten

---

[1] Battisti, Herausgeber des Trienter »Il popolo« und Reichratsabgeordneter, wurde als italienischer Offizier gefangen und am 13. Juli 1916 in Trient als Hochverräter gehenkt.

vor der Einsicht durch den Feind und hüllten die tote Stadt in Dunkelheit. Kein Mensch, kein Tier, kein Laut. Da ertönte aus einem Keller ein Grammophon: »Da geh ich ins Maxim ...« Hier saß eine kleine Gruppe von Offizieren, darunter der junge Erzherzog Wilhelm, ein Sohn des Erzherzogs Stephan. In der Nacht ging der letzte Zug vor der gänzlichen Einstellung des Bahnverkehrs mit Trient ab. Wir gelangten mit ihm bis einen Kilometer vor dem Trienter Bahnhof, stiegen aus und bewegten uns auf dem Gleis bei voller Verdunkelung fort. Mit Mühe fanden wir in dem zum Schutz vor Fliegerangriffen verdunkelten Trient ein Nachtquartier.

Am Morgen ging ich in den Hughes-Saal des Armeekommandos und bat den diensthabenden Baron Alfons Rothschild, mich mit Teschen zu verbinden. Rothschild kannte mich vom Sehen, denn wenn er als Obergymnasiast mir als Schüler der ersten Klasse begegnete, begrüßte mich sein ihn begleitender Hofmeister Rettich, wegen seiner Dicke Fettich genannt, und erzählte ihm von meiner Familie. Er war vorher Hauslehrer bei dem Vetter meiner Mutter, Fritz von Boschan.

Ich ließ meinen Freund Baron Lothar Podhragy zum Telephon rufen, der am andern Ende des Drahtes auf die eheste Rückkehr unseres Chefs drängte, da eine Intrige gegen ihn gesponnen werde. Ich bat ihn, die Rückkehr des Oberst von Hranilovic zu bewerkstelligen, was meinem Freund dank seiner guten Beziehungen zu Conrad auch gelang.

Die Rückfahrt von Trient ging bis Cagliano per Bahn. Dort traf ich den Dragonerleutnant Franz Conrad, den jüngsten Sohn des Generalstabschefs. Er riet mir, in der Messe für durchreisende Offiziere zu speisen und zwar zwischen 12 und 1 Uhr, da die Italiener in dieser Stunde das

Feuer einstellen. Ein General nahm mich in seinem Wagen bis Rovereto mit, wo ich in der Nähe ein Quartier fand. Am nächsten Vormittag stieg ich zu unserem Lager hinauf und konnte zu meinem Schrecken es nicht mehr finden. Zum Glück traf ich einen Soldaten, der mir sagte, das Lager sei beschossen und verlegt worden. Da kamen mir auch einige Tragbahren entgegen mit Verwundeten, nicht aus unserem Lager, sondern aus dem Blockhaus auf dem Pasubioplateau. Aus Steinblöcken fest gefügt, war es für die Grenzwache in der Friedenszeit erbaut, besaß keine Fenster, nur Schießscharten. Durch eine solche Schießscharte traf eine Granate eines Gebirgsgeschützes den Tisch in der Mitte des Raumes, um den die Offiziere eines Bataillons über eine Karte gebeugt standen. Ein Zentimeter daneben und die Granate wäre an der Außenmauer geplatzt, ohne Schaden anzurichten.

Die steile Spitze des Monte Pasubio erhob sich über ein weites Schneefeld. Vor Jahren, im tiefsten Frieden, hatten Offiziere dort mappiert, eine wochenlange Arbeit, da der Berg fast immer in einer Wolkenhaube steckte. So geschah, daß eine tiefe Spalte am Fuß der Spitze auf dem Plan 1 : 25 000 nicht eingezeichnet wurde. Die Brigade erhielt den Befehl, den Pasubiogipfel zu stürmen. Die Italiener hatten mit einer Seilbahn Geschütze heraufgezogen, wir besaßen kein einziges. Den steilen Hang der Pasubiospitze im Kugelregen des Feindes zu erklimmen, war eine unmögliche Aufgabe. Die Vorstellungen des Brigadiers, der die Aussichtslosigkeit des Unternehmens darlegte und vor dem unnützen Blutvergießen warnte, wurden beiseite geschoben, der Befehl mußte befolgt werden, und um ihm Nachdruck zu verleihen, entsandte das Armeekommando einen Generalstabshauptmann zur Überwachung, der aber nach wenigen Minuten, vom Schneeregen aus unserem

Beobachtungsstand vertrieben, ins Lager zurückkehrte. Hranilovic, ein Generalstabshauptmann, der Fleck, welcher einer Division zugeteilt worden war, abgelöst hatte, und ich ließen uns auf einem, einen guten Blick über das Plateau gewährenden Platz nieder. Grelle Blitze eines niedergehenden Gewitters enthüllten sekundenlang den Nachthimmel. Zu dem im Schützengraben liegenden Bataillon vor dem tiefen Einschnitt unter der Spitze wurde eine Telefonleitung gelegt, aber während der ganzen Nacht konnte die Verbindung nicht hergestellt werden. Das hatte der Battaillonskommandant verhindert. Es war vorgesehen, daß rote Raketen die Erzwingung des Gipfels, grüne die Ausgangsstellung melden sollten. Gewehrfeuer, das Knattern der Maschinengewehre und der Lärm der italienischen Geschütze gesellten sich zum Donner des Gewitters. Bald leuchteten die roten, bald die grünen Raketen auf. Gegen Morgen hörten Gewitter, Schneeregen und der Gefechtslärm auf. Der Oberst und der Hauptmann gingen frierend in ihren durchnäßten Mänteln zu ihren Zelten und ließen mich allein zurück, um das Zustandekommen der Telefonverbindung abzuwarten. Sie war bei Sonnenaufgang hergestellt. Der Bataillonsadjutant meldete, der Angriff sei immer wieder durch das überwältigende Feuer des Gegners zurückgeworfen worden. »Und Verluste« fragte ich. »Sie sind noch nicht festgestellt, die Liste wird später vorgelegt werden.« – »Aber du kannst mir doch sagen, ob die Verluste sehr schwer waren.« – »Dir sag ich's, aber gib's nicht weiter: ein Armschuß.« Der Kommandant, ein tapferer, in Serbien bewährter Major, wollte lieber seine Soldaten schützen als einen irrsinnigen Befehl befolgen und ließ die Mannschaft in der Deckung des Schützengrabens.
Noch bevor ich mich zur Ruhe begab, verfaßte ich mit

Zustimmung meines Obersten eine Eingabe, dem Bataillonskommandanten die Eiserne Krone zu verleihen. Zu unserer großen Freude folgte die Auszeichnung mit ungewöhnlicher Eile. Das war mein schönstes Kriegserlebnis.

Solange wir vor dem Pasubio lagen, waren wir in eine Wolke gehüllt. Vom Beobachtungsstand konnte man nur wenige Minuten lang bei Sonnenaufgang Venedig sehen, deutlich den Canale Grande wahrnehmen.
Zur Abschiedsfeier Mitte Juli, als Hranilovic mit mir die Brigade verließ, schien die Sonne. Es war der erste warme Tag. Ein Tisch und Holzbänke, aus zusammengetragenen Brettern hergestellt, standen im Freien, und zu unseren Ehren wurde eine Sardinenbüchse geöffnet. Hinter meinem Platz sah ich etwas aus der Erde ragen – den Arm eines begrabenen Soldaten. Ich erschrak nicht weniger als Method, der vor einigen Tagen einen kurzen italienischen Radmantel gefunden und mir daraus Wickelgamaschen geschnitten hatte, die meinem Oberst so gefielen, daß er sich ein gleiches Paar wünschte. Method ging auf die Suche und fand auch bald wieder einen solchen Mantel. Als er ihn aufhob, lag darunter die Leiche eines Italieners.
Wir ritten nach Trient. Hranilovic bestieg den Zug nach Bozen. Ich wollte bei seinen Pferden bleiben. Es gelang mir, einen Viehwagen einem Lastzug anhängen zu lassen, legte mich mit dem Wachtmeister und dem Pferdewärter neben den Pferden aufs Stroh. Nach wiederholtem Aufenthalt in den Stationen kamen wir am frühen Morgen in Bozen an, wo mir Hranilovic im »Greif« ein Zimmer hatte reservieren lassen. Ich setzte mich in den Wintergarten, bestellte bei dem Zimmermädchen, das zugleich Kellnerin war, ein ausgiebiges Frühstück. Sie bediente mich liebevoll

und ließ den Friseur kommen. Ich wollte zahlen, aber sie bat mich, dies erst zu Mittag, wenn sie serviere, zu tun. Der Friseur entfernte meinen alle Farben, auch die des Landes Tirol, weiß und rot, spielenden Bart, und ich legte mich schlafen. Als ich mit meinem Oberst das Mittagsmahl genoß, wurden wir von einer anderen Kellnerin bedient. Wiederholt winkte ich meiner Frühstücksbringerin, die aber blieb erst bei mir, als ich sie an der Schürze festhielt. Sie hatte mich ohne Bart nicht wiedererkannt.

Nach zwei Ruhetagen in Bozen stiegen wir in den überfüllten Zug nach Wien. Hranilovic war glücklich, daß er mein Kuriercoupé erster Klasse mit mir teilen konnte, aus dem ein General und mehrere Stabsoffiziere in andere Abteile übersiedeln mußten. Meinen Kurierausweis hatte ich vorsorglich aufbewahrt.

Als ich nach einer Abwesenheit von drei Monaten wieder den Dienst in der Nachrichtenabteilung antrat, kamen, kaum daß ich mich am Schreibtisch niedergelassen hatte, zwei deutsche Offiziere, der schlesische Kürassier Freiherr von Wallenberg-Pachaly und Graf Dürckheim-Monmartin, zu mir, bekundeten ihre Freude, mich wiederzusehen und forderten mich auf, da ich das Terrain gut kenne, gleich am nächsten Morgen mit ihnen auszureiten und sie zu führen.

Da steckte etwas dahinter!

Nachdem wir eine Weile getrabt waren, unterhielten wir uns im Schritt, und die beiden Herren sagten mir, sie wollten mir unter dem Siegel größter Verschwiegenheit etwas anvertrauen. Aus ihren Mitteilungen erfuhr ich: In der Operationsabteilung wurde Conrad zugeredet, die Offensive gegen Italien großzuziehen und den Oberbefehl zu übernehmen. Nach Ansicht der deutschen Herren wäre es richtiger gewesen, die gegen Italien bestimmten Truppen zur Unterstützung der Deutschen an der französischen Front einzusetzen, um hier einen entscheidenden Schlag zu führen. Aber die Entfernung Conrads von der Ostarmee nach dem Süden hätte die Gelegenheit geboten, ein eigenes Oberkommando für den russischen Kriegsschauplatz aufzustellen, wobei die Herren der Operationsabteilung profitieren könnten. In Befolgung dieses Planes wurden die gegen Italien kämpfenden Truppen durch Kräfte, vor allem einem großen Teil der Artillerie der Armee Erzherzog Joseph Ferdinand, verstärkt, so daß diese zu schwach wurde, den Angriff Brussilows abzuschlagen.

Ich erstattete unverzüglich von der Eröffnung der deutschen Herren meinem Chef Bericht, denn es war klar, daß dies ihrem Wunsch entsprach, eine dienstliche Mitteilung ihrerseits zu vermeiden.

Noch am selben Tag erfuhr ich, daß Marchesetti täglich nach geglückter Dechiffrierung die russischen Stellungen und deren Verschiebung aufzeichnete und in der Operationsabteilung auf die unmißverständlichen Vorbereitungen für einen Angriff hinwies. Es wurde ihm bedeutet, die russischen Funksprüche dienten nur der Irreführung, die Operationsabteilung sei besser informiert. In der 4. Armee aber sprach bereits die Mannschaft von der erwarteten Offensive der Russen, für die bereits deutliche Anzeichen vorlagen. Als der Erzherzog das AOK warnte und die Warnung wiederholte, wurde er beruhigt, es sei nichts zu befürchten und er möge ruhig auf die Jagd gehen.

Die Rückkehr des Oberst von Hranilovic war den Herren der Op.-Abt. höchst unerwünscht, so erwünscht ihnen seine Abwesenheit war, denn er hätte ohne Zweifel Conrad über die ihm vorenthaltenen russischen Funksprüche aufgeklärt und vielleicht dadurch die Katastrophe von

Luck verhindert. Der Entblößung der bei Luck stehenden Armee wäre wohl Einhalt geboten worden[1].

Die Herren vom ersten Stock zeigten ihre Animosität gegen meinen Chef in der Weise, daß sie zwar den Esel meinten, aber den Sack, nämlich mich, schlugen. Als ich einmal den Nachtdienst versah, traf eine lange chiffrierte Depesche des Königs Ferdinand von Bulgarien ein. Sie war an Conrad persönlich gerichtet und betraf den Eintritt Bulgariens in den Krieg. Gegen Mitternacht hatte ich die Depesche entziffert. Auf der Stiege traf ich Oberst Slamecka, den ich bat, das von mir versiegelte Schriftstück dem Chef des Generalstabs in die Wohnung zu bringen. Am nächsten Tag stand im AOK-Befehl, daß es Reserveoffizieren verboten wird, weiter den Chiffrendienst zu versehen, der den Generalstäblern obliege. Ich freute mich, dadurch den Nachtdienst los zu sein. Zwei Tage nachher wurde ich in die Operationsabteilung gerufen, wo mir ein Major die Leviten las. Wie ich es wagen könne, dumme Witze zu machen, wie ich es bei der Dechiffrierung einer Depesche des Militärattachés in Bukarest, Oberst von Randa, getan hätte. Ich bat, mir die dechiffrierte Depesche zu zeigen. Sie enthielt einen sonderbaren Text, in dem es sich um die Haltung des Zaren Peter des Großen gegenüber den verbündeten Kaisermächten handelte. Ich erklärte, daß ich zwar das Telegramm nie gesehen hätte, da ich vom Chiffrendienst enthoben sei, aber den Irrtum aufklären könne. Es handle sich nicht um Peter den Großen, sondern um den Staatsmann Carp. Die Chiffern Car P. P können außer den bloßen Buchstaben die Abkürzung von Peter bedeuten. Die Dechiffrierung hatte der bereits

---

[1] H. Benedikt: »Wie es zur Katastrophe von Luck kam«, Beiträge zur neueren Geschichte Österreichs. hg. v. H. Fichtenau u. E. Zöllner, 1974, S. 489–92

erwähnte brave Hauptmann von G. besorgt. Noch am selben Tag wurde das Verbot des Chifferndienstes durch Reserveoffiziere aufgehoben.

Nicht unerwähnt möchte ich die kleine Geschichte meiner dank des Frontdienstes erhaltenen Kriegsdekoration lassen. Ich hatte das Kriegskapitel meiner Erinnerungen bereits abgeschlossen, als mir zum neunzigsten Geburtstag mein Freund Professor Ludwig Jedlicka ein Geschenk machte, das mich wie kein anderes beglückte: die aus einem Depot des Kriegsarchivs hervorgezogenen mich betreffenden Belohnungsanträge und Qualifikationsbeschreibungen, die mir natürlich nicht bekannt waren.

Das nächtliche Gefecht, in welchem es mir gelang, unter schwierigen Umständen der kämpfenden Truppe noch rechtzeitig Muniton zu bringen, hielt ich für eine Angelegenheit militärischer Routine, während es eine echte Schlacht war und zur Eroberung des Terragnolotales mit Piazza und zum Vordringen der Offensive über Col Santo bis zur Spitze des Monte Pasubio führte. Wäre mir nicht geglückt, rechtzeitig die Munition herbeizuschaffen, wäre unserer Brigade der Sieg entgangen und hätten die Italiener unsere Stellung ernstlich bedroht. Mein Brigadier erfaßte besser als ich meinen Beitrag zum Gelingen des Vorstoßes und würdigte mein Verdienst in einem Belohnungsantrag, den er eine Woche nach dem erwähnten Gefecht einreichte.

10. k. u. k. Gebirgsbrigadekommando
Zu Res. Nr. 640/13 Heeres Schem. S. 758
*Belohnungsantrag*

Oberleutnant i. d. Res.
Dr. Heinrich Benedikt
Schwere Haubitzdivision Nr. 1
Munitionsreferent und K Offizier
*für tapferes Verhalten vor dem Feinde*
hat in zehntägigen Kämpfen der Brigade um den Terragnoloabschnitt als Ordonnanzoffizier sowohl die Befehlsübermittlung als auch den Munitionszuschub zur Truppe mit hervorragendem Pflichteifer besorgt und hiebei auch im heftigsten feindlichen Feuer seinen Dienst mit Ruhe und Kaltblütigkeit versehen.

Feldpost 16, am 24. 5. 1916  Hranilovic Oberst
k. u. k. Infantrietruppendivisionskommando
Feldpost 317 am 26. 5. 1916  MVK III. Kl. m. d. KD
  befürwortet
8. k. u. k. Korpskommando
Feldpost 49 am 28. 5. 1916  Scheuchenstuel FZM
k. u. k. 11. Armeekommando
30. 5. 1916  Dankl GO
Die Entscheidung über den Antrag lautet:
k. u. k. 11. Armeekommando
Zu B. Nr. 762 res.

*8. Korpskommando*
Das HGrpkmdo GO Erzherzog Eugen hat mit Res. Nr. 24919 Ausz. vom 4. 6. 1916 den beiliegenden Antrag über Oblt. i. d. Res. Dr. Heinrich BENEDIKT der schw. Haubitz Div. Nr. 1 als »dermalen verfrüht« rückgestellt.

Feldpost 93, am 8. Juni 1916
Für den Kommandanten:
. . . Oberst

Präs. 8/6 1916
k. u. k. 8. Korpskommando
Nr. 1370
59. ITD zur Kenntnis    Für den Kommandanten
                       Sündermann Obst

Der Einwand »dermalen verfrüht« war einleuchtend und gewiß berechtigt. Da kommt ein junger Reserveoffizier, der zwei Jahre lang beim AOK ein behagliches Leben geführt hat, zum ersten Mal an die Front und will, kaum hat er Pulver gerochen, gleich das Militärverdienstkreuz! Aber der wahre Grund der scheinbar spöttischen Erledigung des Antrags war ein ganz anderer. Nach der Eroberung des Terragnoloabschnittes mit Piazza, der Erstürmung der Buse di Bisorte, der Räumung des Borcolapasses, der Gewinnung des Col Santo, der Gefangennahme eines Alpinibataillons, das Vorrücken bis zur Passubiospitze mußte man eine hohe Auszeichnung für Hranilovic erwarten. Er besaß bereits die Eiserne Krone und den Leopoldsorden. Die entsprechende Dekoration wäre das um den Hals zu tragende Militärverdienstkreuz 2. Klasse gewesen. Er aber erhielt nur das mir verweigerte Militärverdienstkreuz 3. Klasse. Man neidete einem Offizier seine Erfolge, dem als Militärattaché und Chef der Nachrichtenabteilung der Truppendienst jahrzehntelang erspart blieb. Aber die Schmach, die gleiche Auszeichnung wie ein unter ihm stehender Subalterner zu erhalten, konnte man einem vor seiner Beförderung zum General stehenden Brigadier doch nicht antun.
Hranilovic brachte einen neuerlichen Antrag für mich ein:

*Belohnungsantrag*
k. u. k. Armeeoberkommando
zu Nachrichten Abteilung
KNo 14225
K. u. k. Oberleutnant i. d. Res. Dr. Heinrich
BENEDIKT
k. u. k. Schwere Haubitzdion No 1
*Tapferes Verhalten u. vorzügl. Dienstleistung vor dem Feinde*
Steht seit Kriegsbeginn in der Nachr. Abt. in verschiedenen Verwendungen und entspricht als Konzipist in der politischen Abteilung hervorragend. Meldete sich freiwillig an die Front und machte vom 8. April bis 16. Juni alle Gefechte der 10. Gebirgsbrigade unter meinem Kommando mit, wobei er wiederholt ins feindliche Feuer kam. Hat in zehntägigen Kämpfen der Brigade um den Tarragnolo-Abschnitt als Ordonnanzoffizier sowohl die Befehlsübermittlung als auch den Munitionszuschub zur Truppe mit hervorragendem Pflichteifer besorgt und hiebei auch im heftigsten Feuer seinen Dienst mit Ruhe und Kaltblütigkeit versehen.
Ist seit 25. VI. wieder als Referent in Nachr. Abt. tätig.
Antrag des 10. Gebirgsbrigadekdos Res. 640/13 liegt bei.
Antrag: MVK III. Kl. mit der KD
7. 7. 1916                    Hranilovic Obst

Dem Antrag wurde insofern am 27. 8. 1916 stattgegeben, daß mir statt des Militärverdienstkreuzes nur die silberne Militärverdienstmedaille mit den Schwertern verliehen wurde (die bronzene hatte ich bereits im Juli 1915 erhalten).
Eine besondere Genugtuung bedeutete es für mich, daß Erzherzog Friedrich mir sagen ließ, er hätte mit Bedauern

die Änderung der mir zugedachten Auszeichnung wahrgenommen. Ich hatte wiederholt Zuschriften an den Erzherzog, darunter solche, die Verdächtigungen und Anklagen gegen Politiker enthielten, zu erledigen und ihm die Antwort zur Unterschrift vorzulegen – die Angeber hatten bei ihm kein Glück – und unter anderm einmal einem spanischen Infanterieregiment, dessen Inhaber er war, für ein Gratulationsschreiben zu danken. Erzherzog Friedrich glaubte, da ich in der Nachrichtenabteilung französische, englische, italienische und tschechische Stücke zur Behandlung bekam, auch spanisch lesen und schreiben könne. Das spanische Regiment hieß Figueras. Ich wußte nicht, daß dies der Name einer Stadt ist und erhob es zum Leibregiment. Dem Erzherzog machte es vielleicht Freude, Inhaber eines spanischen Leibregiments zu sein. Seine verstorbene Schwester war die Mutter von Alfonso XIII. Ich hoffe, der Feldmarschall wurde über meinen Irrtum nicht aufgeklärt. Als ich mehr als ein Jahr nach meinem Abschied vom AOK die Ersatzbatterie meines Regiments bei Olmütz führte, erhielt ich zu meiner Überraschung vom Erzherzog den schönen Ring, den er damals an seine Umgebung verteilte.
Die »Schwerter« zur silb. MVM erregten ähnliche Mißgunst wie das mir im September 1915 verliehene Eiserne Kreuz. Daß ich dieses erhielt, war zu erwarten, aber daß es mir ausgefolgt wurde, verdankte ich einem glücklichen Zufall. Die Oberste Heeresleitung hatte einige Herren des AOK mit dieser Auszeichnung bedacht, darunter als einzigen Reserveoffizier mich. Ich hatte Nachtdienst, als Major von Walzel zu mir kam und mir zum Eisernen Kreuz gratulierte. Am Morgen lief ich die Stiege zur Detailabteilung hinauf, um es zu holen, erfuhr aber zu meiner Enttäuschung, daß für mich keines gekommen sei.

Ich beklagte mich bei Walzel, der sich einen so schlechten Scherz geleistet hätte. Er gab mir sein Ehrenwort, daß er meinen Namen auf der Liste gesehen hätte, und auf einmal wurde er gefunden und der betreffende Offizier suchte sich bei mir zu entschuldigen.

In Teschen stand eine Fabrik für gebogene Möbel. Im Hof parkten Militärautos. Der Fabrikant konnte der Versuchung nicht widerstehen, sich einen Kanister mit Benzin füllen zu lassen, was er nobel bezahlte. Eine Anzeige brachte ihn vor das Militärgericht. Ein Beisitzer war Oblt. Dr. Wilhelm von Gutmann, welcher in der Detailabteilung des AOK seinen Dienst versah. Der Auditor verhängte eine längere Freiheitsstrafe, worüber Gutmann in der Hitze seiner Empörung den Auditor schwer beleidigte. Es kam zu einem Ehrenrat. Der Auditor war durch zwei Stabsoffiziere, Gutmann durch Baron Guido Sommaruga und mich vertreten. Wir traten im Hotel Brauner Hirsch im Zimmer Sommarugas zusammen. Ich hatte ein Protokoll vorbereitet, in welchem nicht Gutmann, sondern der Auditor eine Entschuldigung (für sein hartes Urteil) leisten sollte. Daß das Protokoll von den Stabsoffizieren unterschrieben wurde, war Sommaruga zu verdanken. Er gestattete dem Oberstleutnant nicht, in seinem Zimmer zu rauchen, und nach langem Kampf mit sich selbst unterschrieb der nach einer Zigarette dürstende Mann das Protokoll und der Major folgte ihm. Sommaruga war ein Pedant. Er anerkannte, wie geschickt das Protokoll verfaßt sei, stellte aber aus, daß ich am Rand die doppelte Fingerbreite nicht eingehalten hätte. Hofrat Sommaruga führte im Ministerium des Innern das Ordensreferat. Er war ein Mann von Welt und allgemein beliebt und ich freute mich stets, wenn wir uns in den Nachkriegsjahren trafen.

Das Kriegspressequartier wurde eine Zeitlang beim AOK durch den Generalstabsoberst Graf Beck-Rzikowsky vertreten, den Sohn des langjährigen Generalstabchefs des Kaisers Franz Joseph. Mit ihm kam seine sehr schöne, ein wenig dämonisch wirkende Frau, die nach Kriegsende unter dem Namen Silvia als Hellseherin auftrat. In der Teschener Zeit ließ sie eine Freundin, eine junge Gräfin Spiegelfeld, Tochter des Statthalters von Tirol, kommen, in der Hoffnung und im eifrigen Bestreben, unter den reichen und womöglich adeligen Kavalieren, die dem AOK zugeteilt waren, für sie einen Gatten zu finden. Die junge Spiegelfeld war eine Schönheit, der nicht leicht ein Mann widerstehen konnte. Das Auge der Gräfin Beck fiel auf den Automobilisten Baron Hugo Klinger, der, zum Landsturmleutnant ernannt, in der Detailabteilung bei der Ausfertigung von Ordensverleihungen tätig war, wie auch den andern Ordonnanzoffizieren, wenn deren Kraftwagen nicht benötigt wurden, diese anspruchslose Schreibertätigkeit oblag. Er entstammte der reichen nordböhmischen Industriellenfamilie, besaß mit seinem Bruder die Herrschaft Spital mit dem Porcia-Schloß und die Felsenburg Raabs an der Thaya mit Waldgut und vorzüglicher Jagd. Bald nach dem Krieg lernten die Jungvermählten, die in Raabs residierten, einen Russen namens Orlow kennen. Die junge Frau verliebte sich in ihn. Klinger stellte sie vor die Wahl, auf Orlow zu verzichten oder Trennung der Ehe. Sie blieb beim Gatten und versprach, den Russen nie wiederzusehen. Sie versteckte ihren Geliebten in einer Mansarde des Schlosses und brachte ihm heimlich das Essen. Eines Tages ging Klinger auf die Pirsch. Er hörte hinter sich ein Geräusch, drehte sich um und erblickte Orlow, der sein Gewehr gegen ihn anlegte. Klinger war rascher. Er streckte mit einem Schuß den Ehebrecher nieder. Es gelang nicht, den Vorfall zu vertuschen. Die junge Frau beging Selbstmord und wurde in einem Mausoleum, das der Witwer erbauen ließ, bestattet. Als läge ein Fluch auf dem Gute, stolperte kurze Zeit später sein Jagdgast Baron Härdtel auf einer Niederjagd über einen Graben; das Gewehr ging los und die volle Schrotladung führte seinen Tod herbei.

Mein Chef stellte mir folgendes Abgangszeugnis aus:
*Vormerkblatt für die Qualifikationsbeschreibung*
für die Zeit vom Kriegsbeginn bis 15. Oktober 1916
k. u. k. Oberleutnant i. d. Res. Dr. Heinrich Benedikt
k. u. k. Schwere Haub. Dion Nr. 1
befördert 1. Sept. 1915
MVM am Bande des MVK
Silb. MVM am Bande des MVK für tapferes Verhalten vor dem Feind
Ruhiger, fester Charakter, vornehme Gesinnung, absolut verläßlich. Im Gefechte kaltblütig und tapfer.
Als Konzeptsoffizier bei höheren Kommandos vermöge seiner Intelligenz, Verschwiegenheit, vielseitiger Bildung und umfassenden Sprachkenntnissen hervorragend geeignet.
Auf seine Untergebenen vom besten Einfluß.
Ein ungemein verwendbar, tüchtiger Offizier, der überall entsprach. Ist für jedes Kdo eine besondere Acquisition.
      Hranilovic Oberst
      Chef der Nachr. Abt.

# Olmütz

Als im September 1916 alle felddiensttauglichen Reserveoffiziere von den höheren Stäben abkommandiert wurden, rückte ich zur Ersatzbatterie meines Regiments in Neretein, einem Vorort von Olmütz ein. Vorher genoß ich einen Monat Urlaub, den ich bei den Meinen in Lissa verbrachte. Zu dieser Zeit war eine Prinzessin Rohan, eine Freundin meiner Frau, unser Gast. Ich erwähne sie zur Identifizierung des jungen Mädchens, deren Bild auf der alten Zehnkronen-Note zu sehen ist. Rudolf war 5, Michel 2 Jahre alt, beide liebe gesunde Buben. In der Nähe der Fabrik befand sich das Truppenübungslager Milowitz, das während des Kriegs als Gefangenenlager diente. Wir erhielten gegen 100 Russen zugeteilt, um die eingerückten Arbeiter zu ersetzen. Die Fabrik sorgte für reichliche Kost, welche die Russen selbst zubereiteten, und wir hatten nie mehr so prächtige Arbeiter wie die Russen, wenn ihre Bäuche voll waren. Einer der Gefangenen rettete durch seine Aufmerksamkeit die Fabrik vor einer Kesselexplosion. Ein anderer Kriegsgefangener, Eier-Exporteur von Beruf, betätigte sich als Gärtner und spielte stundenlang mit meinen kleinen Söhnen. Die tschechische Bevölkerung verbrüderte sich mit den Russen, und diese ersetzten bei den Bäuerinnen die Männer im Feld. Als die Kriegsgefangenen in die Heimat zurückgeführt wurden, herrschte aufrichtige Trauer.

In Olmütz hatte ich von den Pferden Pöleschke und Diavolo bei mir. Panny hatte ich noch von Teschen meinem Schwager Max, der als Einjähriger in Stockerau ausgebildet wurde, geschickt, da er an einem Regimentsrennen und Springen teilnehmen wollte. Es dauerte recht lang, bis der Waggon mit dem Pferd in Stockerau eintraf. Max erwartete Panny auf dem Bahnhof, sattelte sie und ritt zum Rennplatz, wo er noch rechtzeitig eintraf und das große Springen gewann. Ich bin stolz darauf, daß ich monatelang das Pferd im Springen geübt hatte.

Als Erzherzog Karl, ohne daß ich es bemerkte – es war noch in Neu Sandec –, mich auf Panny einen Graben springen sah, schickte er Baron van der Straten zu mir mit der Frage, ob ich die Stute verkaufen wolle, was ich verneinte. Dem Thronfolger scheint meine Weigerung gefallen zu haben, denn er war sicher auch der von mir geäußerten Ansicht, daß man sich von einem liebgewordenen Pferde oder Hunde nicht trennt. Panny hat meinen Schwager von Sieg zu Sieg getragen und ist im Ausgedinge in einem für Pferde ungewöhnlich hohen Alter gestorben. In Teschen schloß sich einige Male Graf Thurn-Valsassina, der Vertreter des Ministeriums des Äußeren und letzter Botschafter in Petersburg, mir an und sah mit Interesse zu, wenn ich über eine hohe Einfassung sprang. Er ritt einen auf seiner Herrschaft in Kärnten gezogenen kräftigen Haflinger, vorn ein Fürst und hinten ein Bauer, ein prächtiges Exemplar dieser bald in Mode gekommenen Zucht. Einmal ersuchte mich der Graf, seinen Sohn auf einem Ritt mitzunehmen. Der hübsche junge Mann war taubstumm geboren, lernte aber gut sprechen, freilich mit immer gleichem Tonfall, und die zu ihm gesprochenen Worte von den Lippen lesen. Die Taubheit verriet er, wenn es dunkel wurde und er den Mund des Sprechenden nicht sah. Wir galoppierten über eine Wiese, der junge Thurn hinter mir. Da bemerkte ich kurz vor mir einen Stacheldraht. Ich wandte den Kopf und schrie »Achtung Draht«. Es war zu spät. Die gräfliche Hose war von oben bis unten aufgeschlitzt.

In Teschen hatte ich einen Reitburschen und verläßlichen Pferdewärter im 16jährigen Sohn unseres Lissaer Kutschers. Er stand unter der Aufsicht des Unteroffiziers, dem die Sorge um die Pferde meines Oberst oblag. Hranilovic war es gelungen, einen kleinen geradezu idealen Stall, der leer stand, zu finden, den uns der Teschener Holzmagnat Gläsinger überließ. Wie mein braver Method, trug auch mein junger Reitbursch ein für ihn passendes Civil.
In Olmütz mietete ich eine herrschaftliche Wohnung, die mir ein Bankdirektor, der einrücken mußte, während seiner Abwesenheit überließ. Die Aussicht ging über den Park, der an einer Strecke des freien Vorfeldes, das einst die Festungsstadt umgab, angelegt worden war. Oft besuchte mich meine Frau, die von der Olmützer Gesellschaft herzlich aufgenommen wurde. Unser täglicher Verkehr war das junge Ehepaar Skrein. Rudi Skrein war einer meiner besten Freunde, eine Zierde des Wiener Barreau, der später durch seine Verteidigung Guido Schmidts glänzte.
Mittags und abends waren wir fast täglich bei dem achtzigjährigen Fritz von May und seiner Gattin Therese, genannt Tertschi, in Hatschein zu Gast, wohin von unserer Wohnung ein kleiner Spaziergang auf einem Wiesenweg führte. Im Wohnhaus der Hatscheiner Zuckerfabrik befand sich im Erdgeschoß die Kanzlei, im Halbstock ein Badezimmer mit einem großen gekachelten Bassin. Nur soweit durfte der Friseur kommen, der täglich Herrn von May um fünf Uhr früh rasierte. Das Betreten des oberen Stockes war außer Gästen keinem Angehörigen des männlichen Geschlechts erlaubt. Dafür gab es in der großen Wohnung drei entzückende Stubenmädchen, deren Hauptaufgabe im Servieren bestand, wobei sie an geraden Tagen ein weiß-blau, an ungeraden ein weiß-rot

gestreiftes Kleid mit weißem Schürzchen und weißem Häubchen trugen. Sobald die Jugendfrische der Mädchen verblaßte, wurden sie mit reicher Ausstattung gut verheiratet und durch neue ersetzt, welche in Ungarisch-Ostra, der Zuckerfabrik, welche der Bruder des Hatscheiners leitete, von einem Kenner rekrutiert wurden. Im Národni Dum fand ein Ball statt, und an diesem durften die Mädchen teilnehmen. Sie wurden vom Fabrikswagen gebracht und auch abgeholt. Ich tanzte mit den, von Frau von May mit auserwählten hannakischen Trachten ausgestatteten Mädchen, die ein lustiges Böhmischdeutsch sprachen. Božena meinte, der Saal sei so heiß »wie Millirahmstrudl im Topf«. Niemand hätte den zarten gepflegten Händen ihren Beruf angesehen. Das Aufräumen der Zimmer und jede schwerere Arbeit blieb ihnen erspart und einer Truppe von Frauen überlassen, die allmorgendlich zu ihrer Arbeit antraten.
Die Küche im May'schen Hause war vorzüglich, jedes Mahl ein Festmahl. Eine solche Gastfreundschaft und Herzlichkeit hat es kaum sonst gegeben. Ein häufiger Gast war ein Neffe des Hausherrn, Emil Stein, Rittmeister der Reserve bei Landwehr-Ulanen im, wie man es nannte, Regiment reitender Kaufleute. Eines Abends klagte Stein nach einem reichlichen Souper über ein leichtes Unwohlsein. Onkel Fritz ließ das Auto kommen, um Emil nach Hause zu bringen, der mich bat, ihn zu begleiten. Das May'sche Auto war das einzige, das nicht requiriert worden und daher stadtbekannt war. Als sich der Wagen in Bewegung setzte, gab Emil dem Chauffeur die Weisung, durch welche Gassen er fahren soll. Emil hatte sein Unwohlsein nur vorgetäuscht, eines Witzes zuliebe. Das Auto mußte nämlich durch eine enge Gasse fahren, vorbei am Freudenhaus. Von der Hupe aufgeschreckt, liefen in der

warmen Sommernacht die halb bekleideten Mädchen an die offenen Fenster und riefen: »Der Herr von May kommt.« Noch lange lachte die Garnison darüber, aber der uralte Onkel erfuhr zum Glück nichts davon.

Einmal kam eine spanische Offiziersgruppe nach Olmütz. Sie wurde zu einem Abendessen, an dem auch ich teilnahm, nach Hatschein gebeten, und die Gastfreundschaft legte sich in den kulinarischen Genüssen keinen Zwang auf. Auch Semmeln und Kipfeln wurden eigens gebacken, und die Spanier erhielten einen sonderbaren Eindruck von der ihnen mit Recht als sehr traurig geschilderten Ernährungslage in Österreich.

Nach einigen Monaten mußte ich, da der Bankdirektor nach Olmütz zurückkehrte, die Wohnung wechseln. Ich fand ein noch angenehmeres Quartier in einem schönen neuen Haus, in welchem unten das Kino war, das eine geräumige Loge besaß, zu der man vom Stiegenhaus gelangte, ohne daß man gesehen wurde. Ich mietete die Loge für die Dauer meines Olmützer Aufenthaltes und gab hier kleine Soupers für vier bis sechs Personen. Der brave Method servierte. Um 9 oder 10 Uhr fuhr ich auf dem Rad nach dem nahen Neretein, dem Standort meiner Batterie, nahm den Rapport entgegen und ritt spazieren, zuweilen mit den Freiwilligen auf den prächtigen Radautzern. Diese waren aus dem Siebenbürgischen Gestüt Radautz als Remonten bei uns eingestellt worden. Sie gingen schon ins sechste und siebente Jahr und hätten längst zur Truppe abgehen sollen. Aber ich hielt sie zurück, sie waren zu schad für den Krieg.

Es erging der Befehl, alle Pferde der 16 um Olmütz liegenden Batterien auf dem Altvater bei Jägerndorf weiden zu lassen. Ein Kanonier aus dieser Gegend warnte mich vor dem dort wachsenden Gras, das Kolik hervorrufe, und so leistete ich dem Befehl keine Folge, wobei ich mich begnügte, die Warnung im Dienstwege weiterzugeben. Viele Pferde der anderen Batterien erkrankten, und mehrere verendeten, unsere blieben verschont. Auch gab ich allen Kanonieren, wenn sie versprachen, für jede Woche einen Sack Hafer zu bringen, Urlaub. Bei der Inspektion durch Feldmarschalleutnant Baron Bocksberg, der alle Pferde der Artillerie unter Kontrolle hatte, erhielt ich eine Belobung für das gute Aussehen der Pferde.

Allgemein gefürchtet war der Militärkommandant in Krakau, FML. Brandtner von Wolfszahn, und dessen Inspektionen. Ich lernte seinen Adjutanten Baron Karl Born kennen und befreundete mich mit ihm. Er teilte mir mit, daß der General zwei seiner Pferde verkaufen wolle und fragte, ob ich einen Abnehmer wüßte. Manche Eltern wollten ihre Söhne bei der Verlusten weniger ausgesetzten Artillerie dienen lassen, aber die Bestimmung darüber oblag einem Unteroffizier in Krakau, der ein gutes Geschäft daraus machte. Ich erreichte, daß mir die Aufnahme von Freiwilligen überlassen wurde, denn als Offizier des Regiments könnte ich besser darauf sehen, daß diesem willkommene Kameraden zugeführt würden und bewog die Eltern zweier Jünglinge, die Pferde zu kaufen. Seither stand ich in der Gunst des hohen Generals und erlaubte mir, auf diese gestützt, in manchen Fällen nach meinem Gutdünken und besserer Einsicht statt nach Befehlen vorzugehen.

Nach dem Morgenritt und einer Stunde Unterricht an die Einjährigen unterschrieb ich in der Kanzlei die mir vorgelegten Schriftstücke und radelte nach Hatschein. Den Nachmittag verbrachte ich bei einer befreundeten Familie oder im Café Rupert, den Abend bei May, im Theater oder im Kino.

Um den Dienst brauchte ich mich nicht viel zu kümmern. Der Kanzleifeuerwerker war in Zivil Beamter beim Wiener Handelsgericht, auf den ich mich verlassen konnte. Für die Mannschaftsmenage sorgte ein Unteroffizier, der die größte Lebensmittelhandlung der Stadt besaß und heranführte, was zur Zufriedenheit der Soldaten beitragen konnte. Ihm stand ein alter Reservist zur Seite, Gärtner auf einem benachbarten Gut, der jede Woche Körbe mit Erdäpfeln und Gemüse brachte.

Für die Bekleidung und Beschuhung der ins Feld abgehenden, von der Ersatzbatterie aufzustellenden Marsch-Batterien sorgte Feuerwerker Nathan. Sooft der inspizierende General unsere Leute musterte, wunderte er sich über die tadellosen Monturen und das sonst nicht mehr anzutreffende solide Schuhwerk.

Nachdem ich einige Monate das Kommando geführt hatte, übernahm es ein Hauptmann des Regiments, der nach langem Frontdienst Erholung genießen sollte. Er überließ mir weiter den Dienst, ritt gern mit mir spazieren und vergnügte sich mit einer bald gefunden Braut. Er lag bereits zu Kriegsbeginn in Neretein. Damals zerstörte ein Brand eine Scheune, in welcher Pferde eingestellt waren, wobei der Hauptmann unterlassen hatte, die Zustimmung des Gemeindevorstehers einzuholen. Das erschien unnötig, da die Scheune leer stand. Der Besitzer war verschollen. Dieser Mann aus Neretein, ein Ingenieur, hatte eine für die Marine wichtige Erfindung gemacht, für welche sich das französische Marineministerium interessierte. Er fuhr nach Paris, verließ, die Aktentasche mit den Zeichnungen unter dem Arm, das Hotel und wurde nicht mehr gesehen. Für den Verschollenen wurde als Kurator der Gemeindevorsteher eingesetzt. Ihm oblag die Pflicht, vom Militärärar die Vergütung des Brandschadens zu fordern, und dieses verlangte die Schadloshaltung durch den Hauptmann, welcher sein Leben lang Abstriche an der Gage hätte erdulden müssen. Ich veranlaßte den Hauptmann, mir die Austragung der Angelegenheit zu überlassen. Ich verhandelte mit dem Gemeindevorsteher, der nicht nachgeben wollte, bis ich ihn durch einen eigentümlichen Vorschlag gewann. In Neretein sollte über meine Anregung zur Erinnerung an die Gefallenen dieser deutsch-mährischen Gemeinde ein Kriegerdenkmal aufgestellt werden. Ich erbot mich, den Kardinal-Erzbischof von Olmütz, Baron Skribensky, zu bestimmen, das Denkmal einzuweihen, falls die Kuratel ihren Anspruch fallen ließe. Das schlug ein. Noch am selben Tage sprach ich beim Kardinal vor, der vor kurzem die Olmützer Metropolitankirche übernommen hatte, deren Erträgnisse weit größer als die seiner früheren Erzdiözese Prag waren. Er sagte zu. Die Einweihung des Kriegerdenkmals fand bei herrlichem Wetter statt. Der Kardinal wurde mit den ihm gebührenden militärischen Ehren empfangen. Ich sorgte für die Einladung einiger Olmützer Honoratioren und höherer Offiziere. Neretein erlebte den schönsten Tag seiner Geschichte.

In Tobitschau lernte ich den Garnisonskommandanten von Olmütz General Schreiter von Schwarzenfeld kennen. Er galt als glänzender Heerführer, tapfer bis zur Verwegenheit und verlor am Isonzo ein Auge. Leidenschaftlicher Jäger genoß er die mährischen Treibjagden, wegen seiner Schießfreude und Sehschwäche von Jägern und Treibern gefürchtet. Besuchte ich das Café Ruprecht, zog er mich an seinen Tisch. Er gab sich den Anschein des rauhen Kriegers, aber dahinter schlug ein warmes Herz. Es war geradezu rührend, wie er mir einmal etwas schüchtern das Skizzenbuch seiner jungen Tochter zeigte und mich um ein

Urteil bat. Nach dem Krieg heiratete sie den Seeoffizier und Marinehistoriker Bayer von Bayersburg und bewährte sich als vortreffliche Malerin.

Im Hause May begegnete ich oft dem alten Bezirkshauptmann Baron Gastheim und lauschte seinen Erzählungen über Erzbischof Kohn, dessen Wahl seinerzeit großes Aufsehen erregt hatte. Das Domkapitel wollte einen der Ältesten unter ihnen wählen, aber Baron Gautsch als Kultus- und Unterrichtsminister legte Einspruch ein, da beim hohen Alter des Anwärters mit der Wahrscheinlichkeit zu rechnen wäre, nach kurzer Zeit wieder die außerordentlich hohen Polliengelder an die Kurie zu entrichten. So kam es zur Wahl des jungen Domherrn Kohn, hanakischen Bauernsohns, der sich in der Verwaltung des überaus reichen Vermögens der Diözese ausgezeichnet hatte und als national denkender Tscheche die Mehrheit des Kapitels hinter sich hatte.

Auch als Artillerist in Neretein bei Olmütz erhielt ich ein Empfehlungsschreiben:

> Fester ehrliebender Charakter, musterhafter Offizier und sehr geschätzter Kamerad. Hervorragender Adjutant. Bedeutet infolge seiner unbedingten Verläßlichkeit, vielseitiger Erfahrung, reichen Wissens und seiner unermüdlichen Tätigkeit eine ganz außergewöhnliche Stütze des Kommandanten. Zur Führung eines Batteriekommandos geeignet.
>
> Versteht Disziplin und Ordnung zu halten, gegen Untergebene wohlwollend, gerecht und von beispielgebendem Einflusse.

Die nominellen Batteriekommandanten, die mich die Batterie führen ließen und die Monate in Olmütz als eine Art vergnüglichen Urlaubs betrachteten, statteten mir mit dieser Qualifikationsbeschreibung ihren Dank dafür ab, daß ich ihnen alle Arbeit abnahm, die ja sehr leicht war. Nicht nur die drei Hauptleute, die ich nacheinander vertrat, auch der für die Artillerie verantwortliche General, der mir manche Belobung erteilt hatte, unterschrieb das schmeichelhafte Schreiben.

# Wien

Während ich ein sybaritisches Leben in der vergnüglichen Garnisonsstadt führte, traf der Befehl ein, meine Frontdiensttauglichkeit im Garnisonsspital überprüfen zu lassen; ein sonderbarer Befehl, da ich ohnehin fronttauglich war und nie um die Superarbitrierung angesucht hatte. Wenn ich nicht im Dienst war, pflegte ich statt des hinderlichen Säbels einen Spazierstock zu tragen. Ich vermutete, daß dieser Umstand die Untersuchung veranlaßte. Erst viel später erfuhr ich den wahren Grund.
Wohl hätte ich einen Grund gehabt, mich frontdienstuntauglich erklären zu lassen. Mitunter schmerzten meine Füße, so zuletzt auf den Bergen an der italienischen Front, aber keineswegs wurde ich dadurch behindert. Ich meldete mich im Garnisonsspital, erklärte, daß mir nichts fehle, außer einem zeitweiligen mir unerklärlichen Fußleiden, und ersuchte um Feststellung des objektiven Tatbestandes durch eine Röntgenaufnahme. Ich hoffte auf diese Weise den Grund des Übels zu erfahren. Der Röntgenologe zeichnete mit roter Tinte auf der Aufnahme Pfeile ein, welche auf eine Entartung meiner Füße wiesen, und erklärte, es sei ein Wunder, daß ich überhaupt gehen könne. Der Oberstabsarzt und Leiter des Spitals aber behauptete, die Füße seien vollkommen normal und von einer Entartung sei keine Spur zu sehen. Er war zweifelsohne im Recht, aber alle ihm untergebenen Ärzte benützten den Anlaß, sich korporativ gegen den von ihnen gehaßten Chef zu stellen. Sie unterschrieben das Gutachten des Röntgenologen, wie es der Oberstabsarzt forderte, und dieser stellte, dadurch gedeckt, das Zeugnis der

Felddienstuntauglichkeit aus. Aber er verlangte eine Überprüfung beim Militärkommando in Krakau. Dort ließ mich der Sanitätschef, ein Arzt im Range eines Generals, einen Schuh und einen Strumpf ausziehen, legte den Fuß auf seine lampasgezierte Hose, betrachtete ihn einige Sekunden und unterschrieb das Gutachten.
Nach anderthalb Jahren in Olmütz begann ich, mich zu langweilen. Ich wollte nach Hause, mich um das Geschäft kümmern, meinem Schwiegervater die Last erleichtern. Ich richtete ein Gesuch an das Kriegsministerium und bat, mir womöglich in Wien oder Baden, dem Sitz des AOK, eine meinen Fähigkeiten, welche bei der Ersatzbatterie nicht voll ausgenützt würden, entsprechende Verwendung zu geben, wobei ich beantragte, meine Conduiteliste einzusehen. Im Krieg dürfe Bescheidenheit nicht schweigen. Beim Militär wird in der Regel kein Akt, ohne von einer Stelle zur anderen zu wandern, bis er von allen eingesehen wird, ad acta gelegt. So kam das Gesuch an den Chef des Kriegspressequartiers Oberst Eisner-Bubna, dem ich 1912 bei Manövern zugeteilt war. Er erinnerte sich meiner, holte beim AOK eine Auskunft ein und ließ mich nach Wien kommen.
Eisner-Bubna empfing mich wie einen alten Bekannten, bedauerte aber, daß derzeit keine Stelle frei wäre. Ich dankte ihm trotzdem dafür, daß er mich kommen ließ, denn dadurch könne ich eine Woche Urlaub in Wien genießen. Ich wollte mich verabschieden, aber der Oberst hielt mich zurück, um mit mir über die allgemeine Lage und ihre Probleme zu sprechen. Nach einer Stunde des freien Gesprächs ernannte er mich zum stellvertretenden Leiter der »Inlandsredaktion«. Das war eine der vielen Abteilungen des Kommandos des Kriegspressequartiers mit seinen unzähligen Mitarbeitern, die sich fortwährend

vermehrten. Eisner-Bubna wollte das KPQ in ein Informationsministerium verwandeln und Minister werden und hätte dies auch erreicht, wäre der Krieg nicht, für ihn viel zu rasch, beendet worden.

Leiter der Inlandsredaktion war der Sechserdragoner Oberstleutnant Arthur von Zoglauer, ein charmanter Herr und feinfühliger Dichter, der unter dem Namen Auer von Waldborn schrieb. Die Aufgabe seiner Abteilung bestand darin, die Zeitungen zu beaufsichtigen, über die militärische, auch politische Lage zu unterrichten und offiziöse Artikel zur Veröffentlichung zu übergeben. Funder von der Reichspost, Austerlitz von der Arbeiterzeitung standen in ständiger persönlicher Fühlung mit uns. Zoglauer umgab sich mit einem Stab von Literaten: Jakob Hegner, Egon Erwin Kisch, Felix Dörmann (der Librettist des Walzertraums), Paris von Gütersloh, der bereits als Romancier einen guten Namen hatte, u. a. Da dieser Stab geistvoller Männer von der Kriegsführung wie von der Politik nicht die geringste Ahnung hatte, fiel, wie Eisner-Bubna es wollte, die Last der Arbeit auf mich. Die Last schien schwer und war doch federleicht. Die Amtsstunden vergingen in vergnügten Gesprächen. Jakob Hegner erschien um 8 Uhr im Bureau und strich mit Blaustift in den Zeitungen für mich in Betracht kommende Nachrichten an. Dafür durfte er ab 9 Uhr ungestört Paul Claudel übersetzen. Hegner war es, der, in der kleinen Villenkolonie Hellerau bei Dresden den Jugendstil überwindend, neue ästhetische Normen für die graphische Gestaltung des Buches aufstellte, die noch heute gültig sind[1].

Am besten unterhielten wir uns mit Egon Erwin Kisch, dem vielseitig gebildeten Journalisten, dem rasenden

---
[1] Peter Bamm, Eines Menschen Zeit (1972), S. 73

Reporter, der sein umfangreiches Wissen stets präsent hatte und eine der besten Federn unter den Schriftstellern der untergehenden Monarchie führte. Wir hatten drei weibliche Hilfskräfte, eine ältere Frau, die sich so lange mit der Orthographie zankte, bis sie in eine andere Abteilung abgeschoben wurde, eine bildhübsche Sängerin namens Tögel, auf welche Kisch ein Gedicht mit lauter sich auf ihren Namen reimenden Versen schrieb, und ein anderes Mädchen, das immer gut aufgelegt und von bienenhaftem Fleiß war und flink und fehlerlos die Schreibmaschine bediente. Sie konnte in der Nacht nicht allein schlafen, und deshalb stellte ich eine Liste meiner Subalternen zusammen, die in bestimmter Reihenfolge ihr zum Nachtdienst zugeteilt wurden. Der Fähnrich, ein kräftiger Ungar, mußte zweimal in der Woche herhalten. Ich war durch meinen höheren Rang diesem Dienst enthoben.

Das AOK in Baden stand mit mir telefonisch in Verbindung und behandelte mich, als ob ich ihm unterstellt wäre. Einmal erschien der Chefredakteur eines in einem neutralen Staat erscheinenden Blattes und bat Eisner-Bubna, ihm ein Interview mit dem Generalstabschef Arz von Straußenberg zu ermöglichen. Eisner-Bubna war mit einem Vorschlag, den ich ihm unterbreitete, einverstanden. Ich verfaßte den Wortlaut einer imaginären Unterredung, wobei Fragen und Antworten gründlich durchdacht wurden, und schilderte den äußerst liebenswürdigen Empfang des Publizisten. Arz zeigte sich über das ihm vorgelegte Konzept zufrieden, und der Journalist dankte mir herzlichst für das fingierte Interview.

Zoglauer, von einer schweren Leukämie befallen, überließ mir die meiste Arbeit. Wir setzten unseren freundschaftlichen Verkehr nach dem Krieg fort, aber bald berief ihn der Herr der himmlischen Heerscharen zu sich. Meine Beschäftigung in der Inlandredaktion war eine sehr leichte. Als ich von ihr Abschied nahm, wurde Major Emil Seliger mein Nachfolger. Am Vormittag führte ich ihn ein; als ich mich am Nachmittag noch einmal zeigte, war Seliger nicht da. Er war in einem Ohnmachtsanfall vom Sessel geglitten; er meinte, er wäre unter der Last der ihm drohenden Arbeit zusammengebrochen. Unter seinen literarischen Werken ist sein keineswegs lesenswertes Sacherbuch das bekannteste.

Im Juni 1918 erhielt ich eine andere Verwendung. Ich wurde vorübergehend Verbindungsoffizier beim Ministerium des Äußern. Dieser Dienst oblag dem Husarenrittmeister von Sp., der ihn schon lange versah, ohne je einen Urlaub zu beanspruchen. Diesmal zwang ihn eine Familienangelegenheit, einen vierwöchigen Urlaub anzutreten. Auf die Frage Eisner-Bubnas, wer ihn vertreten könne, wies er auf mich als am besten geeignet, den heiklen Posten zu übernehmen. Es wurde ein köstlicher Monat. Dreimal in der Woche besuchte ich im Ministerium meinen Freund Wiesner oder Herrn von Marquet, rauchte während des Gesprächs eine Zigarette – für eine Zigarre reichte die Zeit nicht – und dann referierte ich meinem Chef, was wenige Minuten in Anspruch nahm. So beschränkte sich mein Dienst, wenn ich die Minuten zähle, auf eine Stunde in der Woche. Rittmeister von Sp. dankte mir, als er wieder einrückte, mit Augurenlächeln dafür, daß ich ihn so verständnisvoll vertreten hatte.

Am 17. August fuhr ich mit dem Doyen der schwedischen Journalistik Brand vom Svenske Dageblad im Balkanexpreß nach Belgrad. Während der langen Fahrt im reservierten Abteil erster Klasse bat er mich, ihm Österreich zu erklären. Einige Wochen später wurde mir eine Nummer des Blattes vorgelegt, in welcher ich wortwörtlich meine

Darstellung wiedergegeben fand. In Belgrad traf ich Leopold Mandl, den Publizisten, der als bester Kenner Serbiens galt. Wir verbrachten den Abend von Kaisers Geburtstag in Semlin bei einem köstlichen Karpfen. An diesem Tage warf d'Annunzio über Wien Flugzettel ab. Belgrad war noch eine typische Balkanstadt und zudem verödet. Unkraut wuchs in den Auslagen der verlassenen Geschäfte hinter zerbrochenen Schaufenstern, und die Häuserreihen waren noch von türkischen, halbverfallenen Hütten unterbrochen. In Semlin am anderen Ufer aber landete man in Europa, beim letzten Posten einer hohen, nicht nur kulinarischen Kultur.

Zu meinem Erstaunen wurde ich neuerlich zur Untersuchung meiner Frontdiensttauglichkeit, diesmal beim Wiener Garnisonsspital, befohlen. Der Röntgenologe bestätigte den Olmützer Befund, da er weder den vielen Ärzten, die ihn unterfertigten noch dem Generalarzt widersprechen wollte. Der Primarius vertraute mir unter dem Siegel der Verschwiegenheit an, er hätte vom Generalinspektor der Artillerie Erzherzog Leopold Salvator die Weisung erhalten, mich auf jeden Fall frontdiensttauglich zu erklären. Der Primarius fand einen Ausweg: »Frontdiensttauglich, aber nur zu Pferd.« Ich wurde zu einer reitenden Artilleriedivision versetzt, die keine Pferde mehr hatte, während mein Regiment noch beritten war. Oberst Eisner-Bubna war entschlossen, mich nicht abzugeben und wollte, wenn nichts anderes helfe, mich als zur Armee im Felde gehörend vom AOK einberufen lassen. Meine in Aussicht genommene Überstellung zur Armee im Felde verschaffte mir die Freude, meinen Method als Diener zu behalten, obwohl Offiziere im Hinterland ihre »Pfeifendeckel« abgeben mußten.

Ich blieb bis zum Kriegsende in Wien. In einer Gesellschaft

traf ich einen Hauptmann des Wiener Militärkommandos, der, als ich mich vorstellte, fragte, ob ich derjenige sei, über den ein dicker Akt bei ihm läge. Durch ihn erfuhr ich, was vorgegangen war. In Olmütz war ich mit einem jungen Mädchen, das ich im Hause May kennengelernt hatte, befreundet. Sie war eine leidenschaftliche Tschechin, wenn sie auch, in einem Dresdener Pensionat erzogen, die tschechische Sprache keineswegs beherrschte und neben ihrer deutschen Muttersprache nur fließend französisch parlieren konnte. Ihr Vater – die Mutter war die Tochter eines deutschen Industriellen – spielte als tschechisch-klerikaler Politiker eine nicht unbedeutende Rolle. Das junge Mädchen hatte eine Schwester, die einen nordmährischen Fabrikanten geheiratet hatte und deutschnational fühlte. Als ich mich auch mit dieser befreundete, sann die ältere Rechte beanspruchende Schwester auf Rache und schrieb anonyme Briefe an den Artillerieinspektor und andere Stellen. Schließlich gelangten alle Anzeigen an das Wiener Militärkommando. In den Briefen schilderte sie mein Ärgernis erregendes Leben in Olmütz und forderte meinen raschen Abgang ins Feld. So war das Rätsel der dreifachen Überprüfung meiner Gesundheit gelöst. Cherchez la femme!
Als Eisner-Bubnas Adjutant Lustig Prean einen längeren Urlaub erhielt, übernahm ich seine Vertretung. In der ständigen Nähe des Chefs gewann ich seine Freundschaft, die den Krieg überdauerte. Der außerordentlich fähige, vielseitig gebildete, energische und ehrgeizige Generalstabsoberst nahm sich in einer Stunde der Verzweiflung das Leben, indem er sich ertränkte.
Im Sommer 1918 sollte Prinz Alexander Thurn-Taxis, der unserem Militärattaché im Haag zugeteilt war, abgelöst werden. Er meldete sich in Wien bei Eisner-Bubna, der

seinen den Pressedienst zu besorgenden Nachfolger bestimmen sollte. Thurn-Taxis schlug mich vor, und der Oberst schrieb dem Militärattaché, ob ihm meine Zuteilung genehm wäre. Der Attaché, den ich anläßlich seines Besuches in Teschen kennengelernt hatte, antwortete, daß er mich zwar schätze, aber abrate, mich ihm zuzuteilen, da es notwendig wäre, wieder einen Aristokraten zu wählen, der leichter Zutritt zu den maßgebenden Persönlichkeiten hätte als ein Bürgerlicher. Dahinter steckte, wie sich später herausstellte, ein tieferer Grund. Der Militärattaché war eine Stütze der tschechischen »Maffia« und vermittelte wertvolle Nachrichten nach London über die Lage in Österreich und die Wünsche der Prager Maffioten.

Mein Oberst aber erwartete von mir besondere Leistungen und erreichte beim Ministerium des Äußern meine Zuteilung zur Gesandtschaft im Haag. Der dafür maßgebende Sektionschef wollte mich auf meine Eignung prüfen und wünschte von mir ein Referat über die damals akute polnische Frage. Nach zwei Tagen legte ich eine mehrere Seiten umfassende Schrift vor, erhielt meine Zuteilung und einen vorherigen vierzehntägigen Urlaub, den ich in Lissa bei meiner Familie verbrachte und dazu benützte, Holländisch zu lernen. Während meiner Abwesenheit wurde aber beschlossen, mich statt nach dem Haag nach Berlin zu kommandieren, wobei wohl mein Referat über Polen den Ausschlag gab. Der Ausbruch des Friedens vereitelte diese Verwendung, die mir sehr zugesagt hätte.

Die letzte Aufgabe, die mir auf Wunsch des AOK von Eisner-Bubna zugewiesen wurde, war recht schwierig. Die vom Kriegspressequartier geleitete Propaganda sollte, der Weisung des AOK entsprechend, die Niederlage am Piave dem Verrat unserer Offensive zuschreiben. Ich holte von den Korpskommanden an der Südfront Informationen ein, die völlig nichtssagend waren, so daß ich auf die Phantasie angewiesen war. Dabei hielt ich es für richtig, von der weit verbreiteten Meinung abzulenken, Kaiserin Zita habe Österreich an Italien verraten, als hätte das depossedierte Haus Parma sein Herz an seinen Erbfeind verloren. Dieses unsinnige Gerücht war von deutschnationalen Kreisen ausgegangen, welche mit Argwohn die Friedensbemühungen des jungen Kaisers verfolgten, den man als von seiner Gemahlin beeinflußt betrachtete. Ich übergab den Artikel, da mein Urlaub begann, dem dem KPQ zugeteilten Oberlandesgerichtsrat Habietinek und zugleich den Entwurf einer Replique auf die zu erwartenden Einwände. Habietinek sagte mir, als ich ihn wiedersah, ich hätte diese richtig vorausgesehen und meinem Entwurf nichts hinzuzufügen brauchen.

Noch wäre zu erwähnen, daß ich mit der Herausgabe eines Werkes über Albanien betraut wurde. Den geographischen Teil übernahm Professor Oberhummer, mit dem ich in der Reisnerstraße beim Tee eine anregende Unterhaltung führte. Das Werk ist nicht einmal begonnen worden. In den Tagen, an denen ich Adjutant Eisner-Bubnas war, lernte ich viele Leute kennen, die sich mit mir unterhielten, bis sie vorgelassen wurden. An einem Nachmittag führte der Oberst ein langes Gespräch mit Baden. Er trug mir auf, mich mit den Besuchern sehr laut zu unterhalten, damit man nichts von seinem Gespräch im Zimmer nebenan hören könne. Das gab mir Gelegenheit, mich mit der Jeritza zu unterhalten, welche in einem vom KPQ veranstalteten Gastspiel in Konstantinopel auftreten sollte. Sie hatte verschiedene Wünsche und glaubte, der Adjutant, der sie solange festhielt, werde schon für deren Erfüllung sorgen. Die Jeritza zog ein wer weiß wie oft gebrauchtes Register ihres Charmes auf und erzählte mir Theater-

Anekdoten, von denen keine einzige mir im Gedächtnis geblieben ist und es auch nicht wert war.

Mit Eisner-Bubna nahm ich an einer sehr heiteren Probe in einem kleinen Theater in der Nußdorferstraße teil. Es handelte sich um das Fronttheater, das dem Kommando des Pressequartiers unterstellt war, und zwar um die Vorführung von drei Stücken. Eisner-Bubna und ich waren die einzigen Zuschauer. Die erste Probe galt einem Akt eines Lustspiels, in welchem eine Schauspielerin auftrat, an der mein Oberst sichtbares Gefallen empfand. Der Vorhang fiel, und eine Szene eines andern Stücks sollte gezeigt werden. Der Vorhang wurde hochgezogen und eine recht reizlose Schauspielerin begann ihre Rolle aufzusagen. »Vorhang«, kommandierte Eisner-Bubna, »noch einmal der vorige Akt.« Wir sahen ihn und die charmante Darstellerin dreimal und verließen das Theater, ohne die übrigen Proben inspiziert zu haben.

Von den vielen Männern, deren Bekanntschaft ich dem Kriegspressequartier verdanke, hat keiner einen so tiefen Eindruck auf mich gemacht wie der Papyrologe Professor Wessely. Ich hatte den Auftrag, eine Gruppe von reichsdeutschen Literaten und Journalisten, die von dem Oberstkämmerer Graf Berchtold durch die Schatzkammer und die Nationalbibliothek geführt wurden, zu begleiten. Als wir den kleinen Raum der Papyrussammlung betraten, kniete vor uns ein älteres Männchen in zerknittertem schwarzen Rock und ungebügelter Hose. Ludwig Fulda aus Frankfurt, der Dichter und trefflicher Übersetzer des Cyrano de Bergerac, klopfte würdevoll, als wäre er der Geheimrat Goethe, dem er so ähnlich sah, dem Knieenden auf die Schulter und wollte ihn zum Aufstehen bewegen, da man nur vor Gott knien solle.

Ohne seinen Blick nach oben zu richten und ohne

Begrüßungsformel an die vornehmen Besucher begann Wessely zu erklären, warum die Schreiber der alten Ägypter, wie er es vormachte, knieten und warum die Papyrusrollen naturgemäß von rechts nach links beschrieben wurden, wobei die schreibende rechte Hand das Aufrollen zurückhielt. Nach dieser Einführung in die Papyruskunde erhob er sich, wies auf die an den Wänden hängenden unter Glas gerahmten kleinen Papyrusbruchstücke und erläuterte ihren Inhalt. Wessely war der einzige unter allen Forschern auf diesem Gebiet, der alle im Pharaonenreich gesprochenen Sprachen zu lesen verstand. Aus den oft winzigen Fragmenten erhielt man manchen unerwarteten Einblick vor allem in das Rechtswesen am Nil. Begreiflicherweise erweckte unser aller Interesse die altägyptische Brotkarte. Die kleinen Papierfetzen hatte Wessely aus uralten Misthaufen auf der Eisenspitze seines Spazierstockes aufgespießt. Wesselys Liebe teilte sich zwischen den Nil und den Neusiedler See, denn auch diesem diente sein Forschungsgeist.

Die Gäste aus dem Deutschen Reich wurden um 1 Uhr zur Tafel am Ballhausplatz erwartet. Sie trafen mit ziemlicher Verspätung ein. Nur mit Mühe war es Berchtold gelungen, die Herren zu bewegen, sich endlich von Wessely zu verabschieden. Georg Bernhard sagte mir, von allem was er in Wien zu sehen bekam, habe ihm die Stunde in der Papyrossammlung den tiefsten Eindruck hinterlassen.

Im September übersiedelte das Kommando des KPQ in den kaum fertigen Umbau des Hauses Ecke Schwarzenbergplatz–Kärntner Ring. Mein Zimmer bot den Blick auf die Ringstraße und das Grün ihrer Bäume. Eine mir aufgetragene, für die Zeitungsredaktionen bestimmte Erläuterung zu den 14 Punkten Wilsons in einem für die Monarchie günstigen Sinne wurde unterbrochen, da ich mir in den noch feuchten Räumen die grassierende spanische Grippe holte. Wieder hergestellt, wollte ich mich zum Dienst melden. An meinem Schreibtisch saß, den Rücken mir zugewandt, ein Offizier. Ich klopfte ihm auf die Schulter. Er dreht sich um, und ich erkannte den Generalstabschef Arz von Straußenburg, der, nachdem das AOK in Baden aufgelöst war, hier seinen letzten Amtssitz aufschlug.

Die Kameraden versammelten sich zum Abschied. Nur E. E. Kisch fehlte. Er hatte das Kommando der Roten Garde übernommen. Er war kein echter Kommunist, eher ein Anarchist und die einzige Leidenschaft, die diesen hochbegabten Mann beseelte, war die Sensationslust. So lange der Krieg dauerte, war er ein guter und tapferer Soldat.

Der Vollständigkeit halber gebe ich auch meine Qualifikationsbeschreibung für die Zeit vom 20. Februar bis 30. September 1918 wieder, welche der Leiter der redaktionellen Gruppe Oberstleutnant Arthur v. Zoglauer und der Kommandant des KPQ Oberst Eisner-Bubna ausstellten:

Reifer ernster Charakter. Vorzüglicher Offizier mit besten militärischen Eigenschaften. Seine hervorragende allgemeine Bildung läßt ihn vielfach mit bestem Erfolge verwendbar erscheinen.

Infolge seines Taktes, seiner Gründlichkeit und seiner Fähigkeit, auch schwierige Materien selbständig konzeptiv zu behandeln, sowohl als selbständiger Konzeptoffizier als wie auch im Adjutantendienste mit bestem Erfolge tätig. Versteht es, binnen kurzem, sich in jede Materie einzuarbeiten.

Von sehr gutem Einfluß auf Untergebene und Kameraden, Vorgesetzten auch außer Dienst stets willig und entgegenkommend.

Gilt für die Zeit vom 20. Februar bis 30. September 1918.

Der Krieg war zu Ende. Die kriegsmüde Mannschaft löste sich auf, kehrte in die Heimat zu friedlicher Arbeit zurück. Das alte kaiserliche Offizierskorps aber hatte seine Heimat verloren.

Adel, Bürger, Bauer und Arbeiter bildeten, sobald sie des Kaisers Rock trugen, eine einzige große Familie, deren Haupt der Monarch als Oberster Kriegsherr war. Außer im Dienstrang gab es keinen Unterschied zwischen arm und reich, Jud und Christ, dem Deutschen und dem Ruthenen. Der über den Nationen stehende Kaiser stand an der Spitze seiner übernationalen Armee, welche das Gefüge der Länder zusammenhielt und ihm alle Wohltaten des Großstaates zuteil werden ließ. Die Armee schützte die Ordnung und Ruhe im Innern und griff ein, wenn gegen diese revoltiert wurde.

Mutter und Heimat des Offiziers war die Armee, die eine eigene Mundart, das Armeedeutsch, sprach, dessen Gemütlichkeit Roda Roda der Nachwelt überliefert hat. Der Offizier war nirgends und überall zu Hause. In Vorarlberg und in Galizien, in Böhmen und in der Herzegowina, überall fand er Mitglieder seiner Familie vor. Als Schulkind war er in die Kadettenschule eingetreten oder, ehe der Bart die Lippe deckte, in die Wiener Neustädter oder die Technische Akademie aufgenommen worden, in die Familie, der er von nun an für sein Leben angehörte. In den Garnisonen auf den Verkehr mit den Kameraden angewiesen, führte er ein sorgloses und heiteres Leben, denn die Öde des Kasernenhofes wurde durch die Reize der Landschaft, des Garnisonswechsels und der gehobenen Stellung aufgewogen.

Der österreichische Offizier, und das war sein größtes

Verdienst, war menschlich, das gehörte zur Tradition, der sich niemand entziehen konnte. Die Truppen waren in den Plätzen, in denen sie dienten, nicht zu Hause, denn es gehörte zu den segensreichen Einrichtungen der Armee, daß sie meist weit weg von ihren Rekrutierungsbezirken garnisoniert waren, wodurch sie neue Länder und Sprachen kennenlernten.

Die Armee tat ihre Pflicht, die sie dem Kriegsherren geschworen. Es war eine gute Armee, denn sie verstand immer und immer wieder, ihre Pflicht zu tun. Fehlte der Siegesglaube, und der fehlte fast immer, wurde er durch den guten Truppengeist und die Kameradschaft ersetzt. Man schlug sich für die Ehre des Regiments, dem Oberst und Hauptmann zulieb, auch eines Ordens oder einer Medaille wegen und nahm den Rückzug nach verlorener Schlacht nicht schwer, denn die Feldzulage blieb und im Hinterland winkten Kaffeehäuser und Mädchen. Die Armee war schicksalsergeben, wie es sich für Soldaten geziemt, die mit Gott und dem Waffenglück nicht hadern, ihre Pflicht tun und den Soldatentod nicht scheuen, aber das Leben genießen und genießen lassen und auch im Feind den Menschen und ihresgleichen sehen. In dieser Schule der Kameradschaft und Menschenfreundlichkeit wurde der herangewachsene Mann erzogen, hier hat er die anderen Nationen kennen- und achtengelernt. Mochten die Abgeordneten der Opposition noch so sehr um seine Stimme kämpfen, wenn es ernst wurde, hielt er zum Kaiser.

Als die Monarchie zerstückelt wurde und das Wort des Kardinals Antonelli nach der Schlacht von Königgrätz »casca il mondo« doch Wahrheit werden sollte, glaubte ich der Lösung nahezukommen, wie und warum das alte Römische Reich zugrundeging, eine Frage, die ich mir oft gestellt hatte. Weder Montesquieu in den Considérations sur les causes de grandeur des Romains et de leur décadance, noch Gibbon, noch Guglielmo Ferrero gaben mir die gewünschte Erklärung. Jetzt und in den folgenden Jahrzehnten sollte ich das Schauspiel erleben, das mich gründlich belehrte. Propheten sehen Ereignisse richtig voraus, aber meistens irren sie sich in der Zeit, zu der die Voraussage eintrifft. 1830 sagte Barthold Georg Niebuhr am Ende seines Lebens in der Vorrede zum zweiten Teil der Römischen Geschichte: »Jetzt blicken wir vor uns in eine, wenn Gott nicht wunderbar hilft, bevorstehende Zerstörung, wie die römische Welt sie um die Mitte des dritten Jahrhunderts unserer Zeitrechnung erfuhr: auf Vernichtung des Wohlstandes, der Freiheit, der Bildung, der Wissenschaft.«

# Bildnachweis

Abb. 1–6 privat
Abb. 7, 8 Historisches Museum der Stadt Wien

Brigitte Hamann
RUDOLF
*Kronprinz und Rebell*
536 Seiten · Leinen
34 Abbildungen

Es gibt viele Bücher über Kronprinz Rudolf. Doch hat seit dem Erscheinen der einzigen wissenschaftlichen Biographie von Oscar von Mitis im Jahre 1928 es niemand mehr unternommen, das in den letzten 50 Jahren angefallene Quellenmaterial zu sichten und auszuwerten.
Brigitte Hamann hat sich dieser Mühe unterzogen und präsentiert uns nach jahrelanger Forschungsarbeit ein geradezu sensationelles Bild des Kronprinzen. Wir erleben den Habsburger nicht mehr im Mittelpunkt der Mayerling-Affäre, sondern als liberalen Intellektuellen, der in Opposition zu seinem kaiserlichen Vater und dem Hofestablishment die Zeichen der Zeit erahnte und ihnen folgen wollte.
Brigitte Hamann erhielt für dieses Buch den vom Amalthea Verlag gestifteten Heinrich-Drimmel-Preis.

AMALTHEA